A era do cometa

Daniel Schönpflug

A era do cometa

O fim da Primeira Guerra e
o limiar de um novo mundo

tradução
Luis S. Krausz

todavia

Prólogo
O coração do cometa 9

1. O começo do fim 17
2. Um dia, uma hora 45
3. Revoluções 81
4. Terra de sonhos 139
5. Uma paz ilusória 181
6. O fim do começo 227

Epílogo
A cauda do cometa 273

Reflexões finais 285
Agradecimentos 289
Fontes e bibliografia 291
Créditos das imagens 301

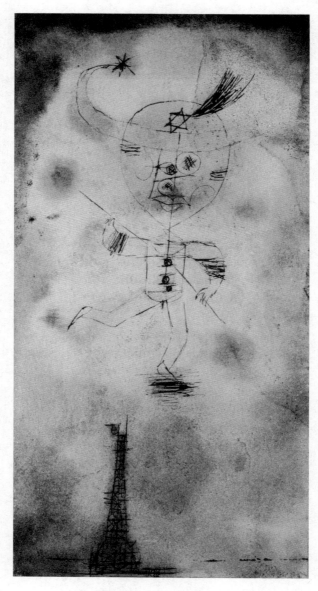

Paul Klee, *O cometa de Paris*, 1918

Um meteoro descreve seu percurso, é levado para perto da Terra e é desviado de seu curso pela força de gravidade da Terra. Ele corta, em instantes críticos, a atmosfera e, por meio do atrito com o ar, torna-se uma estrela cadente incandescente. Escapa, porém, por pouco, do perigo de permanecer para sempre grudado à Terra e prossegue pelo éter, esfriando e voltando a apagar-se.

Paul Klee, *Manuscritos de conferências*, 1921

Prólogo
O coração do cometa

De manhã bem cedo, no dia 11 de novembro de 1918, o Kaiser alemão é enforcado entre dois arranha-céus de Nova York. Sem vida, o monarca oscila pendendo de uma longa corda. À sua volta, confetes pairam sob a luz do sol, reluzentes. Evidentemente não se trata de Wilhelm II em pessoa, mas de uma imagem, de um boneco de pano, de dimensões sobre-humanas, enfeitado com um imponente bigode e com um capacete militar prussiano encimado por um espeto. Da ponta desse espeto pendem longas tiras de papel branco, que foram lançadas dos andares mais altos dos edifícios e pairam no ar, descendo aos poucos, com majestática lentidão, para os abismos das ruas.

Às cinco horas da manhã, horário da Costa Leste estadunidense, o cessar-fogo entre as forças aliadas e o Império Alemão entrou em vigor. Os "hunos", como são conhecidos desde o início da guerra os alemães nos Estados Unidos, foram postos de joelhos depois de quatro anos de guerra implacável. A Primeira Guerra Mundial, que custou a vida de dezesseis milhões de pessoas no mundo inteiro, foi vencida. Os nova-iorquinos leram essa notícia nos jornais matinais e acorreram às ruas, aos milhares. Entre os arranha-céus jorra um mar de gente vestida a caráter, de terno e chapéu-coco, roupas de domingo, uniformes militares e uniformes de enfermeira, roçando ombros e braços, saudando-se, abraçando-se. O som de sinos, salvas, marchas militares e fanfarras mistura-se ao dos milhões de vozes que riem, cantam e escandem jograis, gerando um trovejar que é como o dos vagalhões arrebentando nos rochedos. Automóveis misturam-se à multidão, avançam devagar, buzinando, enquanto bandeiras tremulam entusiasticamente acima das capotas. A cidade celebra uma festa de rua improvisada, com cartazes pintados à mão, tribunas populares autonomeadas, bandas de música, danças ensandecidas sobre o asfalto. Não se trabalha em Nova York nesse dia da vitória que, todos estão convictos, logo levará à paz no mundo.

Moina Michael há pouco foi dispensada de seu trabalho como supervisora do alojamento e professora de uma faculdade para moças na Geórgia. Há algumas semanas essa senhora robusta, de quase cinquenta anos, trabalha num acampamento de formação da Young Women's Christian Association [Associação Cristã de Moças] — a contrapartida feminina da Young Men's Christian Association (YMCA) [Associação Cristã de Moços ou ACM]. Nos edifícios da Universidade Columbia, em Manhattan, Moina Michael ajuda a preparar jovens de ambos os sexos para suas missões na Europa. Pouco tempo depois os mais hábeis entre eles atravessarão o Atlântico para participar como auxiliares civis da construção de estações de assistência aos soldados na retaguarda do front. Passados dois dias do cessar-fogo, caiu nas mãos de Moina Michael um exemplar do *Ladies Home Journal* no qual está impresso o poema "In Flanders Fields", do tenente canadense John McCrae: "Nos campos de Flandres as papoulas oscilam/ em meio às cruzes...". A página está ricamente ornamentada com imagens heroicas de soldados, que erguem os olhos para o céu. Absorta, ela lê até o último verso, no qual McCrae conjura a imagem de um soldado morrendo, cujas mãos perdem as forças, e que passa aos sobreviventes a tocha da batalha. Enquanto as palavras e as imagens ecoam em seu íntimo, ela sente como se o poema tivesse sido escrito para ela, como se as vozes dos mortos falassem diretamente com ela nas entrelinhas. É *dela* que se fala aqui! É *ela* que precisa estender a mão e apanhar a tocha da paz e da liberdade, que está por cair! *Ela* precisa tornar-se uma ferramenta da "Fidelidade e da Crença", e *ela* precisa cuidar para que a memória dos milhões de vítimas não se apague, para que sua luta não tenha sido em vão e sua morte privada de sentido!

Moina está tão comovida com o poema e com sua missão que toma um lápis e escreve, sobre um envelope pardo, seus próprios versos a respeito das papoulas, "da flor que floresce sobre os mortos". Como num juramento em verso, ela promete transmitir aos sobreviventes a "lição dos campos de Flandres": "Agora somos nós que ostentamos a tocha e a rubra flor da papoula/ para honrar nossos mortos./ Não temam terem morrido em vão;/ Nós vamos transmitir a lição que vocês forjaram/ nos campos de Flandres".

Enquanto ela anota essas palavras no papel, um destacamento de jovens se aproxima de sua escrivaninha. Eles recolheram dez dólares para agradecer pela ajuda que Moina lhes prestou para mobiliarem seu alojamento na YMCA. No instante em que ela toma o cheque entre as mãos, tudo se combina subitamente em sua cabeça: ela não vai limitar-se às palavras, por mais que elas rimem. Seu poema deve tornar-se realidade! "Vou comprar papoulas vermelhas. [...] A partir de agora, vou sempre usar papoulas vermelhas", anuncia ela aos homens, deixando-os espantados. E então ela mostra o poema de McCrae e, depois de hesitar brevemente, lê também seus próprios versos em voz alta. Os homens entusiasmam-se. Eles também querem prender papoulas às suas roupas e Moina promete providenciá-las. E assim ela passa as horas que restam até o cessar-fogo percorrendo lojas de Nova York em busca de papoulas artificiais. Ela descobre que, em meio à rica oferta de mercadorias na grande metrópole, há flores artificiais de todas as cores e formas, mas a espécie *Papaver rhoeas*, com seu tom berrante de vermelho, cantada nos poemas, é rara. Na

Wanamaker's, uma das lojas de departamentos cujos andares se erguem em direção aos céus de Nova York, onde se encontra simplesmente de tudo, desde armarinhos até automóveis, e onde há até mesmo um salão de chá de cristal, ela finalmente consegue encontrar o que procura. Ela compra uma grande papoula artificial para sua escrivaninha e duas dúzias de pequenas flores de seda com quatro pétalas. De volta à YMCA, ela prende essas flores nos forros dos casacos dos jovens que em breve partirão para a França. Esse é o humilde começo do percurso vitorioso de um símbolo. Poucos anos depois, as *Remembrance Poppies* se tornarão o emblema da lembrança dos mortos da guerra mundial.

O culto às flores de papoula surgiu num momento histórico incomum, e diante de sua presença, que se alastrou por todo o mundo, milhões de pessoas comemoraram, se detiveram, lamentaram ou juraram vingança. Mas, por causa daquele momento, as papoulas apontam para o passado e também para o futuro. Por um lado, elas incitam as pessoas a se posicionar diante de uma realidade que acaba de passar, a não esquecê-la. Nesse sentido, elas são parte de uma cultura mundial da memória, em cujo âmbito se realizam cerimônias e se erigem monumentos, enquanto em escolas, sedes administrativas do Estado e casernas os nomes dos mortos são gravados em tabuletas de pedra. Por outro lado, a ideia de Moina Michael aponta também em direção ao futuro, já que para ela o sangue derramado e as vítimas numerosas representam uma obrigação com relação ao porvir: sobre os túmulos devem nascer flores, essa é a esperança ingênua que ela nutre em relação ao futuro, esperança nascida de uma inspiração espontânea e de sua religiosidade profunda. Não só para ela mas também para muitos dos seus contemporâneos o fim da guerra desperta um questionamento urgente com relação ao futuro. Libertam-se, a partir daí, visões de uma vida melhor, mas também temores: do fim da guerra nascem ideias revolucionárias, sonhos e anseios, mas também pesadelos. Em 1918, em seu quadro tão emblemático quanto irônico, intitulado *O cometa de Paris*, Paul Klee mirava exatamente esse limiar entre o passado e o futuro, entre a realidade e as projeções. O desenho a bico de pena pintado com aquarela desse soldado da Academia Imperial Bávara de Aviação mostra, quando examinado mais atentamente, não um mas, sim, dois cometas: um verde, com uma longa cauda recurva, e outro em forma de estrela de davi. Ambos circundam a cabeça de um equilibrista que, segurando uma vara nas mãos, se mantém sobre uma corda invisível, acima da Torre Eiffel. Esse é um dos muitos trabalhos de Klee dessa época nos quais se veem estrelas sobre cidades e, como o faz tão frequentemente, o artista aqui toma para si o papel de "ilustrador de ideias". Nessa aquarela a distante Paris — capital do inimigo, porém lar e pátria da arte — aparece como uma Belém moderna. Ao mesmo tempo, o cometa funciona — desde sempre, e também na atmosfera frágil e carregada do início do século XX — como um sinal do imprevisível, como o arauto de grandes acontecimentos, de transformações profundas, até mesmo de catástrofes. Ele representa o alvorecer de novas e impensadas possibilidades no horizonte, e futuros desconhecidos. A irmã menor do cometa, a estrela cadente, convida a formular desejos. Porém, uma aparição celeste aparentada com os cometas e as estrelas cadentes, o meteorito, que cai sobre a Terra, assusta por causa de seu poder destrutivo. A última vez que cometas tinham sido vistos fora em 1910, quando, no intervalo de uns poucos meses, passaram os cometas de Johannesburg e de Halley. Nessa ocasião, os mais temerosos entre os cidadãos da Terra, em todos os continentes, começaram a se preparar para o fim do mundo. Isso e também os relatos sobre a queda do corpo celeste Richardton, no estado norte-americano de Dakota do Norte em 30 de junho de 1918, talvez tenham sido a fonte de inspiração para o trabalho de Klee.

O equilibrista de Klee encontra-se a meio caminho entre a maravilha terrestre que é a Torre Eiffel e esses corpos celestes grávidos de esperanças e ao mesmo tempo ameaçadores. Ele se mantém pairando no ar, sem pertencer inteiramente a nenhuma dessas duas esferas. Sua cabeça está nas nuvens mas, ao mesmo tempo, ele está sempre correndo o risco de desequilibrar-se e cair. Com as estrelas que dançam em torno de sua cabeça, ele se assemelha mais a um bêbado do que a um inspirado. Seus olhos revirados quase sugerem que os corpos celestes que gravitam em torno de sua cabeça o deixam tonto e por isso tornam sua queda mais provável.

Assim Paul Klee consegue criar, com a aquarela *O cometa de Paris*, um símbolo irônico da vida em 1918, que vibra entre o entusiasmo e o derrotismo, entre as esperanças e os temores, entre as visões arrojadas e a dura realidade. Quem acreditava que os cometas fossem sinais seria capaz de ver o dia 11 de novembro de 1918, o dia do cessar-fogo, no qual a velha Europa se encontrava em escombros ao mesmo tempo que comemorava, em meio a revoluções e grandes impérios que desabavam, fazendo a ordem do mundo vacilar, como a realização de profecias estelares. Simultaneamente, nesse momento de crise, uma verdadeira tempestade de meteoritos de novos modelos para o futuro desabava sobre o mundo. Poucas vezes a história parecera tão aberta, tão iminente, tão ao alcance das mãos do homem. Poucas vezes parecera tão necessário e tão urgente transformar as conclusões derivadas dos erros do passado em conceitos para o futuro. Poucas vezes, diante de um mundo que se encontrava no limiar de uma nova era, parecera tão inevitável engajar-se e lutar pelas próprias visões. Novas ideias políticas, uma nova sociedade, uma nova arte, uma nova cultura e um novo pensamento foram concebidos. Um novo homem, o homem do século XX, que nascera a partir das chamas da guerra, livre das amarras do antigo mundo, foi proclamado. Como uma fênix, a Europa, e com ela o restante do mundo, deveria reerguer-se das cinzas. O carrossel das possibilidades girava tão depressa que muitos dos contemporâneos se viram tomados por um sentimento de vertigem.

As pessoas de quem se fala nas próximas páginas são todas equilibristas. Sua visão inteiramente subjetiva dos acontecimentos provém das representações que elas fizeram de si mesmas em autobiografias, memórias, diários e cartas. A verdade deste livro é a verdade desses documentos. Ela pode colidir com a verdade dos livros de história, e muitas vezes nossas testemunhas oculares mentem. Elas observam com espanto o surgimento de sonhos no firmamento, mas também sua rápida extinção, assim como o choque com a realidade de pedras cósmicas resfriadas. Tateando, elas avançam por aquela linha estreita que atravessa o abismo. Algumas, como Moina Michael, são capazes de se manter em equilíbrio nas alturas, enquanto outras, como o Kaiser Wilhelm II, para quem a fina corda se torna forca — ao menos *in effigie* —, desabam.

Ao mesmo tempo, as experiências documentadas e as lembranças dos contemporâneos apontam para a tensão quase insuportável com a qual a época do pós-guerra estava eletrizada. Pois visões, sonhos e anseios não só levam os homens que se encontram no limiar entre os séculos XIX e XX a voar, mas também os dividem. Alguns modelos de futuro são diametralmente opostos, excluem-se mutuamente — ao menos segundo alegam alguns dos novos anunciadores de projetos salvacionistas — e portanto só podem realizar-se por meio de sua mútua destruição. Assim, a luta encarniçada por um futuro melhor cria novas ondas de violência, em vez da tão esperada paz, e exige novas vítimas.

1.
O começo do fim

Se para a esquerda ou para a direita,
para a frente ou para trás,
morro acima ou morro abaixo —
temos que seguir adiante,
sem perguntar
o que está à nossa frente e o que ficou para trás.
Isto precisa ficar oculto:
vocês podem, devem esquecê-lo,
para assim realizarem a tarefa.

Arnold Schönberg, *A escada de Jacó*, 1917

Paul Nash, *We are Making a New World*, 1918

A noite já tinha caído sobre a paisagem belga quando, na tarde do dia 7 de novembro de 1918, um cortejo formado por cinco automóveis negros do Estado alemão se põe em movimento no quartel-general germânico na cidade de Spa. Sentado no último carro vai Matthias Erzberger, 43 anos, corpulento, com óculos de armação de metal, um bigode meticulosamente aparado e cabelos cuidadosamente repartidos ao meio. O governo do Império Alemão enviou o secretário de Estado, acompanhado de uma delegação de três membros, a uma missão no país inimigo. Por meio de sua assinatura, deve terminar uma guerra que já dura mais de quatro anos e que envolveu o mundo em sua quase totalidade.

Às 21h20, enquanto uma chuva fina começa a cair, o cortejo cruza a linha do front alemão, perto de Trelon, no norte da França. Para além da última linha de trincheiras alemãs, a partir das quais ainda havia pouco se disparavam tiros mortíferos sobre os franceses, começa a terra de ninguém. O cortejo avança devagar, tateando pela escuridão, e vai em direção às linhas dos inimigos. Sobre o primeiro automóvel foi afixada uma bandeira branca. Um trompetista faz soar, regularmente, sinais breves. O cessar-fogo é mantido: nem um único disparo atinge o cortejo dos emissários em seu percurso através do território em disputa até as primeiras trincheiras francesas, que se encontram a uma distância de apenas 150 metros das alemãs. A recepção do outro lado é percebida por Erzberger como fria, porém respeitosa. Os negociadores abstêm-se de seguir o hábito de usar vendas, característico de ocasiões desse tipo. Dois oficiais conduzem os veículos até o lugarejo de La Chapelle onde, logo à chegada, soldados e civis se juntam para receber os emissários do inimigo com aplausos e com uma pergunta feita em voz alta: "*Finie la guerre?*".

Acompanhada de automóveis franceses, a viagem de Erzberger prossegue. Quando a lua surge em meio às nuvens, sua luz pálida se derrama sobre um panorama apocalíptico. A Picardia, palco da guerra por quatro anos a fio, transformou-se num reino dos mortos. À beira da estrada carcaças de veículos militares e de canhões destruídos são devoradas pela ferrugem. Junto a elas apodrecem cadáveres de animais. Sobre os campos multiplica-se o arame farpado. O solo está cheio de fendas, causadas por milhares de explosões, e contaminado por toneladas de munição cortante, empesteado pelo cheiro dos incontáveis cadáveres e do gás. A chuva se acumula nas trincheiras e nas crateras escavadas pelas granadas. Das florestas restam só tocos carbonizados, cujas silhuetas se erguem diante do céu noturno. O cortejo atravessa aldeias e cidades completamente arrasadas pelas tropas alemãs que recuavam. Sobre a pequena localidade de Chauny, Erzberger relatou, chocado: "Não havia mais nem uma casa sequer em pé. As ruínas se sucediam umas às outras. Sob a luz do luar, os escombros se alçavam, fantasmagóricos. Não se avistava um único ser vivo".

O roteiro determinado pela chefia do Exército francês para o emissário alemão cruza aquelas regiões do norte da França que mais sofreram durante a guerra e parecem ter sido atingidas por um meteoro. A vista terrível daquela região que, depois, seria denominada nos mapas como "zona vermelha" deve preparar Erzberger para as negociações do armistício. Aquelas terras que, na opinião dos especialistas de então, nunca mais serviriam para a agricultura devem adverti-lo de tudo o que os alemães fizeram aos franceses. O civil Erzberger certamente já terá visto a desolação do norte da França, que é um dos argumentos centrais da propaganda de guerra, em fotografias, em jornais, em cartões-postais e nos semanários. Como homem culto e interessado, ele certamente terá lido o romance de guerra *O fogo*, de Henri Barbusse, no qual os "campos de esterilidade" são descritos com palavras incisivas. Talvez também conheça algumas das muitas pinturas de seu tempo que retratam uma forma totalmente nova de paisagem: assim o britânico Paul Nash transformou sua experiência de guerra numa obra icônica, na qual ele representa um sol opaco que se ergue sobre uma floresta totalmente arrasada por tiros e por bombas. O título do quadro é *We are Making a New World*, a meio caminho entre o sarcasmo e a esperança. Mas ver com os próprios olhos a desolação dos campos destruídos, a herança catastrófica da guerra, é outra coisa: "Esse percurso", escreve Erzberger em suas memórias, "foi para mim ainda mais chocante do que aquele que eu fizera, três semanas antes, junto ao leito de morte do meu único filho".

O oficial norte-americano Harry S. Truman já se habituou há tempos à vista das paisagens de guerra. Ele as descreve para sua amada Bess Wallace numa carta: "Árvores, que antes formavam uma linda floresta, agora são apenas tocos com galhos desnudos, que se estendem e se assemelham a espíritos. O solo consiste apenas em crateras causadas pelas granadas. [...] Esta terra destruída um dia deve ter sido tão cultivada e tão bela quanto o foi o restante da França. Mas agora o Saara ou o Arizona pareceriam o Jardim do Éden se a ela fossem comparados. Quando a lua se ergue por detrás dessas árvores, a respeito das quais eu lhe falei, pode-se imaginar que as almas do meio milhão de franceses que foram mortos aqui estejam fazendo um triste desfile em meio às ruínas".

Truman, um fazendeiro do Missouri que, durante a guerra, serviu como oficial numa unidade de artilharia, encontra-se a uma distância de 150 quilômetros a leste das ruínas da cidade de Chauny, que Erzberger atravessa naquela noite de 7 de novembro de 1918. Em meio às colinas cobertas de florestas da região da Argonne, onde Truman serviu a partir do fim de setembro de 1918, ocorreram as últimas batalhas da guerra entre o Império Alemão e os aliados. O comandante supremo das Forças Armadas francesas, marechal Foch, determinou que aquelas colinas florestadas situadas num triângulo entre a França, a Alemanha e a Bélgica fossem o palco de uma ofensiva decisiva. A chamada "posição Siegfried", também referida pelos aliados como "Linha de Hindenburg", última posição de defesa construída pelo Exército alemão, já caiu nos primeiros dias da ofensiva, no fim de setembro de 1918. Mas o Exército francês e as Forças Expedicionárias Americanas, o maior destacamento militar até então enviado pelos Estados Unidos a uma guerra fora de seu próprio território, avançam, implacáveis em direção ao leste, rumo ao Reno. Em seu abrigo subterrâneo perto de Verdun Truman escreve: "A vista é desoladora. No jardim diante do meu abrigo encontram-se sepultados franceses enquanto no jardim de trás se encontram hunos, e ambos estão espalhados pela paisagem, até onde a vista alcança. Sempre que uma granada alemã cai aqui, ela desenterra um pedaço de cadáver. Ainda bem que não creio em fantasmas".

Wilhelm da Prússia, herdeiro do trono do Império Alemão, não usa bigodes, ao contrário do Kaiser. Como que para marcar sua distância em relação à figura exageradamente grande do pai, ele ostenta sob o nariz, naquele lugar onde o Kaiser cultivava um orgulhoso bigode em forma de águia imperial mergulhando no céu, apenas um pedaço de pele lisa e barbeada. Em comparação com a figura imponente de Wilhelm II, o príncipe herdeiro sempre teve uma aparência um tanto jovial, um tanto desnuda, mesmo depois de ter chegado a uma idade avançada. Assim, o primogênito do ramo prussiano da dinastia dos Hohenzollern, nascido no palácio de mármore de Potsdam, não foi obrigado a aparar o bigode, ao contrário do que tiveram que fazer milhares de soldados alemães — dentre os quais Adolf Hitler — quando, com o início dos ataques com gás e do uso das máscaras, esse ornamento facial se revelou a causa de um perigo mortal. Em 1918, aos 36 anos, Wilhelm da Prússia lidera o destacamento militar denominado Príncipe Herdeiro Alemão, que, a essa altura, ainda é constituído por sete exércitos. Dizer que ele o lidera não significa, porém, dizer que ele efetivamente o comande. Seu pai, que desde a infância do menino apenas o deixara participar bem de longe dos assuntos de governo, o exortou enfaticamente a deixar todas as decisões nas mãos do general-chefe conde Friedrich von der Schulenburg, a quem o príncipe herdeiro, por isso, sempre se refere, de maneira ambígua, como "meu chefe". Desde o verão de 1918, no qual a última ofensiva dos alemães se paralisou, o Destacamento Militar Príncipe Herdeiro Alemão só recuava continuamente.

Em setembro de 1918, pela primeira vez, diante da fúria incontida dos ataques aliados, o príncipe herdeiro começa a duvidar da vitória alemã. "Tínhamos a impressão de que nos encontrávamos no auge das ofensivas concêntricas dos inimigos [...] mas que, de uma maneira geral, se empregássemos todas as nossas forças, ainda seríamos capazes de resistir. [...] Mas até quando?" Um pouco mais tarde, por ocasião da visita da primeira Divisão da Guarda, comandada por seu irmão Eitel Friedrich, ele é obrigado a confessar a si mesmo que, naquela altura, não há mais, definitivamente, esperanças na luta travada pelos alemães contra os aliados. Fritz, normalmente tão otimista, o recebe pálido e encurvado. Toda a sua divisão consiste agora em apenas quinhentos soldados. A alimentação das tropas é miserável. Os canhões estão exauridos, mas não se recebem novos. Ainda assim, é possível conter, por meio de metralhadoras cujo poder de tiro cobre grandes superfícies, os avanços da infantaria norte-americana, que, "de maneira nada marcial", se sucedem em colunas. Mas com as mais recentes tecnologias de guerra dos aliados, os tanques de guerra, as tropas alemãs têm grandes dificuldades. Brigadas de tanques de guerra norte-americanos avançam sobre as trincheiras alemãs, nas quais só a cada vinte metros ainda se encontra um soldado, e então disparam sobre elas a partir da retaguarda. E os norte-americanos, ao contrário dos alemães, parecem dispor de reservas inesgotáveis de artilharia pesada e de tropas. Cada um dos seus ataques é preparado por meio de um fogo intenso, como não se viu nem mesmo em Verdun e em Somme. Os irmãos príncipes cresceram ouvindo histórias sobre a coragem dos soldados, os campos da honra, nos quais eram decididas a ascensão e a queda de impérios inteiros, de comandantes cujas tropas avançavam com a espada em punho e com os penachos de seus chapéus ao vento. E agora eles se encontram em meio à cinzenta logística e à carne vermelha como sangue.

Diante da superioridade do poder do inimigo, insinua-se na alma de Wilhelm um sentimento de impotência. Cansado, precariamente equipado, com armas desgastadas e munição cada vez mais escassa, os soldados que lhe restam — aqueles que não optaram por se deixar fazer prisioneiros de guerra em vez de morrer — tentam resistir aos inimigos que avançam. Cada um dos ataques do inimigo reforça o sentimento de impotência. "O ar estremecia sob os disparos, baques surdos, gemidos, estrondos que não se calavam mais." Ao fim de setembro o príncipe herdeiro se dá conta de que as coisas não podem mais continuar dessa maneira: "Onde se encontrava agora, na cabeça desses homens atordoados pela fome, pelo sofrimento e pelas privações, desses homens que corajosamente arriscavam sua vida pela pátria, a fronteira entre o querer e o poder?".

Alvin C. York alistou-se, depois de muitas dúvidas, na infantaria norte-americana. Esse rapaz apegado à natureza, alto, de cabelos ruivos e ombros largos, vinha do povoado de Pall Mall, no Tennessee, e era seguidor do metodismo. A Bíblia, para ele, deveria ser entendida literalmente e o quinto mandamento — "não matarás" — lhe servia como argumento sagrado contra o serviço militar. Quando York recebeu a notificação que o convocava a alistar-se, precipitou-se num dilaceramento profundo, no qual se opunham seus deveres como cristão e seus deveres como norte-americano. Ele voltava sempre às Sagradas Escrituras em busca de passagens que pudessem lhe proporcionar algum tipo de orientação. Orava, conversava com seu pastor e afinal chegou a uma decisão: requerer uma dispensa do serviço militar obrigatório. Sua fundamentação escrita era simples: "Não quero guerrear". Seus requerimentos, porém, foram negados pelas autoridades e por fim York submeteu-se ao inevitável, esperando não ser enviado para o front. Ele obtém sua formação como soldado em Camp Gordon, na Geórgia, e então viaja, passando por Nova York, a Boston, de onde embarca no dia 1º de maio de 1918, às quatro horas da manhã. York, que nunca tinha deixado as montanhas de sua terra natal, agora cruza o grande oceano a caminho de uma guerra na distante Europa. Saudoso, mareado e temendo ser atingido por um torpedo disparado por algum submarino alemão, ele vivencia a travessia como uma tortura. "Era água demais para mim."

Depois de uma escala na Inglaterra, York chega à cidade portuária francesa de Le Havre, na costa do Canal da Mancha, em 21 de maio de 1918. Lá são distribuídas armas e máscaras de gás: "Aquilo fez com que a guerra se aproximasse bastante", lembrou-se ele mais tarde. A partir de julho de 1918 sua unidade serve sob as ordens do Comando Supremo francês, primeiramente em segmentos tranquilos do front, para adquirir experiência. A primeira batalha enfrentada por York ocorre nos dias que se seguem ao 12 de setembro, na ofensiva de St. Mihiel. O combate, no qual muitos perdem a vida, termina com uma vitória norte-americana, que tem um significado no âmbito da política mundial: é a primeira vez que uma tropa expedicionária norte-americana, sob o comando do general John Pershing, age de forma autônoma. Desde que os Estados Unidos entraram na guerra, as tropas norte-americanas sempre estiveram sob o comando francês. Assim, St. Mihiel representa uma mudança na maneira como os norte-americanos veem a si mesmos. Seria possível dizer que, nesse lugarejo no norte da França, os Estados Unidos começam a desempenhar um novo papel no palco da política mundial.

No início de outubro a unidade de York é deslocada para a região da Argonne, dez dias depois do início da ofensiva final e decisiva. Agora ele também observa as paisagens dilaceradas pela guerra, que lhe parecem como se "um furacão tremendo tivesse passado por elas". Já na marcha em direção ao front a vida de York estava por um fio. Os alemães bombardeavam as estradas pelas quais as tropas avançavam e aviões de guerra alemães apontavam, no céu, suas metralhadoras para as tropas em marcha. York passa o dia 7 de outubro abrigado no interior de uma cratera causada pela explosão de uma granada, perto da aldeia de Chatel-Chéhéry. Bem perto dali, uma tempestade de disparos devora seus camaradas. Feridos gemem e são levados em macas por socorristas. Mortos com a boca aberta jazem abandonados à beira da estrada. A isso soma-se a chuva ininterrupta, que começa a encher a cratera que o protege.

No dia 8 de outubro, às três horas da madrugada, chega a ordem para a mais perigosa missão de guerra enfrentada por York. Às seis horas, a partir da "elevação 223" que se encontra perto dali, uma via férrea que é usada pelos alemães para abastecer as tropas deve ser tomada. York põe-se em movimento, em meio à sua tropa, que avança a passos firmes pela chuva e pela lama. Os soldados têm o rosto protegido por máscaras de gás. Às 6h10 inicia-se, com um pequeno atraso, o combate. Um morteiro deve manter os alemães em xeque. Mas o vale, através do qual os norte-americanos avançam a passo, torna-se uma armadilha mortal. A baixada é coberta pelos disparos de metralhadoras ocultas. A primeira ofensiva dos agressores cai como "a relva alta diante de um cortador de grama". Os sobreviventes se espremem sob qualquer tipo de barreira, sob qualquer ondulação do terreno, até por trás de seus camaradas, para se protegerem. Diante da tempestade de projéteis não é possível nem mesmo levantar a cabeça. Quando se torna evidente que, diante de semelhante fogo, um ataque frontal não tem nenhuma chance de sucesso, o oficial sob cujas ordens Alvin York se encontra concebe um novo plano. Ele ordena aos sobreviventes de três grupos que recuem. Dezessete homens, entre eles York, avançam, rastejando, e então vão de lado, em meio à vegetação densa no interior da floresta, em direção aos estampidos que brotam das metralhadoras.

 Tendo rastejado até um lugar a pouca distância de seu objetivo, os soldados americanos subitamente encontram uma clareira onde cerca de uma dúzia de soldados alemães tomam seu café da manhã. Os alemães se livraram de suas armas e de seus capacetes. Ambos os lados estão tão surpresos com esse encontro inesperado que permanecem paralisados por um momento, como se tivessem sido atingidos por um raio. Mas os americanos permanecem de armas em punho enquanto os alemães estão sentados em mangas de camisa, mastigando. Além disso, os soldados do Império Alemão acreditam que estão diante da vanguarda de uma grande unidade norte-americana. Eles erguem os braços e se rendem.

Os atiradores alemães, porém, com suas metralhadoras MG rapidamente entendem o que está acontecendo e apontam suas armas mortíferas em direção à cena. York vê seis de seus companheiros morrendo sob a tempestade de projéteis. "O soldado Savage [...] deve ter sido atingido por mais de cem balas. Suas roupas estavam completamente estraçalhadas." Alemães e americanos se lançam ao solo. Os agressores buscam abrigo em meio aos corpos das vítimas. York está deitado a menos de vinte metros de distância do ninho de metralhadoras alemãs. Em meio à tempestade de balas o caçador das montanhas do Tennessee confia em sua vista e na serenidade de sua mão. A cada vez que um alemão ergue a cabeça acima do nível da trincheira, ele dispara uma bala que vai direto ao alvo. É como nas festas de caçada aos perus em sua terra natal. Só que aqui os alvos são maiores.

Por fim, um oficial alemão se ergue da trincheira, acompanhado por cinco soldados. De baionetas erguidas, o pequeno pelotão avança em direção a York. Porém, enquanto eles percorrem os poucos metros que os separam de sua posição, ele abate os seis, um por um, com tiros de revólver. Começa pelo último para que os que se encontram mais à frente continuem a se aproximar de sua linha de tiro.

York já matou mais de vinte soldados alemães e exorta os demais, aos gritos, a se renderem. Um major alemão se oferece para persuadir seus camaradas. Seu apito soa e os alemães deixam a trincheira, um depois do outro, atiram suas armas para longe e erguem os braços. York manda-os se enfileirarem em duplas. Os homens que lhe restam são designados para vigiar os prisioneiros e assim começam a bater em retirada. Durante esse percurso eles se veem expostos a um perigo duplo: por um lado, ainda há várias posições alemãs a pouca distância dali; por outro, é possível que a longa fileira de soldados alemães em marcha seja considerada como uma reação e, portanto, seja alvejada pelos americanos. Mas York conduz os prisioneiros, juntamente com outros que captura ao longo do trajeto, de volta até o alojamento. Lá os prisioneiros são contados. São 132 os que o antigo pacifista capturou, agindo quase sozinho.

Durante essa última e decisiva ofensiva no front ocidental, que ainda custaria a liberdade, a saúde ou a vida de mais de 1 milhão de soldados, as engrenagens da diplomacia mundial já tinham se colocado em movimento havia tempos, em busca de um fim para a guerra. Já no dia 4 de outubro o governo alemão enviara um telegrama para Washington, endereçado ao presidente dos Estados Unidos, Woodrow Wilson, pedindo-lhe para dar início a negociações de um cessar-fogo. Tratava-se de uma manobra tática cujo objetivo era fazer com que o chefe de Estado norte-americano, com suas palavras conciliadoras, desempenhasse um papel decisivo no processo de paz, de maneira a estabelecer um contraponto às potências ocidentais europeias, em especial à França, que não desejava nada além de punir com toda a dureza o "arqui-inimigo" por sua agressão. Já Wilson elencara, num discurso diante do Congresso proferido em 8 de janeiro de 1918, catorze pontos com os objetivos de guerra norte-americanos e os fundamentos de uma nova ordem e da paz para o futuro: ele demandara negociações de paz abertas, liberdade de trânsito nos mares, liberdade de comércio, contingenciamento de armas e uma regulamentação definitiva dos assuntos coloniais. As fronteiras da Europa e do Oriente Médio, que haviam se tornado fluidas por causa da guerra, deveriam ser consolidadas, segundo o presidente norte-americano, por meio da retirada das tropas alemãs e de uma nova ordem territorial. Uma liga de nações para garantia mútua da independência e da invulnerabilidade deveria ser criada. Mais tarde Wilson acrescentou ainda a exigência de que a Alemanha estabelecesse um sistema político parlamentarista, o que, segundo ele, exigia a renúncia do Kaiser alemão. Essa iniciativa, que asseguraria ao presidente norte-americano o Prêmio Nobel da Paz em 1919, não tinha sido tomada de comum acordo com os aliados europeus. Os Estados Unidos da América, depois de pagar o preço por sua participação na grande guerra, agora se viam no direito não só de pertencer ao círculo das potências mundiais como de colocar-se na vanguarda delas.

Wilson deixou o estabelecimento das especificidades militares do armistício a cargo dos comandantes militares aliados. Assim, o marechal Ferdinand Foch, da França, comandante supremo das tropas aliadas, expôs num encontro em Paris, em 1º de novembro de 1918, suas ideias a respeito do armistício aos mais importantes inimigos da Alemanha. Segundo Foch, era preciso que esse armistício equivalesse a uma capitulação. Somente assim seria possível vencer a guerra agora, sem aquela última batalha final e mortífera pela qual, em sua intimidade, havia tanto tempo ele nutria um desejo ardente. Era, sobretudo, fundamental insistir na ocupação da margem direita do Reno nas negociações. Pois, do contrário, protegidos pelo Reno e por um cessar-fogo, os alemães se veriam numa situação que lhes permitiria reorganizar suas tropas e lançar uma nova ofensiva, ou ao menos exercer uma pressão considerável sobre as negociações de paz. Para Foch, as paisagens de guerra desempenhavam um papel central. Mas ele não tinha em mente as florestas de fantasmas que surgiram no rastro da guerra, e sim aquela "paisagem reparada" a respeito da qual Kurt Lewin escreveu em 1918. O psicólogo social berlinense mostrou como as estratégias e as decisões militares atribuíam à natureza fronteiras e direções, zonas e corredores, "frente" e "trás". Era exatamente essa a ideia que Ferdinand Foch tinha a respeito de paisagem. Em seu quartel-general, que se parecia mais com a central de uma grande empresa ou com um escritório de engenharia do que com um posto de vigia de um comandante, ele administrava o espaço, designando-lhe recursos humanos e táticos. Assim, pensando por meio de conceitos de logística militar, Foch insistia em cruzar o Reno com os exércitos aliados. Para ele, tratava-se de uma questão de massas e de possibilidades. Seria possível encerrar uma guerra de estratégia e de tática, uma guerra moderna, com uma paz igualmente moderna, com uma paz logística? Sua resposta: se não fosse assim, o futuro, que agora poderia ser moldado graças às vitórias tão dificilmente obtidas, estaria em risco.

Até 4 de novembro as exigências dos aliados estão estipuladas. Elas correspondem, de um modo geral, às ideias de Foch e são imediatamente anunciadas em Washington. No mesmo dia chega o pedido da Comissão Alemã para o Cessar-fogo para que se dê início às negociações em Paris. Foch transmite suas instruções relativas à recepção dos emissários alemães. Passados poucos dias, na noite de 6 para 7 de novembro, ele recebe um radiotelegrama no qual constam os nomes dos representantes alemães.

O 129º Regimento de Artilharia, comandado por Harry S. Truman, tem como incumbência proteger o avanço das tropas de infantaria aliadas dos ataques dos alemães. No início de novembro ele descreve a sua amada Bess como, ao longo de cinco horas, lançou sobre os "hunos" 1800 granadas. No início da ofensiva, porém, sua unidade ainda se encontrava numa situação vulnerável. Tão logo começaram a atacar as posições alemãs, eles tinham se tornado visíveis para o inimigo, ficando, assim, expostos às suas explosões mortíferas e ao gás. Era uma guerra peculiar, determinada pela técnica, pela tática, pela estratégia, pela balística e pela logística, durante a qual o inimigo quase nunca era visto. Desde o fim de outubro, porém, a defesa dos alemães enfraquecera. Os alemães "parecem já não mais ter forças para reagir aos nossos tiros. [...] Um dos pilotos deles caiu com seu avião ontem justamente atrás da minha bateria e quebrou a cabeça do fêmur. Seu avião se transformou em sucata e logo foi completamente pilhado pelos franceses e pelos americanos da região. Eles até quiseram tomar sua jaqueta. [...] Um dos nossos oficiais, envergonho-me de escrever isto, apanhou as botas do piloto acidentado e guardou-as para si. [...] '*La guerre finie*'", gritou o piloto para ao menos salvar a própria vida

A ofensiva, porém, exige todas as forças dos homens. É preciso, a qualquer custo, colocar-se junto ao front, que rapidamente muda de lugar. E, para tanto, os membros da artilharia são obrigados a deslocar-se e a avançar, em meio a grandes dificuldades, pelo terreno lamacento, em parte amparados por cavalos, em parte empurrados por músculo humano. As marchas noturnas exaurem as tropas. "Todos nós já estávamos com os membros à flor da pele, tínhamos perdido peso, estávamos parecendo espantalhos."

Porém, quanto mais a derrota dos alemães se torna palpável, quanto mais o regimento de Truman avança sobre o inimigo invisível sem sofrer baixas significativas, mais a guerra, na qual os Estados Unidos entraram em abril de 1917, lhe parece "*a terrific experience*". Os diferentes abrigos nos quais ele pernoita como oficial — provisoriamente equipados com aquecedores, telefones e uma cozinha portátil — se tornam seu lar temporário. Ele já está tão habituado a dormir debaixo da terra que quando voltar para casa vai pernoitar no porão, observa ele, com ironia. Nas últimas semanas da guerra, quando a vitória parece iminente, o tom das cartas de Truman vai se tornando mais sereno. Cada vez mais ele se permite pensar em seu lar: se ele realmente um dia voltar para casa, ficará feliz se puder passar o resto da vida andando atrás de um jumento por um milharal. Ele até mesmo encontra tempo para enviar duas flores acompanhadas de palavras galantes como suvenires para sua amada Bess.

Assim, ao lermos as cartas escritas por Truman durante os últimos dias da guerra nos lembramos do filme *Ombro, armas!*, de Charlie Chaplin, que estreou na Broadway em 20 de outubro de 1918. Nesse filme, feito por encomenda com o propósito de arrecadar contribuições de guerra, o homenzinho com seu pequeno bigode faz suas peripécias exatamente nas mesmas trincheiras do norte da França nas quais Truman passou as últimas semanas da guerra. Ao fim, o herói consegue libertar uma bela donzela que foi aprisionada pelos alemães, se encontra com o Kaiser em pessoa, o captura e o conduz sob a mira de uma arma. Assim o vagabundo encerra a guerra mundial, "*a terrific experience*".

No fim da tarde de 7 de novembro o comandante supremo Ferdinand Foch embarca num trem especial em Senlis, a nordeste de Paris. Ele vai acompanhado pelo seu chefe do Estado-Maior Maxime Weygand, por três oficiais do Estado-Maior e por representantes da frota britânica, comandada pelo almirante Wemyss. A viagem é curta. Passando o vilarejo de Compiègne, numa clareira próxima à cidade de Rethondes, o trem se detém. Segue-se uma longa noite de espera. Só na manhã seguinte, às sete horas, chega o trem no qual o emissário alemão Erzberger e seus acompanhantes embarcaram depois da meia-noite em meio às ruínas da estação de trens de Tergnier.

Duas horas mais tarde, às nove do dia 8 de novembro de 1918, tem início um primeiro encontro, num vagão do trem de Foch, transformado em escritório provisório. A atmosfera é gélida. A delegação alemã adentra o recinto primeiro e se acomoda nos lugares que lhe são designados, junto à mesa de negociação. Depois entra a delegação francesa, liderada pelo marechal Foch, que é descrito por Matthias Erzberger como "um homem pequeno, de traços duros e enérgicos que imediatamente revelam o hábito de comandar". Em vez de um aperto de mãos, apenas trocam-se saudações militares, ou leves reverências entre os civis. As delegações se apresentam mutuamente: Erzberger, Alfred von Oberndorff, Detlof von Winterfeldt e Ernst Vanselow são obrigados a apresentar suas procurações. E então Foch dá início às negociações com uma ingenuidade artificial. "O que traz os senhores até aqui? O que os senhores desejam de mim?" Matthias Erzberger responde que a delegação veio para informar-se das sugestões dos aliados para um cessar-fogo. Foch declara, secamente, que não tem nenhuma sugestão a apresentar. Em seguida Oberndorff lhe pergunta como o marechal deseja que eles se expressem. Da parte dos alemães, não se trata de nenhuma estratégia específica, mas simplesmente de indagar quais são as condições dos aliados para um cessar-fogo. Foch insiste que não tem nenhuma condição a propor. Em seguida, Erzberger lê a última observação do presidente Wilson, na qual consta, expressamente, que o marechal Foch está autorizado a dar a conhecer quais são as condições para o cessar-fogo. Por fim, Foch revela seu segredo: ele só está autorizado a expor as condições caso os alemães requeiram um cessar-fogo. Sob nenhuma hipótese ele vai poupá-los desse gesto humilhante.

Erzberger e Oberndorff então declaram formalmente que, em nome do governo do Império Alemão, pedem por um cessar-fogo. Só então o general Weygand começa a ler as cláusulas mais importantes da decisão tomada pelos aliados em 4 de novembro. "O marechal Foch permanecia à mesa com uma imobilidade pétrea." O representante da Grã-Bretanha, o almirante Rosslyn Wemyss, tenta parecer tão indiferente quanto Foch, mas seu nervosismo transparece nos gestos que ele faz com as mãos, enquanto remexe incessantemente ora seu monóculo, ora seus óculos feitos de chifre.

Os representantes alemães ouvem, como Weygand se lembrará mais tarde, a leitura das condições com a face pálida e petrificada. Consta que lágrimas correram sobre a face do jovem capitão do mar Ernst Vanselow. O contrato exige a imediata retirada das tropas alemãs não só de todos os territórios ocupados na Bélgica, na França e em Luxemburgo como também dos territórios imperiais da Alsácia e da Lorena. Também desejam — como Foch exigira insistentemente — a ocupação dos territórios à margem esquerda do Reno e das zonas neutras em torno das cabeças de ponte Mainz, Koblens e Colônia. Além disso, estipulam a entrega de todas as armas, aviões, frota de guerra, trens e a anulação do tratado de paz que o Império Alemão firmara com a Rússia em 1917.

"É um momento de cortar o coração", lembra-se Weygand. Depois que Weygand termina, o general Winterfeldt ainda faz uma tentativa de amenizar as condições: pelo menos poderiam prorrogar o prazo para a assinatura, para que ele pudesse tomar uma decisão juntamente com o governo e, enquanto as condições estivessem sendo analisadas pelos alemães, poderia haver um cessar-fogo. Mas Foch recusa ambos os pedidos. Para que fossem aceitos os termos da proposta dos aliados, valeria o ultimato que estabelecia um prazo até o dia 11 de novembro, às onze horas da manhã, horário francês. Um cessar-fogo somente entraria em vigor depois da assinatura do documento. Ao mesmo tempo, o marechal enviou, ainda naquele dia, uma ordem por telegrama a seus comandantes para que de maneira nenhuma atenuassem a intensidade dos seus ataques. Tratava-se de obter "resultados decisivos" ainda durante as negociações para o cessar-fogo. Ele enfatizou a Erzberger que não havia nada a negociar. Os alemães poderiam aceitar ou recusar a oferta, tal qual ela era. Ainda assim, ele admitiu que poderiam ocorrer conversações "privadas" entre os membros de escalões inferiores de ambas as delegações. Erzberger espera conseguir mitigar a severidade das condições impostas pelos aliados, pelo menos no que diz respeito aos prazos e às quantidades do material militar que devem ser entregues, e argumenta que é necessário evitar a fome e a ruptura total da ordem na Alemanha. Terminada a primeira reunião, o capitão Von Helldorf é enviado com a lista das condições dos aliados de volta para o quartel-general alemão em Spa. As conversações "privadas" têm início à tarde e se estendem por dois dias, enquanto o prazo se esgota. Na noite de 10 de novembro, perto das nove horas da noite, catorze horas antes do fim do prazo, uma instrução telegráfica cifrada do primeiro-ministro alemão chega à clareira na floresta. Por meio desse telegrama Erzberger fica autorizado a aceitar todas as condições para o cessar-fogo. Apesar dessa instrução, os membros da delegação alemã, que evidentemente conseguiram persuadir seus pares de alguns pontos, marcam uma rodada final de negociações. Na madrugada do dia 11 de novembro, entre as duas e as cinco horas, pouco mais de seis horas antes do fim do prazo estabelecido no ultimato, ainda são feitas modificações no texto final do acordo. Embora em nada atenuem a dureza do documento, o caráter dessas modificações não é meramente cosmético: em vez de 2 mil, os alemães se obrigam a entregar apenas 1700 aviões, e, em vez de 30 mil, apenas 25 mil metralhadoras. O argumento apresentado para esse pedido deixa o marechal francês indignado: Erzberger alega que as armas são necessárias para manter em xeque forças revoltosas no interior da Alemanha. A zona neutra na margem direita do Reno teria dez em vez de quarenta quilômetros. A retirada do Exército alemão dos territórios à esquerda do Reno poderia ocorrer em 31 dias, em vez de 25. E a advertência de que a Alemanha estava sob a ameaça da fome levou os aliados a assegurar aos alemães que os proveriam com alimentos durante o tempo do cessar-fogo, estabelecido em 36 dias.

Em 11 de novembro de 1918, às 5h20, ainda antes do amanhecer pálido de um dia de outono, são apostas as assinaturas à última página do documento de cessar-fogo. Enquanto isso, a versão final do texto completo do acordo, incluindo as últimas modificações avençadas, é preparada. Depois de fechar a tampa de sua caneta-tinteiro, Erzberger diz que algumas das regulamentações não poderão ser executadas na prática. Sua declaração termina com uma frase comovente: "Um povo, 70 milhões de pessoas, sofre, porém não morre". Foch comenta, seco: "*Très bien!*". E então as delegações se separam, novamente sem um aperto de mão.

Narrado dessa forma, o fim da Primeira Guerra Mundial parece quase uma encenação teatral. Pode parecer que no outono de 1918 a história mundial tenha sido reduzida ao formato de um livro de bolso, como se fosse possível concentrá-la em umas poucas pessoas e palcos, num território de formato triangular, claramente delimitado, em cujas extremidades se encontram as cidades de Paris, Spa e Estrasburgo, que a essa altura ainda pertence à Alemanha. Mas na verdade não é possível encaixar a guerra mundial num espaço tão exíguo.

Ao longo de 1914 a 1918 o conflito transformou-se de uma disputa entre as forças da Entente — França, Grã-Bretanha e Rússia — e do triunvirato formado pelo Império Alemão, pelo Império Austro-Húngaro e pela Itália numa confrontação de caráter global. A guerra foi travada não apenas na Europa, mas também no Oriente Médio, na África, no Extremo Oriente, assim como nos oceanos. Setenta milhões de soldados dos cinco continentes lutaram. Assim, entre os 16 milhões de soldados que perderam a vida durante a Primeira Guerra Mundial não havia apenas europeus: 800 mil turcos, 116 mil norte-americanos, 74 mil hindus, 65 mil canadenses, 62 mil australianos, 26 mil argelinos, 20 mil africanos da colônia denominada África

Oriental Alemã (Tanzânia), 18 mil neozelandeses, 12 mil indochineses, 10 mil africanos do Sudoeste Africano Alemão (Namíbia), 9 mil sul-africanos e 415 japoneses perderam a vida. Além disso, a partir da perspectiva dos atores que até aqui se manifestaram, parece que a cesura de novembro de 1918 representou um corte claro e nítido entre a guerra e a paz. Efetivamente, porém, depois que a maquinaria da guerra foi posta para funcionar, não era de nenhuma maneira possível fazê-la cessar com uma simples assinatura num contrato. As assinaturas de Compiègne selaram somente um dos quatro acordos de cessar-fogo que foram firmados entre diferentes partes envolvidas na guerra em 1918. Esses acordos foram apenas o primeiro passo para as verdadeiras negociações de paz, até que uma série de acordos, dos quais o último foi firmado só em 1923, encerrasse definitivamente a guerra; até então, as ações militares e os conflitos prosseguiram em muitos lugares: no front ocidental, o cessar-fogo foi seguido pelo avanço das tropas aliadas até o Reno e pela ocupação de sua margem direita. Nos Bálcãs, a Hungria e a Romênia se confrontavam. No Báltico, a Letônia lutava por sua independência da jovem União Soviética. Além disso, a morte continuava a assolar o mundo por causa de uma epidemia mundial, a gripe espanhola, que custou a vida de um número de pessoas maior do que o das vítimas somadas de todas as batalhas da guerra.

Logo os conflitos entre a Irlanda e a Inglaterra, entre a Polônia e a Lituânia, entre a Turquia e a República Armênia assim como entre a Turquia e a Grécia acenderiam as chamas de novas guerras. Ao mesmo tempo, a Revolução Russa de 1917 desencadeou guerras civis sangrentas entre seguidores e inimigos dos bolcheviques na Europa do Leste e no continente asiático, que se estenderiam até 1922.

Marina Yurlova provinha de uma família de cossacos. Ela passara a infância numa aldeia no Cáucaso. Para lutar ao lado de seu pai no Exército do tsar ela cortara os cabelos e se vestia com roupas de homem. Ficou sabendo que o tsar, por quem arriscara a própria vida, perdera seu trono numa cama de hospital na cidade de Baku, no Azerbaijão. Antes disso, ela fora atingida por uma granada enquanto dirigia um caminhão militar. De tudo o que aconteceu a partir dali ficaram preservadas em sua memória apenas algumas lembranças desordenadas de detonações, estilhaços e gritos. Ela passou muitos meses em estado de semiconsciência, em diversos hospitais. Seus ferimentos logo se curaram, mas as consequências psíquicas da explosão não se atenuavam. Marina, que tinha dezessete anos, sofria tremores por todo o corpo, sua cabeça oscilava, descontrolada, de um lado para outro, e quando ela abria a boca não era capaz de emitir mais que um balbuciar incompreensível. A todo instante voltavam a emergir as imagens perturbadoras daquele momento que poderia ter sido o último de sua vida, daquele instante em que ela se transformou de guerreira em vítima da guerra.

 Novos tempos haviam começado com a Revolução de 1917, o que Marina vira com os próprios olhos nos meses que se seguiram. Do interior de uma ambulância, ela observou como na praça de uma aldeia uma tropa de soldados revoltosos despedaçava um general grisalho do velho Exército russo. Os soldados uniformizados espetavam, um após o outro, suas baionetas no corpo do homem, ainda que ele já tivesse caído morto depois do primeiro golpe. Ao longo de mais de três anos, Marina testemunhara violências e mortes na guerra, mas "nada [...] poderia ser comparado a um assassinato como aquele". Mais tarde, da janela de um hospital moscovita, ela observou uma reunião de soldados revolucionários, que proferiam discursos enfurecidos contra o tsar, e então ela intuiu que aquela ordem deixara de existir. "Tive o vago sentimento de que era chegado o fim do mundo naquela ocasião, em Baku. Minha velha babá sempre me dissera que havia uma profecia segundo a qual o mundo terminaria 2 mil anos depois de Cristo." Evidentemente a velha mulher estava certa em sua previsão, pensou Marina, e esse pensamento a tranquilizou de maneira singular.

Como ferida de guerra, Marina Yurlova não teve que tomar partido imediatamente na luta pelo futuro que começou na Rússia em 1917. Porém no íntimo não existia para ela, cuja família servia ao tsar havia várias gerações, nenhuma dúvida sobre a posição a tomar. Ao menos isso estava claro em sua cabeça, ainda que essa não parasse de oscilar de um lado para outro. O tratamento com eletricidade ao qual ela foi submetida em Moscou trouxe alguma melhora. Além das três sessões diárias de eletroterapia, ninguém, porém, dava atenção à inválida da guerra contra o Império Alemão, que terminara com a assinatura do acordo de paz de Brest-Litovski em 3 de março de 1918. Obtusamente ela se conformava com o fato de que a poeira e a fumaça de cigarros tornavam os lençóis de sua cama cada dia mais cinzentos. Através de janelas ensebadas ela observava, esquematicamente, a formação de um novo regime em Moscou. Ficou abalada quando soube da execução do tsar Nicolau II e de sua família. Terá chegado também a seu leito hospitalar a notícia de que os bolcheviques inauguraram em novembro de 1918 um monumento ao revolucionário francês Robespierre no Parque Alexander — e que a escultura, feita em cimento de má qualidade, desabou passados apenas alguns poucos dias?

Àquela época, Thomas E. Lawrence acabava de deixar a cidade síria de Damasco. Sua entrada pelo imponente portão da cidade no dia 1º de outubro de 1918 parecera um cortejo triunfal. Perto das nove horas ele o cruzou a cavalo, sob o sol brilhante da manhã, ostentando os trajes brancos de um Príncipe de Meca. Diante de seus cavalos, dervixes apresentavam suas danças circulares, atrás dele seguiam a cavalo guerreiros de dinastias árabes, que emitiam gritos penetrantes e davam tiros para o ar. A cidade inteira estava de pé para ver o homem que encarnava a vitória da revolta árabe contra o Império Turco: "Lawrence da Arábia". A derrota das tropas turcas e de seus aliados alemães no Oriente Médio estava, com isso, selada.

Mas para o oficial britânico Thomas E. Lawrence a conquista de Damasco não representa um dia de vitória. Ele está completamente exaurido depois de esforços sobre-humanos. Ainda há poucos dias e semanas ele presenciou massacres horrendos. Porém, mais do que as imagens sangrentas, o que pesa em sua consciência é saber que a liberdade, pela qual ele e seus amigos árabes lutaram, se tornou uma quimera. Pois os chefes de Estado europeus, os militares e os diplomatas há tempos assinaram seus planos em relação ao Oriente Médio depois da derrocada do Império Otomano, dividindo entre eles a região. E nesses planos os povos árabes representam apenas um papel secundário.

Nos últimos dias da guerra Rudolf Höss também se encontra em Damasco. Ao menos é o que ele afirma em sua autobiografia. O soldado alemão, que àquela altura mal completou dezoito anos de idade, provém da cidade de Mannheim, na Badênia. Seu pai, católico fervoroso, queria que ele seguisse carreira como clérigo. Mas o patriarca morrera no segundo ano da guerra. Em seguida, o jovem se desencaminhou, tendo sido expulso da escola. Para sair de casa, ele se alistou como voluntário no Exército, que levou o jovem católico justamente para a Terra Prometida. Em meio aos lugares sagrados da Palestina, que ele conhecia da Bíblia, vivenciou a guerra implacável que o

Império Alemão travou, aliado com a Turquia, contra o Império Britânico e seus aliados árabes.

Höss passou por seu "batismo de fogo" no deserto, quando sua unidade encontrou tropas inimigas, nas quais combatiam ingleses, árabes, hindus e neozelandeses. Pela primeira vez em sua vida ele sentiu o poder de alguém que, com uma arma em punho, pode decidir sobre a vida ou a morte de uma pessoa. Ele não ousou olhar no rosto do "seu" primeiro morto. Mas logo matar tornou-se um hábito. Em meio à rígida hierarquia de sua tropa, ele se sentia elevado e agradavam-lhe os laços que se criavam entre os homens que lutavam lado a lado. "Era estranho como eu confiava em meu capitão, meu padrinho militar, como o estimava. Tinha com ele uma relação muito mais íntima do que com meu próprio pai."

Além da violência e da camaradagem, Höss vai se lembrar, mais tarde, de uma experiência que abalou os fundamentos da sua religiosidade. No Vale do Jordão soldados alemães que fazem uma ronda de patrulha dão com uma longa caravana de carroças de camponeses carregadas com musgo. As carroças são cuidadosamente inspecionadas para que não reste dúvida de que não se encontra oculta nelas um fornecimento de armas dos ingleses. Por meio de um intérprete, Höss indaga para que serve o musgo. E assim ele fica sabendo que se trata de líquenes, que estão sendo levados a Jerusalém. Lá, os vegetais cinzentos e esbranquiçados, cheios de manchas de um vermelho vivo, são vendidos, como ele fica sabendo depois, como "musgos do Gólgota" aos peregrinos cristãos, que acreditam que estão levando para casa relíquias, pois as manchas vermelhas seriam gotas do sangue de Jesus. Höss sente-se enojado com esse comércio. É o começo de seu afastamento da Igreja católica.

Quando Marina Yurlova é transferida para Kazan, a capital do Tataristão, bem distante de Moscou, em direção ao Oriente, a guerra mundial no antigo território do tsar já se transformou num novo conflito: a guerra civil entre os revolucionários russos e seus opositores começou. Numa estação de trem de Moscou os inválidos são testemunhas de um tiroteio entre o Exército Vermelho dos bolcheviques e os "brancos", as tropas que permanecem fiéis ao tsar. Os soldados vermelhos que defendem a estação de trem de um ataque dos seguidores do tsar estão tão famintos, seus uniformes tão esfarrapados, que eles não se parecem em nada com um exército normal. Mas, em sua decisão encarniçada de vencer ou morrer, esses "fantasmas amarelos" se tornam o emblema da revolução para Marina, e ela não tem como deixar de respeitá-los.

O trem para Kazan, no qual Marina é embarcada em novembro de 1918, avança vagarosamente. No fim da viagem esperam-na outro hospital, outra enfermaria cheia de leitos duros, cobertos com lençóis esgarçados. Na cama ao lado dela está deitado um belo jovem, de apenas vinte anos. Seu rosto é rosado, seus olhos cinzentos são brilhantes e seus cabelos são negros e cacheados. Demora um instante até que Marina se dê conta de que há algo de estranho nele: o jovem não se mexe. Ele não tem braços nem pernas. Só é capaz de mover a cabeça, e seus olhos acompanham Marina com uma mistura de dor e de orgulho por esse último resquício de mobilidade.

Também diante de Kazan a revolução não para. Os bolcheviques estão decididos a empregar todas as forças disponíveis na guerra contra os seguidores do tsar. Marina se desespera ao ver seu nome numa lista de internos do hospital que serão convocados pelo Exército Vermelho. Outra vez para a guerra, apesar de sua cabeça vacilante e de seus nervos arruinados? A ordem do Exército Vermelho, divulgada por meio de cartazes, convoca todos a se apresentarem na Universidade de Kazan.

Esse é o momento no qual a revolução impõe sua lógica sobre Marina. Ser uma inválida e por isso permanecer alheia à luta da grande ideologia é algo que vai contra os princípios dos bolcheviques. Ou se é um defensor ardente da nova Rússia ou seu inimigo, que deve ser excluído. Assim também pensa o recém-formado membro do Exército Vermelho que chefia o alistamento. A neutralidade, conforme ele anuncia, é "uma postura imperdoável". Também o argumento de que os soldados não devem se imiscuir na política é algo que ele desconsidera. Ele grita ao dirigir-se aos feridos: "De que lado vocês estão? Em que tipo de governo vocês acreditam?". E então ele se volta diretamente a Marina e lhe pergunta: "No que você acredita?". Mas, antes que ela possa responder, ele mesmo diz: "Uma cossaca! [...] Em nome do tsar os cossacos aterrorizavam os camponeses e os trabalhadores!". Marina prepara-se para uma resposta inflamada: "Irmãos!", ela exclama, estendendo o braço num gesto retórico. Mas, antes que possa dar início a seu apelo à comunidade de guerreiros em nome da pátria, seus nervos, que ainda não se recuperaram das explosões, falham. Marina cai, desmaiada. Quando acorda, vê à sua frente paredes cinzentas.

2.
Um dia, uma hora

Hurray, the war is over!
Hurray, the fight is won!
Back from the life of a rover,
Back from the roar of the gun.
Back to the dear old homeland,
Home with the peaceful dove;
Don't let us sing anymore about war,
Just let us sing of love.

"Peace Song", do cantor escocês
Harry Lauder, dezembro de 1918

Briton Rivière, *São Jorge e o dragão*, 1909

No dia 11 de novembro de 1918, poucos minutos depois das onze horas, a jornalista Louise Weiss espanta-se ao ouvir ruídos inesperados em seu exíguo escritório na Rue de Lille, em Paris. Primeiro são apenas cadeiras que são empurradas, portas e janelas que são escancaradas. Depois, ouvem-se vozes, gritos, badalar de sinos e os colaboradores do jornal *L'Europe Nouvelle* se dirigem em bloco para a rua, atravessando o pátio interno do edifício. Já chegou a hora?

No início da guerra mundial, Louise Weiss tinha 21 anos. Depois de um exame final no qual obteve resultados brilhantes, ela viajou com seus irmãos para a pacífica aldeia de Saint-Quay, na Bretanha, cuja natureza estival então pareceu a Louise mais bela do que nunca. Só quando seu amado irmão mais velho partiu a bordo de um trem para integrar o Exército que lutava contra a Alemanha, enquanto ela permanecia atônita em meio à fumaça da locomotiva que se espalhava sobre a plataforma, Louise se deu conta de que uma nova era começava ali. Estaria ela também disposta a fazer semelhante sacrifício? Ela sentia que sua resposta a essa pergunta era "não". A seu irmão ninguém perguntara nada.

Poucos meses depois do início das batalhas, os malogros franceses nos combates junto à fronteira, que deram início à guerra, precipitaram uma onda de refugiados na ainda pacífica região ocidental da França. Para Louise era evidente que ela precisava ajudar. Venceu sua timidez e pediu ao padre para lhe arranjar um cômodo, suplicou um pouco de dinheiro a seu tio e pediu à sua mãe Hertel, chefe da empresa local denominada Mudanças de Todos os Tipos, que colocasse à sua disposição um veículo de transporte. Com ele, Louise percorreu a aldeia, recolhendo colchões, roupa de cama, cadeiras, panelas, lenha e carvão. Ela mal havia recolhido as coisas mais urgentes quando as primeiras famílias de refugiados começaram a chegar.

O abastecimento das famílias tornava-se mais difícil a cada dia, mas Louise sempre era capaz de encontrar outros nobres patrocinadores. Logo também começaram a chegar pessoas ainda mais necessitadas: soldados feridos da batalha de Marnes, de setembro de 1914, para os quais Louise conseguiu alojamento no casarão de uma senhora solteira chamada Mademoiselle Vallée. A tropa, da qual também faziam parte alguns marroquinos e senegaleses, trouxe intranquilidade à aldeia bretã. Mas ao final os residentes davam mais do que os soldados necessitavam e, enfim, a unidade, em sua maior parte recuperada, partiu depois de proferir um cordial discurso de agradecimento.

Após alguns desvios o caminho de Louise levou-a de volta a Paris, onde trabalhou como secretária na antessala de um senador. Não se tratava de um grande emprego para uma jovem brilhante com diploma universitário, mas ainda assim era um lugar no qual se podia encontrar pessoas interessantes e obter muitas informações acerca da situação política. Louise Weiss acompanhava as novidades que se somavam com grande curiosidade e também começou nessa época a escrever seus primeiros artigos para jornais. Foi também naquela mesma antessala que, em busca de notícias valiosas, apareceu o jornalista e editor Hyacinthe Philouze. Sua mutabilidade política contribuíra para sua reputação duvidosa tanto quanto o vacilante sucesso financeiro de seus diferentes projetos de jornais. Certo dia, como o senador não estava disponível para recebê-lo, Philouze entabulou uma conversação com Louise. Ao longo da conversa, ele contou à jovem da antessala a história de um amigo que recebera um pequeno patrimônio como herança de um companheiro de armas e que não sabia como investi-lo. Ela queria mesmo trabalhar pelo resto da vida como secretária de um senador que já envelhecia? Ela tinha alguma ideia inteligente a respeito do que se podia fazer com o dinheiro? Louise respondeu à queima-roupa: investiria o dinheiro na criação de uma revista semanal de política que apoiasse a causa da democracia no mundo e da independência dos povos do Império Habsburgo. O título da publicação poderia ser *L'Europe Nouvelle*, a Nova Europa.

"*Tiens!*", exclamou Philouze, "eis aí uma boa ideia", e, enquanto ela lhe expunha seus pensamentos com maior exatidão, ele declarou: "Negócio fechado!". Efetivamente — nunca se sabe o que vai acontecer — ele manteria sua palavra. Assim, Louise Weiss deixou a antessala e ingressou na redação de um novo jornal, cujo conceito ela mesma desenvolvera. Seu cargo era o de "secretária de redação", mas na verdade suas tarefas eram as de uma redatora-chefe, responsável por todo o conteúdo da publicação. Em janeiro de 1918 foi publicada a primeira edição. Deve ter sido nessa época que Louise Weiss cortou os cabelos. Agora eles lhe chegavam apenas à altura do queixo, e os cachos um pouco desgrenhados lhe circundavam o rosto redondo com o lábio superior reto e orgulhoso.

Nesse 11 de novembro de 1918 Louise Weiss está ocupada com os artigos para a próxima edição de *L'Europe Nouvelle*, os quais — aquilo já se sente no ar — deverão ter como tema o fim da guerra. Será que ela já está trabalhando na sua carta aberta a Georges Clemenceau? Nela, ela vai parabenizar o presidente da França por seus grandes sucessos, mas também adverti-lo de que, depois do fim da guerra, é chegada a hora dos povos. Na edição que se encontra diante de seus olhos haverá reportagens detalhadas acerca da situação nos países da Europa Central e Oriental, onde as velhas monarquias foram desmanteladas. Num artigo expõe-se como deverá tornar-se realidade a ideia de uma "Comunidade de Nações", a respeito da qual os representantes das forças aliadas em Londres já estão debatendo. É fundamental construir rapidamente, sobre as ruínas da velha Europa, as bases de um futuro melhor, exige o autor do texto, Jules Rais. É grande demais o perigo de que, depois dos anos de guerra, o ódio persista, levando sempre a novos conflitos. Há também a ameaça de que a concorrência econômica entre os Estados europeus leve a novos conflitos. O caminho para escapar a esse perigo tem que ser procurado de diferentes maneiras. Primeiramente, por meio da educação para os jovens. Eles devem aprender as línguas dos outros países e, por meio de programas de intercâmbio, conhecer a vida cotidiana de outros lugares. Além disso, Rais sugere um sistema comum de créditos estatais, por meio do qual os Estados maiores possibilitariam aos Estados menores obter empréstimos com as mesmas condições vantajosas das quais eles desfrutam. Numa situação em que muitos países se encontram endividados pela guerra, isso poderia funcionar como a base de uma nova solidariedade europeia, para uma harmonização dos interesses e, portanto, para uma paz duradoura.

Mas, enquanto ela lê cuidadosamente o artigo recebido, conferindo palavra por palavra e linha por linha, uma intranquilidade toma conta do prédio e Louise sabe o que isso significa: cessar-fogo! Quatro dias antes do previsto! A edição, porém, só pode ser impressa no dia 15 de novembro, e nem sequer acabou de ser redigida! Em vez de se deixar levar pelo entusiasmo dos seus colegas, Louise Weiss fecha a janela do escritório para deixar do lado de fora o badalar dos sinos e o clamor das vozes da multidão.

Ainda às 10h30 desse 11 de novembro de 1918 o oficial de artilharia Harry S. Truman pergunta como os alemães reagiriam à proposta de cessar-fogo feita pelos aliados. A essa altura ele evidentemente ainda não sabe que o marechal Foch, no início da madrugada, enquanto a tinta abaixo do texto do acordo de cessar-fogo ainda estava úmida, enviou um telegrama a todas as seções do front: "A partir do dia 11 de novembro às onze horas, horário francês, todas as hostilidades em toda a extensão do front serão suspensas". A partir daquele instante a linha do front conquistada até ali não pode mais ser ultrapassada. Mas as posições conquistadas devem ser mantidas. Estabelecer contato com o inimigo é proibido.

Evidentemente o telegrama leva algumas horas para alcançar todas as seções do front. Parece que Truman, antes de recebê-lo, esperava por uma continuação da guerra até a derrota completa do Império Alemão: "É realmente uma vergonha que não avancemos para destruir completamente a Alemanha, para decepar as mãos e os pés de alguns jovens alemães e para escalpelar alguns velhos, mas penso que seja melhor deixá-los trabalhar para os franceses e para os belgas por cinquenta anos". Com uma terrível satisfação Truman avalia que, durante a ofensiva final, ele tenha disparado mais de 10 mil tiros sobre o inimigo, os quais "com certeza tiveram certo efeito". Ele está decidido a dar seguimento ao bombardeio até o último minuto dessa guerra. Uma bateria de artilharia que se encontra perto dele continua a disparar, "como se quisesse se livrar da munição que lhe restava antes que fosse tarde demais".

A posição de Truman não é a única em toda a extensão do front onde as batalhas continuam. Ainda em suas últimas horas e minutos, a guerra custa a vida de muitos homens. Às 9h30 daquela manhã George Ellison, um mineiro da cidade britânica de Leeds, é morto durante uma patrulha. Às 10h55, a algumas centenas de quilômetros a nordeste de Compiègne, na região das Ardennes, morre Augustin Trébouchon, um pastor da região da Lozère, atingido por um projétil alemão. Apenas dois minutos antes da entrada em vigor do cessar-fogo, o canadense George Lawrence Price tomba perto do Canal du Centre, na Bélgica.

Mas, por fim, o ponteiro pequeno dos relógios franceses alcança o número onze, aquele dia e aquela hora que alguns militares, reunidos numa clareira perto de Paris, escreveram no texto de um acordo que, tendo sido por eles assinado, se tornou lei. Desencadeia-se, então, um daqueles raros momentos de simultaneidade global, do qual milhões de pessoas em todas as partes do planeta se lembrarão pelo resto da vida — até o fim de seus dias, elas saberão o que fizeram no dia 11 de novembro de 1918 às onze horas.

Ferdinand Foch abandonou a clareira na floresta perto de Compiègne, que a partir daquele dia teria importância histórica, logo depois de assinar o cessar-fogo. Ele descreve o momento no qual a guerra se transforma em paz num tom solene: "Um silêncio impressionante seguiu-se às 53 semanas de combate". Carregada de emoções é também sua mensagem aos exércitos aliados, que "venceram a grande batalha da História e defenderam o que existe de mais sagrado: a liberdade do mundo! Orgulhem-se! Vocês cobriram suas bandeiras com glória eterna! O futuro lhes agradecerá por isso". De volta a Paris, Foch primeiramente vai fazer uma visita ao presidente da França no Palácio do Eliseu. Em seguida se dirige a sua casa, onde sua mulher já o aguarda. Mas o marechal custa a abrir caminho em meio à multidão que lhe dirige vivas, jubilante, chorando de alegria. Quando chega, Foch é obrigado a improvisar um discurso na escada de sua casa. Seu apartamento está repleto de buquês de flores, enviados por grandes personalidades, mas também por pessoas totalmente desconhecidas.

Durante o almoço, Foch várias vezes é obrigado a levantar-se da mesa para mostrar-se, na janela, à multidão que se reúne ali.

A alegria já tomou conta de Arthur Little na véspera, no dia 10 de novembro de 1918. O oficial do 369º Regimento de Infantaria norte-americano aproveitou seu dia de descanso do front para fazer um passeio muito especial. Com um carro emprestado, ele se dirigiu até uma unidade de tanques que distava cerca de oito quilômetros da cidadezinha de Langres. Ao chegar ali contatou o oficial de plantão. Explicou seu propósito e foi convidado para o almoço. Em seguida, um certo sargento Little foi chamado. O jovem aparece, bate continência diante do oficial Little, saúda e começa a ler o informe. Mas então, em meio a uma frase, ele se cala. Com os olhos arregalados olha para o mais velho e passam-se alguns instantes até que ele se recupere a ponto de conseguir falar: "Oh! Pai! Que felicidade ver você aqui! Disseram que você estava morto!". Ambos se abraçam.

Juntos eles se dirigem a Langres, enviam um telegrama à mãe, nos Estados Unidos, têm um belo jantar, vão a um teatro e pernoitam, então, num alojamento da YMCA. O jovem acaba de chegar do campo de batalha e faz semanas que não dorme numa cama. Mal ele apoia a cabeça no travesseiro, mergulha num sono tão profundo que o pai, que precisa sair cedo na manhã seguinte, não consegue despertá-lo. Então ele deixa o jovem na cama e parte, tranquilizado por saber que agora o filho pode dormir sossegado. Nada mais pode lhe acontecer. É o dia 10 de novembro de 1918 e o pai sabe que seu filho não terá que voltar para o front.

Assim, Arthur Little volta alegremente ao seu batalhão. Sua unidade não é como as demais. Os soldados norte-americanos que nela servem, e que se encontram sob o comando francês, provêm da Guarda Nacional de Nova York. A maior parte deles é de afro-americanos do bairro nova-iorquino do Harlem. Para os Estados Unidos não foi fácil transformar negros em soldados. Só a brutal demanda por homens ocasionada pela guerra mundial fez com que eles cruzassem o Atlântico para lutar. Sua formação não poderia ser comparada à de outros soldados. Eles tinham sido obrigados a passar pelo treinamento em lugares públicos, em ginásios desportivos e em salões de baile no Harlem, usando pás e cabos de vassoura em vez de armas verdadeiras. Poucos dentre eles foram designados para posições de comando. Quantos olhares tortos, observações cheias de desprezo e gestos humilhantes eles tiveram que suportar num país onde a escravidão havia sido abolida poucas décadas antes e onde a discriminação e os conflitos raciais se encontravam na ordem do dia? Durante um desfile do Rainbow Regiment da Guarda Nacional de Nova York foram impedidos de participar. Pois no arco-íris não aparece a cor preta, foi o que disseram os organizadores. Também do outro lado do Atlântico, num primeiro momento, ninguém confiava nos soldados negros: eles foram engajados para retirar cargas de navios, cavar trincheiras e enterrar os mortos depois de batalhas sangrentas. Só quando o 369º Regimento de Infantaria passou ao comando francês essa situação mudou. Os franceses tinham larga experiência com soldados provenientes de suas colônias africanas. Eles não hesitavam nem um instante sequer em armar completamente os soldados negros e em enviá-los às posições de vanguarda no front. Em pouco tempo, os homens do Harlem demonstraram não ser em nada inferiores aos seus camaradas brancos. Eles se provaram guerreiros duros, que ensinaram os alemães a ter medo. Eram respeitosamente conhecidos como "Harlem Hellfighters" e alguns dos homens dessa unidade se tornaram lendários.

    O maior herói da unidade era o soldado Henry Johnson. Esse homem de estatura relativamente baixa tinha trabalhado como carregador de malas na estação ferroviária da pequena cidade de Albany, no estado de Nova York, antes da guerra. Durante sua formação e nos primeiros meses da guerra no máximo ele chamara a atenção por ser um tanto desbocado. Porém, certa noite, quando estava num posto de vigia na vanguarda do front, realizou um feito incomum. Um comando de ataque alemão, que estava vigiando a posição que Johnson ocupava juntamente com um camarada, lançou uma ofensiva. Logo no início da escaramuça, o outro soldado foi ferido por um projétil. Johnson agora se encontrava só, mas queria manter a posição a qualquer preço, e também salvar seu camarada ferido. Com sua arma, com granadas e, por fim, com um revólver e um punhal Johnson matou mais de vinte alemães e por fim obrigou os agressores a fugir. Johnson sofreu ferimentos em todo o corpo, mas tornou-se o primeiro herói de guerra negro estadunidense. Até mesmo o *Saturday Evening Post* publicou uma reportagem sobre os feitos do "Black Death".

Outro cuja fama transcendeu em muito as fileiras dos Harlem Hellfighters foi um oficial negro chamado James Reese Europe, que ocupava o posto de maestro da Banda do Regimento. Antes da guerra, em Nova York, ele tinha sido o líder da popular banda de ragtime Society Orchestra. Em seus arranjos ele transformava e acelerava os ritmos de marchas, danças e canções populares por meio de síncopes ousadas. A Society Orchestra foi uma das primeiras bandas a contar com saxofones. Ela tocava foxtrotes que eram desprezados pela classe média branca, mas faziam ferver os clubes noturnos do Harlem. James Reese Europe foi um dos primeiros músicos negros a gravar um disco numa das grandes gravadoras, a Radio Corporation of America. Como um dos primeiros tenentes negros, o líder da banda foi à guerra — acompanhado de uma banda militar com mais de quarenta membros. Logo ao chegar à cidade francesa de Brest, eles tocaram uma versão jazzística da Marselhesa, que fez transpirarem os ouvintes franceses no porto. Mas aquilo tinha sido apenas o início. Cinco meses depois de James Reese ser enviado ao front, o que o levou a conhecer o lado mais terrível da guerra de trincheiras e o inspirou a compor o ragtime "On Patrol in No Man's Land", o comando militar decidiu que a guerra precisava mais do jazz do que de quarenta soldados negros e porto-riquenhos nas trincheiras. A banda dos Harlem Hellfighters foi transferida para Paris. Lá, ao longo de muitos meses, apresentou-se em teatros, em salas de concerto, em parques e em hospitais. Seu efeito sobre os franceses foi inacreditável. Os parisienses nunca tinham ouvido jazz antes disso. Os ritmos impetuosos, as *offbeats* e as síncopes do ragtime, as blue notes e os glissandi nas melodias, o som jubilante dos saxofones e o som anasalado dos trompetes obstruídos levavam os ouvintes simplesmente ao êxtase. Que os negros se apresentassem nos palcos, que tocassem música sem partituras, que improvisassem seus solos, que seus corpos relaxassem enquanto tocavam, que eles mantivessem os olhos semicerrados e balançassem braços e pernas ao ritmo da música e começassem a se balançar e a se movimentar convulsivamente, tudo eletrizava as audiências, onde quer que a banda se apresentasse. Aquilo era a expressão de uma nova maneira de viver. Eles eram os arautos do início de uma nova era, do século XX, e aquilo era moderno de uma maneira excitante e completamente diferente das metralhadoras, dos submarinos e dos tanques de guerra.

Os Harlem Hellfighters encontram o dia 11 de novembro de 1918 num acampamento na região dos Vosges, onde se recuperavam de 191 dias de batalhas ininterruptas. O oficial Arthur Little descreve o momento em que a guerra terminava para aquela unidade, às onze horas no horário centro-europeu, como cheio de uma serena felicidade. Um tradutor francês passa junto dos camaradas norte-americanos com duas garrafas de champanhe. Todos brindam, aliviados, porém sem exageros. Nada que se compare, conforme o relato de Little em suas memórias, com a "loucura" que irrompe nesse dia em Nova York, em Londres e em Paris. O cessar-fogo surge como um momento tranquilo e iluminado, durante o qual o fardo da responsabilidade, que há semanas pesa sobre os ombros do comandante, desaparece subitamente. Divertidos, os homens do Harlem observam como os alsacianos tomam as ruas em seus trajes típicos, regando a libertação dos alemães com grandes quantidades de vinho Riesling. O tenente-coronel Hayward descreve com precisão o que todos sentiam naquele momento: "O dia no qual Cristo nasceu foi o dia mais importante da história mundial e aquele foi o segundo dia mais importante".

Käthe Kollwitz, por sua vez, é informada sobre os resultados das conversações de Compiègne no "segundo dia mais importante", em sua cidade, Berlim. Ela escreve a respeito em seu diário. Àquela altura, a escultora e desenhista, que nascera em Königsberg (hoje Kaliningrado) como filha de um pedreiro, tinha 51 anos e era casada com o médico Karl Kollwitz. O casal morava no bairro berlinense de Prenzlauer Berg. Abalada, a mulher de rosto redondo, com seus cabelos lisos sempre presos num coque, lê no jornal a respeito das "terríveis condições" para o cessar-fogo. Ao anoitecer daquele dia, no qual as comemorações em Paris, em Nova York e em Londres não cessam, um "silêncio mortal" se espalha sobre as ruas de Berlim. O medo paira no ar e as pessoas permanecem no interior de suas casas. A intervalos, tiros ecoam pelas ruas desertas.

No dia 11 de novembro de 1918, às onze horas, o oficial de artilharia Harry S. Truman está sentado, com um largo sorriso, em seu abrigo subterrâneo, comendo um pedaço de bolo de mirtilo. Mas, enquanto os camaradas franceses cantam e passam um ao outro garrafas de vinho, Truman se sente um tanto decepcionado: é verdade que ele pode se dar por satisfeito com a guerra e com o papel que desempenhou nela. Ele escreve a sua amada Bess: "Você sabe que fui capaz de fazer aquilo que, desde o início da guerra, eu mais ambicionava: liderar uma bateria ao longo da guerra sem perder um único homem". Porém, sua ambição de ser coberto por glórias militares ainda não se realizou. Na infância, ele leu Homero e as memórias de Napoleão. Àquela época, sonhava em obter uma formação militar na academia estadunidense de West Point e em ofuscar a fama do rei dos franceses por meio de suas próprias conquistas. Apesar de tudo o que conquistou durante a guerra, ele ainda está longe de ter realizado esse sonho juvenil: "Minha carreira militar termina como Centurião. Isso é bastante distante de César. Agora quero ser um camponês". Assim, ele reage com certa resignação quando se torna claro que, com o fim da guerra, não há mais esperança de novos avanços na carreira militar: "A essa altura, já quase penso que não estou destinado a ser extraordinariamente rico, nem extraordinariamente pobre. Mas também estou convicto de que este é o estado de maior felicidade que é possível a um homem alcançar". Talvez, raciocina, depois do cessar-fogo ele possa ao menos tornar-se comandante de alguma cidade alemã ocupada. Ou, quando estiver de volta aos Estados Unidos, ser convocado a participar do Comitê para Assuntos Militares do Congresso.

Virginia Woolf já sabia desde o dia 15 de outubro de 1918. Foi nesse dia que Herbert Fisher, que havia dois anos era o ministro da Educação britânico, além de ser primo de Virginia, trouxera aquela boa notícia a sua casa, transmitindo-a enquanto sorvia uma xícara de chá: "Hoje vencemos a guerra". Fisher obtivera aquela notícia precoce diretamente do Ministério da

Guerra e já sabia — ao contrário do próprio Wilhelm II — que o Kaiser alemão em breve abdicaria do trono.

Woolf tinha 36 anos àquela altura e era autora de um primeiro romance, que fora recebido favoravelmente pela crítica, embora tivesse sido praticamente ignorado pelos leitores. Sentia-se dilacerada pelo temor de nunca vir a ser mais do que uma diletante insignificante, e buscava combatê-lo se convencendo de que qualquer "outro trabalho" que não o da escrita lhe parecia "um desperdício da vida". Junto com seu marido, Leonard Woolf, Virginia vivia em Richmond, um lugarejo sossegado a leste de Londres, às margens do Tâmisa. Seu casamento era harmônico, muito embora, desde o início, Virginia tivesse deixado claro ao marido que não se sentia responsável pela satisfação das suas necessidades sexuais. A força dos laços que os ligavam um ao outro já tinha sido comprovada pouco tempo depois do noivado, quando Virginia Woolf sofreu de uma doença psíquica grave. Passada uma fase de grande excitação, durante a qual estava cheia de ideias e, ao final, dizia coisas sem sentido, ela foi tomada por alucinações e começou a ouvir vozes. Seguiu-se, então, uma grave depressão, durante a qual ela não queria nem levantar-se da cama nem falar, comer ou mesmo viver. A escuridão interior que a assolava era tão forte que ela tentou o suicídio, ingerindo uma overdose de medicamentos. Leonard a acompanhou em consultas a uma série de médicos que, no entanto, foram incapazes de ajudar, e então estabeleceu para ela um plano de vida detalhado, que previa horários regulares para trabalhar, para se deitar e boa alimentação. Ele até mesmo tomava nota dos ritmos dos seus ciclos menstruais.

    O casal adquirira um tipógrafo e esperava poder fundar uma editora de literatura por meio daquela pequena máquina manual. Talvez Leonard Woolf também acreditasse que o trabalho regular num projeto cujo começo, meio e fim pudessem ser vislumbrados viesse a ajudar Virginia a espantar seus demônios. A primeira publicação da editora, em 1917, consistia em uma brochura que continha dois contos: um dela, intitulado "The Mark in the Wall", e um dele. Como só dispunham de poucos tipos, eles preparavam apenas duas páginas por vez, imprimiam-nas e então passavam a trabalhar nas duas seguintes. Por sorte, tratava-se apenas de contos. Eles também começaram a examinar textos de outros autores em busca de material para novas publicações. Mas eram muito críticos em suas escolhas. O manuscrito *Ulysses*, de um escritor desconhecido chamado James Joyce, foi por eles recusado. O texto não só era longo demais para seu pequeno tipógrafo como também lhes parecia pouco apetitoso por causa das seguidas referências a flatulências e excrementos.

Assim, a visita do ministro da Educação não era uma visita a uma escritora importante, e sim — como Virginia Woolf admite em seu diário — a expressão de laços familiares. Quando Herbert veio visitar sua prima Virginia, em seu íntimo ele deixara o homem de Estado no escritório da Downing Street 10, ao qual a cada instante chegavam notícias provenientes do mundo e onde "os destinos de exércitos inteiros dependem, em maior ou em menor escala, das decisões de dois ou três senhores idosos". Na companhia de Virginia, Herbert se portava de maneira amistosa, sem quaisquer formalidades. Ao mesmo tempo, a presença dele a oprimia. Ele lhe parecia um elo com a realidade, com a verdade, com a vida, até mesmo com uma instância que por ela poderia ser compreendida como "o centro das coisas". Quão evidentes e quão próximos lhe pareciam os acontecimentos mundiais quando ele os descrevia em amplas frases! Como quando ele lhe relatara os preparativos para o cessar-fogo, falando-lhe, também, da necessidade de persuadir o general francês Ferdinand Foch a abrir mão de seu desejo de vingança e dos seus planos para uma "última batalha".

Aquilo soava como se Fisher tivesse conversado pessoalmente com o general francês. E como era, também, persuasiva sua opinião de que, dentre os alemães, o número de pessoas "desumanas" era maior do que entre os membros de outros povos porque eles tinham sido sistematicamente educados para a crueldade. Por meio de Fisher, Virginia sentia-se, por uma tarde, em íntimo contato com os acontecimentos mundiais. Ao mesmo tempo a consciência da estreiteza dos seus horizontes na tranquila Richmond despertava, dolorosamente.

Na verdade, a guerra mundial nunca alcançara Richmond. Havia, é claro, certos problemas de abastecimento e era difícil encontrar pessoal em tempos de guerra. Em visitas a Londres, Virginia sentira o terror que se espalhava quando os alemães despejavam bombas de seus zepelins. Mas Richmond tinha pouco a temer, ainda que, a intervalos, aviões alemães sobrevoassem a cidade.

Em seus passeios, o casal falava da paz e de como, com o novo bem-estar, as pessoas logo esqueceriam a guerra como quem fala de um assunto que só lhes dizia respeito de maneira muito distante. Ambos duvidavam que os habitantes de Richmond pudessem se alegrar por muito tempo com o fato de que os alemães tinham se livrado de seu monarca autoritário e de que os tinham presenteado com a liberdade. O avanço dos assuntos diplomáticos durante as últimas semanas da guerra, cujas notícias eram trazidas à casa por meio dos jornais, era atentamente acompanhado pela escritora. Mas as as manchetes tinham pouco efeito sobre seu entendimento, normalmente tão vivaz. Será que "tudo aquilo era muito distante e privado de sentido"?

Assim, também há pouco entusiasmo na casa dos Woolf quando, no dia 11 de novembro, às onze horas, se ouve em Richmond o trovejar de canhões. Virginia escreve em seu diário: "Os corvos esvoaçavam & por alguns instantes se pareciam com criaturas simbólicas realizando algum tipo de cerimonial em parte de gratidão, em parte de despedida num túmulo. Um dia encoberto e silencioso, a neblina desliza em direção ao leste; & isto também se parece, por alguns instantes, com algo vacilante, que acena de maneira tristonha". Ouvem-se também algumas sirenes, que soam para marcar aquele momento. Como ela haveria de escrever em meio a esse tumulto? As empregadas entram abruptamente. "Nelly tem nas mãos quatro bandeiras, que deseja pendurar nas janelas do cômodo que dão para a rua. Lottie afirma que precisamos fazer alguma coisa, e vejo como ela logo chega às lágrimas. Ela insiste em polir o percussor da porta e gritar para o bombeiro, que mora do outro lado da rua. Por Deus! Que escarcéu!" Ela mesma sente-se mais para melancólica enquanto "todos os táxis soam suas buzinas e os alunos das escolas se aglomeram em torno de bandeiras. Ao mesmo tempo, a atmosfera lembra a de um velório. Justamente agora uma harmônica toca um hino e um grande Union Jack é hasteado num mastro". Então isso é a paz.

Isso é a paz? No dia seguinte os Woolf apanham o trem para Londres. Diante do significado do momento, eles se sentem um tanto desorientados, mas logo se arrependem de sua decisão. "Uma mulher gorda e desleixada, trajada de veludo & de plumas negras, com seus dentes estragados de mulher pobre, queria por força apertar as mãos de dois soldados [...]. Ela já estava meio bêbada & logo a seguir apanhou uma grande garrafa de cerveja, da qual os fez beber, & em seguida ela os beijou." A cidade está repleta de semelhantes figuras miseráveis, embriagadas, que acenam com bandeiras, e o céu londrino castiga os celebrantes com uma boa dose de trombas-d'água outonais. Em meio a tudo isso, Woolf sente falta, como se lê em seu diário, de um "fulcro" capaz de orientar de alguma maneira as emoções. Será que ao dizer "fulcro" ela se referia novamente a seu primo, o ministro da Educação Herbert

Fisher? Certamente não de maneira direta, ainda que antes ela tenha usado esse mesmo termo para descrevê-lo. Mas Virginia Woolf observa que o governo não dispõe de uma forma, de uma moldura para um dia tão extraordinário. Perturbada, ela se dá conta de que os cidadãos respeitáveis, diante dessa falta de forma, não são capazes de demonstrar alegria, se é que sentem alguma. Em vez disso, reagem com mau humor às inconveniências causadas pela multidão que se empurra, pelo comércio fechado e pela chuva.

Metros abaixo da fervilhante Londres, no porão do elegante Hotel Carlton, no Haymarket, Nguyen Tat Thanh passara meses lavando montanhas de pratos. Garçons trajados com librés colocavam os pratos usados pelos clientes do restaurante, que ficava no andar superior, num elevador que então os levava a Nguyen e a seus colegas na cozinha. Os restos de comida eram atirados ao lixo. Pratos, copos e talheres eram separados, cuidadosamente lavados em grandes tinas e então secados e lustrados com panos de algodão.

Nguyen deixara sua terra natal, a colônia francesa da Indochina, o atual Vietnã, já antes do início da guerra mundial. Durante a maior parte do tempo, trabalhara como ajudante de cozinha em diferentes navios e, dessa maneira, vira a metade do mundo. Ele tinha se habituado a se levantar às quatro da manhã para esfregar a cozinha e acender os fogões. Sob todo o tipo de condição do mar, havia sido obrigado a deixar a cozinha quente e fumarenta para descer ao porão onde ficavam armazenados os alimentos a fim de buscar aquilo que seria consumido no dia e levar para a cozinha. Seu corpo, outrora delicado, tornara-se duro e tenaz de tanto carregar pesados sacos de carvão e de alimentos, mas seu rosto, com a testa alta, os olhos penetrantes e os lábios carnudos, permanecia delicado e expressivo.

Em 1917, Nguyen veio a Londres para melhorar seu inglês. Antes e depois de seus longos turnos de trabalho no Carlton, ele podia ser visto sentado no Hyde Park, tendo em mãos um livro e um lápis. Nos livros ele não só encontrava vocábulos como também ideias, até mesmo ideias que poderiam ser transformadas em realidade. Certa manhã ele se decidiu a não atirar ao lixo os restos de comida dos pratos dos clientes do restaurante e sim guardá-los e, então, dispondo-os cuidadosamente num prato, levá-los de volta à cozinha. Quando o temido chef francês Auguste Escoffier o interrogou, ele respondeu: "Esta comida não deveria ser jogada fora. Poderia ser dada aos pobres". Escoffier sorriu. "Ouça bem, meu jovem amigo, esqueça suas ideias revolucionárias. Eu vou iniciá-lo na arte da culinária. Com isso, o senhor poderá ganhar dinheiro. De acordo?" A partir de então, era permitido, frequentemente, a Nguyen trabalhar na confeitaria, onde ele aprendeu a criar tortas artísticas.

Em 11 de novembro, também em Londres, Thomas E. Lawrence e Charles Ffoulkes, o diretor do Imperial War Museum, jantam, juntamente com seu velho amigo comum Edward Thurlow Leeds, que agora trabalha no Serviço Secreto do Exército. Os três estão tranquilamente sentados no restaurante do Union Club. De sua mesa pode-se observar a Trafalgar Square, inteiramente tomada pelos celebrantes. Os três amigos têm muito a contar um ao outro depois de quatro anos de uma guerra que fez com que sua antiga paixão comum por armas e por armaduras medievais lhes parecesse uma tolice.

Mas o pintor britânico Briton Rivière não concebera a vitória do bem na forma de um são Jorge deitado junto a seu cavalo morto, totalmente exausto depois de vencer o dragão, ultrapassando os limites das suas forças? A imagem do herói exausto, com sua armadura reluzente, foi criada antes da guerra mundial, mas parece antecipar aquele dia e aquela hora de maneira comovente. Pois, de fato, tanto vencedores quanto derrotados exauriram igualmente suas forças nas batalhas travadas pelo mundo afora e, em 1918, para continuar com a simbologia desse quadro, encontram-se uns ao lado dos outros, entre a vida e a morte. Em 1914, a concorrência nacional e imperial, o apego leviano ao poder e, por fim, a simples mecânica do sistema de alianças precipitaram o mundo na guerra. Em 1918, só o que resta dos antes altaneiros objetivos de guerra é a esperança dos vencedores de ressarcirem-se dos seus custos inacreditáveis por meio da massa falida dos derrotados. São Jorge também pode ser entendido como a representação do estado no qual se encontram tantos dos soldados naquele 11 de novembro de 1918 às onze horas. Eles estão a tal ponto exaustos pela batalha, a tal ponto avassalados pela desumanidade da guerra e pela ubiquidade da morte que até mesmo aos vitoriosos faltam as forças para qualquer tipo de triunfo. As estratégias dos líderes da guerra, dos diplomatas e dos estadistas, para os quais eles lutaram, agora só lhes interessam muito pouco. Eles querem voltar para casa, para seus abrigos, para sua segurança, e esquecer tudo o que passou. Alguns nem sequer estão dispostos a celebrar.

Muito antes do armistício, Alvin C. York foi transferido das florestas destruídas pelos tiroteios, na região da Argonne, para um lugar completamente diferente. Depois de várias semanas de ininterruptas missões de guerra, ele foi dispensado do front, juntamente com alguns de seus camaradas. Dirigiram-se de trem à localidade francesa de Aix-les-Bains, às margens dos Alpes franceses. Esse balneário muito bem mantido, com suas fachadas brancas que se debruçam sobre o Lac du Bourget, lhes parece um contraponto às paisagens destruídas do norte da França. York e seus camaradas se abrigam sob a égide das bandeiras tremulantes do elegante Hôtel d'Albion, fazem passeios de barco a motor pelo lago, em cuja superfície lisa se refletem as montanhas, e são convidados a partilhar de refeições pelos agradecidos cidadãos do lugarejo.

Desde o dia em que, quase sozinho, esse homem do Tennessee descobriu um ninho de metralhadoras alemãs e fez prisioneiros mais de cem homens, ele está mais convicto do que nunca de que Deus o está protegendo. Seus camaradas lhe deram explicações razoáveis para aquele acontecimento tão improvável que o transformou num herói. Mas para York só pode ter havido um motivo: em 8 de outubro de 1918 Deus lhe deu um sinal! Desde que fora convocado, York estivera sofrendo por não saber se tinha tomado a decisão certa. Haveria maneira de perdoar um homem que, sendo um cristão convicto, tinha participado da guerra e tinha matado? Mas Deus dera ouvidos às suas preces e fizera dele sua ferramenta no dia 8 de outubro de 1918. Desde então, sentimentos de culpa, que pesavam toneladas, tinham deixado os ombros de York.

Ainda assim, em 11 de novembro de 1918 Alvin York está pouco propenso às comemorações. Para ele, a Primeira Guerra Mundial termina em meio ao idílio de um balneário, e de lá "todo o morticínio e toda a destruição" parecem infinitamente distantes, quase irreais. As notícias do vagão de trem de Compiègne alcançam a cidadezinha à hora do almoço. "Houve um barulho terrível, todos os franceses estavam bêbados. E todos os americanos se embriagaram com eles. Eu não me envolvi muito. Fui à igreja, escrevi para a família, li um pouco. Naquela noite eu não saí. Pois eu acabara de chegar, e estava cansado. Evidentemente, estava feliz com a assinatura do cessar-fogo, feliz em saber que agora tudo estava acabado. De fato, houve batalhas e mortes em número suficiente. Eu me sentia como a maior parte dos jovens americanos: agora tudo estava terminado. E nós estávamos prontos para voltar para casa. Eles haviam feito a coisa certa ao assinarem o cessar-fogo." As celebrações em Aix-les-Bains se estendem por vários dias. Mas York se mantém distante de tudo aquilo. Ele tem uma necessidade tão grande de se afastar das experiências e das imagens dos últimos dias que não ousa se entregar.

Só depois de certo tempo finalmente a curiosidade vence Louise Weiss naquele 11 de novembro de 1918 e a jornalista desce pela escadaria para ver com os próprios olhos a "loucura" dos parisienses. Ao chegar à rua ela é arrebatada pela multidão que "urrava de alegria e de ódio". Olha por sobre um mar de gente, acima do qual tremulam milhares de bandeiras francesas e estadunidenses. Os soldados são carregados sobre ombros pelas ruas. Um tumulto de fanfarras, de armas tomadas ao inimigo, de beijos, de danças jubilantes e também de mulheres enlutadas. A Louise tudo aquilo parece repugnante. Pior ainda: tolo. Ainda que ela esperasse muito pela vitória, essa celebração da agressividade e essa apoteose do massacre lhe parecem atos de barbárie.

Louise Weiss se recolhe nos fundos de um café. Um grupo de celebrantes se precipita porta adentro. Eles circundam alguns soldados que têm curativos precários sobre o queixo destroçado e sobre o olho ferido. Um engraçadinho faz soar uma corneta de caça. As rolhas saltam das garrafas de champanhe. Louise Weiss se engasga com um pedaço de croissant. Ela se sente solitária e, em seus pensamentos, foge para junto de Milan.

Milan! Eram ainda os primeiros anos da guerra quando os dois se encontraram pela primeira vez. Num jantar na casa de uma amiga comum em Paris um homem de pequeno porte, de ombros estreitos, que começava a se tornar calvo, juntou-se aos comensais já reunidos. Com um leve sotaque, ele se apresentou como Milan Štefánik. O que primeiro chamou a atenção de Louise foi a precisão com a qual suas mãos pálidas, muito bem cuidadas, manobravam os talheres. Por fim, ela perguntou: "O que o senhor está fazendo aqui?". Ele a fitou com seus olhos azuis e transparentes e respondeu: "Eu 'estou fazendo' o Grão-Ducado Independente da Boêmia". Os conhecimentos de história e de geografia de Louise Weiss bastavam para identificá-lo como um tcheco ou como um eslovaco. Štefánik mostrou-se impressionado, e ela impressionou-se realmente quando entendeu que ele se encontrava em Paris para lutar pela independência da sua pátria do Império Habsburgo. A jornalista imediatamente se apaixonou por Milan e por seu projeto altaneiro. Aquele foi o início de uma ligação amorosa incomum que, em retrospecto, foi caracterizada por Louise em suas memórias como "uma perfeita concórdia espiritual num clima de ascetismo desumano". Desde o primeiro instante daquele encontro, Louise sabia que queria seguir aquele homem e apoiá-lo com todas as suas forças em sua luta.

Em novembro de 1918, enquanto Louise está sentada, com seus sentimentos confusos, num café de Paris, Milan se encontra na Sibéria, em algum lugar entre Irkutsk e Vladivostok, perdendo seu tempo numa batalha em torno do trajeto da Ferrovia Transiberiana. Trata-se de uma artéria através da qual se dá um maciço deslocamento de tropas que consistem em cerca de 50 mil soldados tchecos. A legião tchecoslovaca, recrutada entre exilados tchecos e prisioneiros de guerra, lutou, de início, do lado dos aliados, especialmente dos russos. A Revolução Russa e a saída dos russos da guerra criaram uma nova situação. Desde então, as unidades tchecas perseguem o insensato objetivo de cruzar o continente asiático até a China, para então retornar à Europa, cruzando o Pacífico e a América do Norte, para ali se juntarem às tropas aliadas. Mas na Sibéria reina um frio tremendo e um caos cujo fim não se pode antever. Os tchecos, que cada vez mais entendem a si mesmos como inimigos dos bolcheviques, nunca sabem de antemão se as tropas russas que encontram por seus caminhos lhes são contrárias ou favoráveis. As distâncias são enormes, as sinaleiras estão destruídas. Muitas unidades tchecas, que depois de semanas de viagem já alcançaram a costa do Pacífico, são obrigadas a retornar imediatamente para salvar camaradas que ainda se encontram retidos no interior. Por semanas a fio eles vivem dentro de vagões dos quais alguns teriam estado cheios até o teto com ouro saqueado pelos bolcheviques. Por causa dos massacres entre partidos opostos as estações de trem estão tingidas com o vermelho do sangue. Milan Štefánik se encontra em meio a tudo isso. Será que ela voltará a vê-lo?

Quando Marina Yurlova volta a abrir os olhos, vê à sua frente paredes cinzentas. Só aos poucos lhe voltam as imagens do passado: Kazan, o hospital, o alistamento, o soldado do Exército Vermelho que gritava. A boa notícia é que ela está viva. A má, que ela, evidentemente, se encontra presa numa cela. Um catre, palha suja, um aquecedor, uma minúscula janela com grade e uma porta de ferro são tudo o que é capaz de reconhecer naquele aposento mal iluminado e sufocante. Um novo desmaio a impede de olhar melhor para o lugar inóspito no qual caiu. Ela só volta a despertar ao ouvir o rangido de uma chave na fechadura da cela e ao avistar um homenzinho pálido que entra segurando uma lamparina de parafina. Ele lhe dá ordem de se levantar, coloca duas tigelas sobre o catre e, sem dizer mais nenhuma palavra, fecha a porta atrás de si. Uma das tigelas contém chucrute e cascas de batata cozidas, sobre as quais os brotos se destacam, como vermes. A outra tigela está cheia de uma água malcheirosa. Também há um pedaço de pão preto, duro. Marina não sabe há quanto tempo não come, mas ainda assim ela é incapaz de tocar nessa refeição.

O tempo passa. Passaram-se horas ou passaram-se dias? A jovem cossaca é despertada de seu estado crepuscular pelo som penetrante de uma salva de armas. Em seguida, ouve ordens gritadas, uma nova salva e então os gemidos de um moribundo. Não há dúvida: no pátio da prisão são executados prisioneiros. Será que aqui em Kazan não só a guerra mas também a vida terminarão para ela? Os vigias do presídio permanecem mudos, e em seus rostos não há nenhuma expressão. É impossível adivinhar, a partir deles, que destino a aguarda. Ainda assim, Marina considera o fato de que, a intervalos regulares, novas tigelas com alimento são colocadas em sua cela como um bom sinal. Ela também recebe um penico.

Passado algum tempo, as execuções parecem ter chegado ao fim. Um silêncio profundo se abate sobre o presídio. Será ela a última a ainda estar viva ali? Terá ela sido simplesmente esquecida? Pelo minúsculo pedaço de céu que é capaz de reconhecer através de sua janela parece que é o começo da tarde quando os ruídos subitamente voltam a despertar. Pesadas explosões sacodem o edifício. Fumaça penetra por debaixo da porta, e através do pequeno orifício da janela Marina consegue distinguir labaredas. As detonações são tão avassaladoras que só pode se tratar de um bombardeamento. O ataque se estende por horas a fio. Só ao amanhecer as violentas detonações se transformam num diálogo mais suave entre canos de fuzis.

O sangue de Marina gela em suas veias no instante em que uma chave gira na fechadura da porta da sua cela. "Você aí no canto! Quem é você?", grita uma voz. O soldado que entrou em sua cela não está usando um uniforme russo. "Sou cossaca", responde ela, com uma voz aguda, "do Cáucaso." "Siga-me!", ordena o estranho. Assim ela sai para a luz do pátio do presídio, onde a aguardam mais soldados e onde homens e mulheres maltratados saem da escuridão da prisão para a luminosidade ofuscante. A partir das explicações que os soldados lhes dão, num russo muito precário, Marina consegue entender o que aconteceu: seus libertadores são tchecos, que antes lutavam ao lado dos russos contra os austríacos e agora se juntaram aos exércitos "brancos", fiéis ao tsar, na Rússia. Sob o comando de Vladimir Kappel, eles tomaram a cidade de Kazan e libertaram os prisioneiros dos bolcheviques que se encontravam ali. Dessa vez, é uma vantagem para Marina ser cossaca. "Vocês podem ir para onde bem entenderem", anunciam os soldados tchecos. Os ex-prisioneiros não esperam até que aquelas palavras sejam repetidas. Afoitos, correm para o portão e desaparecem em meio à multidão ali reunida. Marina permanece imóvel, sem saber o que fazer. "Você quer seguir conosco?", perguntam-lhe os tchecos. Marina faz um sinal com a cabeça e os acompanha. Para onde ela haveria de ir? Seu lar já não existe mais na nova Rússia dos bolcheviques. Por falta de alternativa, ela se torna novamente soldada e é designada pelo comandante a vigiar uma fábrica de munição. Os contornos das cúpulas e dos minaretes de Kazan surgem no horizonte, diante do sol que se põe, e Marina adormece sobre a terra nua no interior de um barracão.

Quando acorda, ouvem-se tiros. Ela está novamente em meio à guerra. Os bolcheviques preparam um contra-ataque. Uma arma é colocada nas mãos de Marina. Ela é encarregada de uma missão. Obedece. Atira. É alvejada. Um projétil inimigo a atinge no ombro. Novamente, ela tem que ser levada ao hospital. Mas a resistência dos brancos em Kazan foi rompida e Marina é obrigada a deixar seu leito mais depressa do que chegou. Em meio a uma torrente de milhares de refugiados, que seguem a pé e em carroças, Marina deixa a cidade, seguindo por uma estrada que atravessa uma planície aparentemente sem fim. O Exército Vermelho dispara contra a coluna de fugitivos a partir do ar. Segundo consta, haveria uma estação ferroviária em Cheliabinsk. Mas Cheliabinsk se encontra a quase mil quilômetros de distância dali, em direção a leste. Marina não consegue mais sentir o braço. Os mantimentos acabaram há tempo. Por fim, encontra-se um caminhão que leva Marina e a pequena tropa de soldados tchecos para a estação final da Ferrovia Transiberiana, a ocidente. As coronhadas dos tchecos espantam os civis que aguardavam no interior de um vagão de bagagem. As horas até a partida parecem intermináveis. Por fim, o trem parte em direção ao leste, para a Sibéria. Eles têm à sua frente mais de sete mil quilômetros de trilhos.

No dia 11 de novembro, às onze horas, no mesmo instante em que, no front ocidental, as armas se calam, Matthias Erzberger embarca novamente, junto com os demais membros da delegação alemã, no trem que começa a rodar em direção ao norte. Apenas meia hora atrás, ele recebeu o documento final do cessar-fogo. As janelas do compartimento onde ele se encontra estão veladas por cortinas. As notícias acerca do resultado das negociações se espalharam depressa e nas estações reúnem-se pessoas que recebem o trem com júbilo, mas também com insultos. De volta a Tergnier, aguardam a chegada da noite para seguir viagem a partir dali, a bordo dos vagões alemães. Atravessam a noite em direção à linha do front, à qual chegam às duas horas da madrugada e que, agora que as armas silenciaram definitivamente, pode ser atravessada sem nenhum perigo.

Às nove da manhã Erzberger alcança o quartel-general alemão em Spa. Mas nada mais é como antes. No balneário belga ocupado pelos alemães formou-se um conselho de soldados e de operários que quer aprisionar os remanescentes do comando militar supremo. As dragonas foram arrancadas dos ombros dos oficiais em Spa e os soldados que ali se encontram estacionados pararam de fazer as saudações militares diante de seus superiores. Logo fica claro para Erzberger que as notícias inacreditáveis que o alcançaram em Compiègne são verdadeiras: em 12 de novembro, a Alemanha não é mais o país que ele deixara em 7 de novembro. O Kaiser já fugiu do país e a revolução se encontra em pleno curso. Pouco depois da chegada de Erzberger a Spa há um encontro entre ele e o primeiro comandante general do quartel, Wilhelm Groener. Este elogia Erzberger pelos resultados nas negociações de Compiègne. O marechal de campo Hindenburg também lhe agradece pelos "serviços valiosos e incomuns" prestados à pátria.

Mais tarde, Erzberger recebe dois emissários de um conselho de trabalhadores de Hannover que se encontram a caminho de Bruxelas para "anunciar a revolução mundial". Exclusivamente para esse fim, os revolucionários se apoderaram de uma locomotiva. Eles estão certos de que o general Foch foi morto a tiros e de que a guerra terminou. Erzberger os informa de que, ainda poucas horas atrás, viu Foch vivo e que há combates em Bruxelas. A decepção dos dois revolucionários é enorme. Mas eles agradecem pelos esclarecimentos e combinam com Erzberger que, ainda naquele dia, voltarão à capital do Império a bordo da locomotiva da qual se apoderaram. O caminho dos revolucionários é o mesmo do negociador, porém seus objetivos são totalmente diversos: os dois trabalhadores pretendem fazer do comunista Karl Liebknecht o novo primeiro-ministro, enquanto Erzberger quer ver de perto a nova situação vigente em Berlim. Será que o cessar-fogo que ele assinou em nome do Império Alemão ainda vale o papel sobre o qual foi redigido?

Um dia, uma hora. Deliberadamente consolidado num contrato redigido por negociadores, o início do cessar-fogo parece sincronizar por um momento milhões de vidas. Mas esse momento representa experiências muito diversas: enquanto há alguns que se abraçam mutuamente em júbilo e outros que olham com desesperança para o futuro, a guerra prossegue em muitas partes do mundo, em lugares onde nem sequer se sabe que, em Compiègne, um documento histórico foi assinado. Um dia, uma hora. Depois do momento mundial de 11 de novembro de 1918, marcado tanto por uma simultaneidade estupenda quanto pela multiplicidade de pontos de vista, a história novamente se despedaça em incontáveis narrativas individuais, não sincrônicas.

No dia 17 de novembro, às 4h30, os Harlem Hellfighters recebem ordens de levantar acampamento nos Vosges e de partir em marcha em direção ao leste. Foi uma sensação estranha, relembraria, mais tarde, Arthur Little, evacuar as trincheiras e pôr-se em marcha em direção ao front. Será que realmente não viria mais fogo inimigo de lá? Little chegou cedo demais ao lugar marcado para a reunião das tropas. Ele treme de frio. Um oficial de ligação o relembra que, agora que a guerra terminou, já é permitido fazer fogueiras. E assim eles aguardam, em silêncio, enquanto aquecem as mãos sobre as chamas, até que tenha início a marcha em direção ao ocidente. Os primeiros passos cruzam a terra de ninguém, passando por trincheiras e por posições alemãs. Em Cernay o regimento se forma atrás de sua banda, que dá o sinal de "avante". A marcha "do Harlem até o Reno" entra em sua última fase.

Primeiro, as tropas cruzam cidadezinhas desertas, apenas parcialmente destruídas, que ainda há pouco serviram de alojamento às tropas alemãs. Depois de uma noite curta em alojamentos improvisados, eles seguem para o leste. Ensisheim, que eles alcançam em 18 de novembro, é o primeiro lugar no qual as tropas encontram vida humana. Os moradores estão preparados para a chegada dos americanos. As casas foram enfeitadas com bandeiras. Nas janelas veem-se retratos do presidente Wilson. As jovens, em seus trajes bordados típicos da Alsácia, enfeitadas com tranças artificiais, lançam flores às ruas. Forma-se, assim, um tapete de flores sobre o qual os soldados do regimento norte-americano marcham, e muitos dos fardados recebem seu primeiro beijo dos últimos meses. Nas ruas, estandartes ostentam frases como "Viva a República!" ou "Deus abençoe o presidente Wilson!".

Depois de partirem de Ensisheim, Little dá ordens a seus homens para que se alojem no lugarejo de Balgau. Quando ele desperta ali na manhã seguinte, 19 de novembro, uma longa fila de civis se formou diante de seu alojamento. "O que eles querem?", pergunta ele a seu ajudante de ordens. "Passaportes, Sir!", é a resposta. Rapidamente Little manda montarem um escritório, no qual serão examinados os requerimentos dos moradores locais. Chocado, o oficial toma conhecimento de tudo a que os alsacianos se habituaram sob a ocupação alemã. Eles estão convictos de que continuarão precisando de autorizações oficiais para levar seu gado às pastagens, para ir ao mercado no vilarejo vizinho, para visitar o cemitério. Little, que foi nomeado governador daquela pequena região, manda divulgar, por meio do anunciador da cidade, uma proclamação na qual promete aos habitantes "amizade" e "proteção". Assim, as filas diante do escritório do governador militar se reduzem e os moradores tiram dos esconderijos onde foram colocados ao abrigo dos alemães sua prataria e seus estoques de alimentos.

No mesmo dia, Little recebe um comunicado com um carimbo de "urgente". Seu coração bate mais rápido quando toma conhecimento do seu conteúdo. O general francês Lebouc oferece ao negro norte-americano a chance de comandar a primeira tropa aliada a alcançar o Reno. A ordem prevê "execução imediata". Ele organiza uma patrulha de vigilantes composta de homens confiáveis e, sem nem mesmo jantar, monta em seu cavalo, partindo em direção a Nambsheim, junto à margem do Reno. Essa pequena tropa cruza as florestas às margens do rio, em direção ao curso d'água, que logo voltaria a ser a fronteira oriental da França. Eles perguntam a um grupo de trabalhadores florestais alsacianos qual é o melhor caminho a seguir, mas estes balançam a cabeça, em sinal de advertência. Às margens do Reno os alemães ainda estavam ocupados com a evacuação de suas tropas, por meio de uma barca presa a cordas. Será que não havia risco de novas escaramuças? Mas Little não quer se ver privado de sua posição vantajosa. O comando dizia expressamente: "Execução imediata". Ele exorta a patrulha a seguir adiante. Passados poucos minutos, a floresta se abre e se descortina a vista sobre "a água do Reno, que corre com maravilhosa pressa". Os homens se sentam, apertam-se as mãos e cumprimentam-se mutuamente. Little, emocionado por esse momento histórico, improvisa um breve discurso. Diante da chegada à correnteza do Reno, ele se lembra de grandes descobridores: naquele instante, não é preciso intimidar-se nem diante de Draken, de Soto, Frobisher ou Colombo. Little manda prepararem um posto de vigia.

Só então os norte-americanos se dão conta de que, na margem oposta, os últimos soldados alemães ainda estão saltando da barca que os leva de volta a seus lares. Horas mais tarde, porém, eles ficam sabendo que, algum tempo antes deles, num outro lugar, outra unidade norte-americana já havia alcançado o Reno. Foi assim que o general francês Lebouc agradeceu ao coronel Hayward e não ao major Little pela construção da "torre de vigia negra junto ao Reno".

Três semanas depois, em 13 de dezembro de 1918, tem início uma cerimônia esplendorosa na planície de Münchhausen, dezesseis quilômetros a nordeste de Mulhouse. A divisão franco-americana encontra-se reunida ali em sua totalidade. Dez mil homens estão em posição de sentido em meio ao ar transparente desse dia suave de inverno. O sol, baixo, faz raiar sua luz sobre a planície enquanto fanfarras anunciam o início da cerimônia. Trajando uniforme azul, o general de divisão francês Lebouc se aproxima, a galope, sobre um cavalo cor de creme. Com o queixo erguido em direção ao céu, ele cavalga ao longo das unidades enfileiradas. Ao passar, saúda os oficiais norte-americanos, chamando-os *"mes chers amis"*. Por fim, ele salta e dá ordens para que se aproximem os comandantes de todos os regimentos representados. Little também se apresenta ao general, em nome do 369º Regimento de Infantaria. Ele condecora os comandantes com a *Croix de guerre* e beija solenemente cada um, em ambas as faces. Pouco tempo depois os regimentos começam a bater em retirada, um após o outro, fazendo estremecer a planície de Münchhausen.

Depois de horas de marcha, os soldados alcançam novamente seus alojamentos. Mas em nenhum lugar se ouvem queixas do longo dia de caminhada. Little sabe por quê: "Nossos homens apostaram tudo para honrar sua raça e seus esforços tinham sido reconhecidos". Sob o comando francês, os soldados do Harlem tiveram a oportunidade de mostrar que eram capazes de mais do que descarregar navios e escavar trincheiras. Agora, depois de sua longa marcha do Harlem até o Reno, tinham que enfrentar o retorno do Reno para o Harlem. Será que a América os receberia em seus lares com o respeito do qual eles tinham sido privados quando enviados à guerra? Será que os sacrifícios feitos durante a guerra pelos soldados negros seriam recompensados em tempos de paz?

Os aliados chegaram à maior das cidades da Alsácia, Estrasburgo, em 21 de novembro de 1918. Sua chegada pôs fim a uma época de turbulência, durante a qual a cidade foi palco de manifestações, saques e agitações revolucionárias. O general Ferdinand Foch fez sua entrada triunfal em Estrasburgo em 26 de novembro de 1918. Logo ao chegar, a cavalo, ele fez uma saudação diante da estátua do general Kléber. Em sua mão direita estava um sabre que era um legado do herói das guerras revolucionárias. Para os franceses aquele dia marcava o fim de uma humilhação que ardia em suas almas desde a derrota diante dos prussianos, em 1871. Àquela época, o Império Alemão anexara a Alsácia e a Lorena, tornando-as parte de seu território. A vitória dos aliados restituía os *départements* a leste do Reno aos franceses.

Poucos dias depois, Louise Weiss chega a Estrasburgo. Juntamente com sua família, ela está fazendo uma viagem ao passado, pois tanto seu pai quanto sua mãe são originários da Alsácia. Para ambos, a *désannexion* é um assunto que fala ao coração. Para os parentes que haviam permanecido na Alsácia eles levam pacotes tão grandes de mantimentos, sabonetes, tecidos e velas que mal sobra espaço nos assentos do automóvel. Louise foi obrigada a vestir-se com os trajes típicos da Alsácia. Trata-se do vestido, do avental, do xale e das fitas de cabelo de Grethel, que fora a babá do seu pai. Grethel tinha usado aqueles trajes em 1871, quando os alemães sitiaram Estrasburgo e ela levara o pai de Louise, que àquela altura ainda era um bebê, através das linhas inimigas, salvando-o assim de morrer de fome.

Quando eles chegam à antiga fronteira entre a França e a Alsácia, em meio aos Vosges, o pai manda parar o carro. Ele desce e se inclina para apanhar torrões da terra natal. Coloca um pedaço na mão de cada um dos filhos. E então todos fazem um círculo, num silêncio solene, enquanto batem com os pés para se manterem aquecidos. O pai decide fazer um desvio, passando pelo Hartmannswillerkopf,* aquele pico ferrenhamente disputado, em torno do qual 30 mil soldados alemães e

---

* Um pico de forma piramidal nos Vosges, cujo nome francês é *Le vieil Armand*. [N.T.]

franceses perderam a vida. Quando chegam ali, o crepúsculo já cai sobre os morros. Na neblina noturna apenas se consegue adivinhar os contornos de pinheiros semidestruídos pelos tiros, assim como remanescentes de tendas e de arame farpado, que rolam de um lado para outro sobre o solo revirado pela ventania.

Em Estrasburgo a família Weiss é recebida com beijos nas faces por primos e primas. Juntos, eles visitam lugares conhecidos de há muito: a casa onde o pai nasceu, na Rue de la Nuée-Bleue, a Catedral. Como na infância, Louise encosta a face na pedra gélida do paredão gótico para acompanhar com o olhar as linhas ascendentes da fachada, que se erguem até a ponta da torre em direção ao céu.

Na tarde seguinte ao dia de sua chegada a Estrasburgo Louise Weiss, que já conquistou alguma fama como jornalista, é convidada a participar da solenidade oficial de libertação da Alsácia. Sobre a tribuna, que foi erigida na Place de la République, ela se acomoda algumas fileiras atrás do presidente Raymond Poincaré e do primeiro-ministro Georges Clemenceau. E então começa um desfile militar que parece não ter mais fim. As tropas marcham, "embriagadas de entusiasmo", de sabre em punho, passando diante da tribuna. "Passam tão perto que parecem estar pedindo carícias." Aos soldados seguem-se representantes das comunidades alsacianas, que marcham em seus trajes tradicionais, ostentando bandeiras e fanfarras. Na verdade, eles não marcham e sim dançam, cheios de alegria e de orgulho. As fitas coloridas, de seda vermelha e preta, e as boinas bordadas a ouro reluzem ao sol. Uma lágrima escorre sobre a face do presidente e, avassalado pela emoção, o "Tigre" é várias vezes obrigado a cerrar os olhos. O desfile se estende por horas a fio e Louise tem a impressão de que — ao contrário das comemorações da vitória em Paris — esse momento está cheio de força. A parada é um "rio arrebatador", um "rio de lava". Mas, pergunta-se ela, será que esse triunfo vale a morte de dois milhões de franceses?

É essa mesma pergunta que a família se faz, alguns meses mais tarde, numa viagem a Arras, no norte da França, onde Louise nasceu. Também é, para seus pais, uma espécie de peregrinação a um lugar da história familiar, uma volta a lembranças de uma felicidade passada. Mas o que resta da linda cidadezinha são apenas ruínas. A torre da igreja, a estação de trens e a casa onde Louise nasceu estão em escombros. Louise retira um pedaço de granada da pilha de pedras e de tábuas que um dia foi sua casa. O fragmento deve estar exatamente no lugar onde, no passado, ficava seu berço.

Uma estrada improvisada leva de Arras até os antigos campos de batalha diante dos portões da cidade. Ali o olhar percorre a paisagem ferida pela guerra. Os canhões enferrujados ainda se erguem em direção ao céu, pedaços de lona mofam em crateras de lama, sucata de aço se espalha por todos os lados, emaranhados de arame farpado se misturam às ervas daninhas. Sobre as colinas que há perto dali, estende-se em direção ao horizonte um campo aparentemente interminável de cruzes cinzentas, toscas, idênticas umas às outras. Aos seus pés desenrola-se um tapete de flores de papoula. Vermelhas "como sangue? Como estandartes? Um apelo? Uma acusação?". Louise sente que as imagens da destruição de sua cidade natal, os campos de morte, o teatro das papoulas estreitam sua ligação com sua pátria. Ao avistar tudo aquilo, Louise, a fundadora da *L'Europe Nouvelle*, a cosmopolita e lutadora pela liberdade dos povos, sente-se, subitamente, francesa no fundo de seu coração.

3.
Revoluções

Em vez de um povo bem formado, que vive em simbiose com a terra, [surge] um novo nômade, um parasita, o morador da cidade grande, o puro homem dos fatos objetivos, que surge em meio a massas flutuantes e disformes, privado de tradição, irreligioso, inteligente, estéril, com uma profunda aversão ao campesinato (e à sua forma mais elevada, a nobreza agrária), ou seja, uma pessoa monstruosa em direção ao inorgânico, ao fim.

Oswald Spengler, *A decadência do Ocidente*, 1918

*O antigo Éden submergiu
Isto vale para você, para mim, para todos.
Temos que nos conformar com isso
Novamente tomar a enxada nas mãos
Novamente escavar a relva
Novamente partir a terra
Novamente plantar e pisar nas picadas
Novamente arrancar as ervas daninhas
Só assim, com o suor de todos nós
Surgirá um novo Paraíso.*

Ratatösker, "Futuro", *Simplicissimus*, 24 de novembro de 1918

George Grosz, *Explosão*, 1917

Ao anoitecer do dia 10 de novembro de 1918, um domingo, o céu acima de Wilhelmshaven se ilumina com clarões e com estrelas luminosas vermelhas, verdes e brancas, enquanto centenas de rojões de sinalização explodem no ar, com grande estrondo. Somam-se a isso os disparos dos canhões nas casernas do porto. As sirenes da cidade acompanham a cena com seus gemidos ensurdecedores. O marinheiro Richard Stumpf, que está trabalhando, se assusta. Involuntariamente ele começa a procurar um abrigo, pois todos esses sinais somente podem significar um alarme antiaéreo ou o aviso de um ataque da frota inglesa. Logo, porém, uma notícia se espalha, que só muito mais tarde vai se revelar um mero boato: os fogos de artifício marcam a aliança entre os partidos comunistas do mundo na Terceira Internacional e com isso o início da revolução mundial. A insegurança e o medo se instalam na cidadezinha do mar do Norte, até que, por fim, um panfleto apresenta os fatos aos tripulantes dos navios e aos moradores de Wilhelmshaven. Stumpf apanha um desses panfletos e o lê com espanto crescente. Trata-se das condições impostas para o cessar-fogo, que evidentemente já vazaram para a imprensa antes mesmo da assinatura do acordo. Enfurecido, ele exclama: "Então essa é a paga pela maldita fraternidade!". Tomado pelas emoções, ele se recolhe a um canto silencioso.

Depois da última explosão e depois que as sirenes se calam, uma após a outra, a tranquilidade volta a imperar em Wilhelmshaven. Mas no íntimo de Richard Stumpf ameaça-se uma tempestade. Submeter uma nação diligente e invicta a tais condições é algo que lhe parece chegar às raias da loucura. Ele sente como se alguém tivesse cuspido na sua cara. É essa a paga para os soldados da Marinha e para os trabalhadores dos estaleiros de Wilhelmshaven, que puseram a vida em risco pelo fim da guerra?

Desde março de 1918 Stumpf estava estacionado no navio *Wittelsbach*, em Wilhelmshaven. Havia já um certo tempo que o navio funcionava como embarcação auxiliar, como caserna flutuante, ancorado no porto. Servir a bordo do *Wittelsbach* significava submeter-se a treinos obtusos e sem sentido, dispor de tempo livre demais e se entregar a todos os tipos de trabalho manual, como, por exemplo, remendar galochas, para fazer os dias passarem mais depressa — e também para ganhar algum dinheiro. No outono de 1918 Stumpf já tinha perdido, havia tempos, sua fé na vitória, tendo adaptado sua prece matinal às circunstâncias: "Traga-nos paz, pão e sorte!". Desde o início de outubro multiplicavam-se os rumores acerca de terríveis perdas na frota alemã, assim como as suspeitas de que "os dentes incisivos da guerra submarina [...] foram quebrados".

Já naquele tempo, Stumpf constatara que muitos de seus camaradas, passados quatro anos de guerra, ao longo dos quais o tédio, a angústia e o perigo de morte haviam se revezado, tinham se precipitado num estado de extrema irritabilidade. "É terrível, é terrível o que se passa na intimidade da maior parte dos camaradas. Ideias bolcheviques viraram a cabeça de muitos jovens." Será que o moral daqueles homens bastaria para aquela batalha final, da qual os superiores falavam em toda parte? Diante da "atmosfera de desconsolo" Stumpf não acreditava mais naquilo. Pensar no naufrágio não apenas da frota mas do Império inteiro era algo que lhe acontecia cada vez com maior frequência: "Será que o breve período entre 1870 e 1914 realmente foi nossa breve época de glória?".

Stumpf ainda apoiava a ordem existente. "Não que essas palavras me tivessem sido instiladas por amor aos Hohenzollern", mas, ainda algumas semanas antes do fim da guerra, ele estava convicto de que "as raízes do respeito que se tem por nós e de toda a nossa força provêm da Monarquia". Também a imagem que ele tinha do inimigo estava inteiramente alinhada com os discursos da propaganda de guerra: "Se nos submetermos aos desejos dos plutocratas sem coração que vivem do outro lado do Canal e do oceano, e se mandarmos nosso Kaiser para o inferno, então me envergonharei para sempre de um dia ter sido alemão".

Pouco tempo depois, porém, intensificavam-se os sinais de que o desânimo dos soldados da Marinha se transformava em desobediência. O impulso provinha da própria guerra: unidades inglesas e norte-americanas tinham se colocado em marcha para um ataque à região alemã de Helgoland. Por meio da imprensa internacional, os aliados enfatizavam que, em caso de derrota alemã, a frota germânica teria que ser inteiramente entregue aos aliados. A fim de evitar esse desfecho, o Comando de Guerra Naval promulgou, em 24 de outubro de 1918, a ordem de lançar as forças de guerra alemãs contra o inimigo, num último e grande esforço. Foram dadas ordens para uma batalha decisiva. Mas a superioridade bélica do inimigo era tão avassaladora que a batalha equivaleria ao sacrifício de toda a frota alemã. Será que, ao preço de milhares de vidas humanas, seria possível salvar algo além das ideias tradicionais de honra de alguns oficiais? Na data prevista para a partida das tropas estacionadas nos portos do mar Báltico, 27 de outubro, houve resistência por parte dos homens em Kiel e em Wilhelmshaven. Primeiro foram os foguistas de alguns navios, que abandonaram seus postos ou apagaram as chamas sob as gigantescas caldeiras dos colossos oceânicos pesadamente armados. Tripulantes de outros navios também permaneceram em terra em vez de, como lhes havia sido ordenado, tomarem, com antecedência, suas posições para a batalha iminente. E, para além de tudo isso, uma densa neblina precipitou-se sobre o Báltico, fazendo com que qualquer partida parecesse um contrassenso.

Richard Stumpf está "profundamente entristecido pelas coisas chegarem a tal ponto". Porém, sua tristeza se mistura com certa alegria perversa: "Onde foi parar a onipotência dos orgulhosos capitães e dos engenheiros militares? Os foguistas e marinheiros, que por anos a fio foram humilhados como cães, sabem, finalmente, que sem eles não acontece nada, absolutamente nada". A bordo do *Thüringen*, os marujos chegaram até mesmo a aprisionar seus oficiais. Ninguém mais estava disposto a arriscar a vida nessa guerra sem sentido. Os comandantes da frota cercaram o navio amotinado e o colocaram sob a mira de canhões. A tripulação, composta de trezentos homens, é aprisionada. Isso, porém, não fez com que o *Thüringen* estivesse pronto para a última batalha naval.

Em 7 de novembro, depois de fatalidades em Kiel, atos isolados de amotinamento transformam-se, em Wilhelmshaven, numa grande revolta. Os marinheiros abandonam seus navios em grande número e fazem manifestações em terra. Richard Stumpf também se veste com sua roupa de domingo e segue os camaradas amotinados pela rampa que leva ao porto. Na praça de exercícios da caserna já se encontra reunida uma multidão. Uma tribuna é improvisada. A partir dali, sob o estímulo dos aplausos de um grupo cada vez maior, são formuladas cada vez mais exigências. Parece a Stumpf que hoje a multidão seria capaz de gritar "Hurra!" se alguém a exortasse a enforcar o Kaiser.

Juntos, os homens se põem em movimento. Para proporcionar ao cortejo um mínimo de ordem, a Banda de Música da Divisão dos Estaleiros começa a tocar cantigas e marchas. A música atrai um número crescente de soldados da Marinha, que acorrem em massa, vindos de outros navios. Para esses marinheiros não existe mais uma estrutura de comando. A multidão é conduzida pelos instintos de um rebanho. Diante dos portões da caserna do Batalhão do Mar está postado um velho capitão, com revólver em punho. Ele avança sobre o primeiro marinheiro a cruzar o portão, colocando-o sob a mira de sua arma. Mas logo é atacado por punhos cerrados, que lhe tiram o revólver da mão e lhe arrancam seus galões. Gritos de júbilo reverberam. Stumpf, por sua vez, sente uma silenciosa admiração por seu superior consciencioso.

Ainda impera alguma disciplina entre os manifestantes, mas, quanto mais o cortejo avança, mais a atmosfera esquenta. Assovia-se entre os dedos, mulheres são provocadas, logo surgem as primeiras bandeiras vermelhas. Stumpf não se sente honrado em marchar atrás "desses trapos imundos".

Aproxima-se o meio-dia. Os revoltosos começam a sentir fome. Subitamente se faz um silêncio absoluto. Ninguém respira enquanto um orador lê uma mensagem do almirante Krosigk. Segundo o comunicado, as exigências pelas quais o Conselho dos Soldados de Kiel lutara valerão também em Wilhelmshaven: a suspensão da censura de correspondência para os marinheiros, o direito de livre expressão e também a garantia de que, estando fora de serviço, os homens não mais se encontram sob a autoridade de seus superiores. A multidão recebe a notícia com júbilo frenético. E então um dos trabalhadores do estaleiro toma a palavra e, com voz embargada, exige a imediata instalação de uma república soviética. Seguem-se novos aplausos, porém menos eloquentes, que logo cessam. Por fim, alguém propõe que agora, uma vez que todas as exigências foram aceitas, os marinheiros voltem a seus postos. Gargalhadas ecoam.

Ainda assim, os soldados e os trabalhadores se dispersam. Não voltam, porém, a seus postos de trabalho e sim partem à procura de um almoço. "A revolução vencera sem derramamento de sangue." Stumpf usa aquela palavra que há décadas provoca medo e angústia na Alemanha: "revolução". É verdade que a revolução de Wilhelmshaven não foi o cortejo glorioso e vitorioso previsto por Kautsky e Bebel. Não há como comparar o que se passou no porto do mar do Norte com o que aconteceu na São Petersburgo revolucionária. Na opinião de Stumpf, quem vence, aqui, não é o proletariado e sim a mesquinhez, a tolice, a incerteza e as preocupações. A revolta que Stumpf presenciou o assombra. Ainda assim, ele não tem como negar que se sentiu levado pelos acontecimentos em Wilhelmshaven, e que eles também o transformaram. Ele se assemelha um pouco a um revolucionário a contragosto, um revolucionário apesar de seu melhor juízo, uma vítima das circunstâncias, arrastado pela torrente do tempo. "Estou dois dias mais velho e nesse tempo operou-se em meu íntimo uma transformação que eu considerava impossível. De monarquista, me tornei republicano convicto — não, meu coração, não te reconheço mais." A revolução alemã vai precisar de combatentes convictos, não só para derrubar os Hohenzollern do trono, mas também para criar uma nova ordem com verve e persuasão.

A cada vez que as rodas do trem estremecem, passando sobre trilhos danificados, o ombro ferido de Marina Yurlova é atacado por uma dor aguda, que lhe provoca uma convulsão. Exausta, ela está deitada ao lado de outros inválidos num compartimento de um trem de passageiros que, tendo partido de Cheliabinsk, nas bordas dos montes Urais, cruza as planícies da Sibéria ocidental. As florestas de pinheiros que se estendem para além da janela do vagão até o horizonte são tão monótonas que se tem a impressão de que o trem nem sequer está se movimentando. Pior do que tudo são as noites nesse compartimento sufocante, tomado pelos roncos e pelos gemidos dos feridos, pelos rangidos e pelos estalos do trem em movimento, pelo cheiro de sujeira e de feridas sangrentas. Os novos camaradas tchecoslovacos, que libertaram Marina do presídio dos bolcheviques em Kazan, assumiram o comando dos dezesseis vagões rebocados por uma enorme locomotiva da Ferrovia Transiberiana. Os viajantes são, em sua maior parte, civis, ao passo que os soldados tchecos dispõem de armas, de maneira que lhes é possível decidir quem pode entrar no trem, quem é obrigado a desembarcar e quem terá suas provisões confiscadas.

Mesmo na Sibéria, nessa região desolada, distante milhares de quilômetros de São Petersburgo e de Moscou, a guerra entre os bolcheviques e os brancos continua. Assim que o trem para numa minúscula estação, não mais que uma simples cabana de madeira, Marina vê uma pequena multidão enfurecida. Homens e mulheres com armas e machados, pás e facas mantêm prisioneiros dois agitadores bolcheviques que se encontravam em viagem a caminho do Oriente. "Morte aos bolcheviques!", grita a multidão. Um dos prisioneiros, um marinheiro loiro, corpulento, enorme, parece totalmente indiferente ao ódio geral. Com as mãos nos bolsos, ele observa enquanto uma forca lhe é preparada na estação de trens. Quando a corda está pronta para a execução, ele se dirige até a forca em passos tranquilos, observa a corda, tira as mãos dos bolsos e a coloca, ele mesmo, em torno do pescoço. A multidão faz silêncio. "O que está acontecendo? Por que vocês não puxam?", grita ele em direção aos homens perplexos que se voluntariaram como carrascos. Por fim, alguns deles se libertam de sua perplexidade e, de um golpe, puxam a corda. Agora o pesado homem está pendurado no ar e seus pés, que pairam apenas alguns centímetros acima do solo, parecem buscar um apoio, convulsivamente. Com as mãos ele agarra a corda em torno do pescoço, até que, por fim, seus movimentos cessam. O segundo homem porta-se exatamente como, de acordo com as teorias raciais de Marina, deve se portar um bolchevique judeu: ele se lança ao solo diante dos seus carrascos, agarra-os pelos pés e suplica por misericórdia. Assim confirmam-se os preconceitos que Marina compartilha com muitos antissemitas e com muitos oponentes da revolução: trata-se de uma conspiração judaica que, depois da Rússia, vai tomar o mundo inteiro, e a maldade da revolução é uma decorrência da maldade dos judeus. Assim, Marina observa sem dó, e talvez até com satisfação, que logo o segundo homem também pende, imóvel, da corda. Durante o dia inteiro o trem permanece estacionado na pequena estação e, diante da janela do compartimento de Marina, os dois cadáveres balançam ao vento — como sinais da guerra civil e da violenta contrarrevolução que se seguiriam à revolução na Rússia.

Naqueles dias de novembro o príncipe herdeiro Wilhelm desperta, todas as manhãs, de um de sono intranquilo. Ele se vê torturado por pensamentos a respeito de seu futuro, do futuro da dinastia dos Hohenzollern e do Império Alemão. Ele, que desde a infância se habituou a seguir as orientações dos outros, terá agora que tomar uma decisão sozinho? Terá chegado o momento para o qual ele foi preparado por sua educação, desde a mais tenra idade, mas que sempre lhe parecia tão distante: o momento da soberania?

Já em 7 de novembro Wilhelm viu com os próprios olhos os arautos do novo tempo. A caminho para uma visita de inspeção às tropas, perto de Givet, passou por um trem ocupado por soldados. Ali viu, pela primeira vez, o símbolo da revolução com os próprios olhos: a bandeira vermelha. Pelas janelas quebradas do vagão reverberava o grito de guerra dos insurgentes: "Apaguem a luz! Saquem as facas!".

Wilhelm mandou seu motorista parar. Em voz alta ordenou que os soldados descessem do trem. Algumas centenas de homens vestidos com uniformes esfarrapados se postaram à sua frente. Bem diante dele posicionou-se um "suboficial bávaro, alto como uma árvore, numa postura desleixada, com as mãos enfiadas nos bolsos da calça, um verdadeiro modelo de insubordinação". Wilhelm aprumou-se e dirigiu-se ao homem no tom militar que ele aprendera desde a juventude: "Sentido!", ele gritou. "Como convém a um soldado alemão." Os antigos reflexos ainda funcionavam. O bávaro olhou para a frente, as mãos junto às coxas. Por um instante, a ordem voltou a imperar e um rapazinho, condecorado com a Cruz de Ferro, até pediu desculpas em nome de seus camaradas. Afirmou que eles já estavam viajando havia três dias, sem provisões. "Todos nós gostamos muito do senhor [...]. Não fique bravo conosco." Comovido, o príncipe herdeiro forneceu cigarros aos quase revolucionários.

No dia seguinte uma ordem de Sua Majestade, para que ele se dirija a Spa, alcança Wilhelm. Ele está viajando sob uma neblina espessa através de um país arrasado pela guerra. Em 9 de novembro, pouco antes do almoço, ele chega à mansão La Fraineuse, diante dos portões da cidade de Spa. O edifício foi construído pouco tempo antes do início da guerra por um industrial que tomou por modelo o Petit Trianon de Versalhes. Logo que chega, seu "chefe", o conde Von der Schulenburg, se aproxima de Wilhelm, "pálido, visivelmente transtornado". Em poucas palavras, ele descreve a situação ao príncipe herdeiro: durante as conversações que estão em curso em La Fraineuse desde aquela manhã, eram sobretudo as palavras de Wilhelm Groener, o novo homem ao lado de Hindenburg no comando militar, que se faziam valer. Groener não provém do círculo dos velhos homens de confiança do Kaiser e se dirige ao monarca num tom no qual seu predecessor Erich Ludendorff, que, diante do cessar-fogo, fugiu do país em direção à Suécia, usando uma barba postiça como disfarce, jamais teria ousado falar. Groener faz um retrato cru da situação militar e da situação nacional. Berlim se encontra num estado de enorme tensão, "que a qualquer instante poderia se romper, fazendo com que o sangue passasse a jorrar pela cidade". Com aquele exército combalido, é impossível pensar numa marcha para defender a capital da revolução. Groener não chega a pronunciar essas palavras, mas suas explicações só permitem uma única conclusão: se quisesse conter o ímpeto do movimento revolucionário, o Kaiser seria obrigado a ceder às pressões do exterior e das ruas.

Wilhelm II está chocado, mas ainda assim ouve em silêncio as explicações do general. E então Schulenburg toma a palavra para fazer um retrato mais esperançoso da situação. Ele defende a ideia de que é preciso ganhar tempo no front para então deixar as tropas se recuperarem. A horda de incendiários da revolução poderia ser contida por meio de um ataque armado moderado. Mas Groener não desiste. Ele apresenta um último argumento, chocante: ainda que Wilhelm II desse ordens às tropas para que se dirigissem a Berlim, elas simplesmente não lhe obedeceriam. O Exército, inclusive os oficiais, não mais está submetido a seu comando. Wilhelm II exige provas. Ele só se daria por vencido se os oficiais lhe entregassem uma declaração escrita, na qual constasse que eles não mais obedeceriam às suas ordens. Mas as últimas notícias que chegaram de Berlim confirmam tudo aquilo que Groener afirmou: combates sangrentos nas ruas, tropas amotinadas, total ausência de meios para conter a revolução.

Depois de receber esse relatório o príncipe herdeiro Wilhelm passa para o jardim outonal da mansão, onde as antigas árvores já perderam suas folhas murchas e os canteiros há muito já estão cobertos de terra. O Kaiser se encontra em meio a um grupo de senhores uniformizados. Os homens estão "curvados, abatidos, como que encurralados, paralisados numa mudez opressiva".

Agora o Kaiser é o único a falar. Quando percebe a chegada de seu filho, ele acena, instando-o a aproximar-se. De perto o príncipe percebe como o pai parece transtornado, "como vacilava e tremia seu rosto, esquálido e amarelado". Como numa torrente, as palavras brotam da boca do monarca. Tudo culmina na resignada constatação de que nem sequer querem lhe permitir dirigir-se ao front para lutar diante de suas tropas e morrer. O perigo de uma influência negativa sobre as negociações do cessar-fogo era grande demais. Naquele instante deve ter ficado claro ao príncipe herdeiro que o Kaiser não era mais senhor da situação. Mas o príncipe suplica ao pai, dizendo que de nenhuma maneira os Hohenzollern podem abrir mão da coroa prussiana. Com voz trêmula, ele convida o Kaiser a acompanhá-lo à frente do Destacamento Militar Príncipe Herdeiro Alemão. Ali, o monarca e o príncipe herdeiro marchariam, lado a lado, de volta à terra natal! Schulenburg apoia a decisão do príncipe herdeiro. A maior parte das tropas se manteria fiel à sua bandeira, a seu juramento diante do Kaiser e da pátria, acompanhando seus comandantes, se preciso, até a morte. Groener, porém, dá de ombros. "Juramento diante da bandeira? Comandantes? Isso são apenas palavras — afinal de contas, nada além de uma ideia." Dois mundos, o antigo Império, construído sobre as bases da fidelidade e da obediência, e a modernidade, mais maleável e mais pragmática, chocam-se mutuamente.

A cor desaparece completamente da face de Wilhelm II. Em busca de ajuda, ele dirige seu olhar a Hindenburg, mas este está imóvel, fitando o chão. Ali, num parque na Bélgica, o Kaiser alemão — o Senhor do Centro, a lei, o supremo comandante do Exército, o criador da Marinha de Guerra Imperial, o soberano que pretendia conquistar um lugar ao sol para a Alemanha, que tinha como atributos todos os direitos e todos os poderes — deixa seus braços caírem. Ele já ouviu por tempo demais de seus generais e de seus conselheiros o que tem de fazer, de maneira que agora, no momento decisivo, já não é mais capaz de tomar uma iniciativa real. A dissolução do Império Alemão, que um dia tinha sido forjado para durar por toda a Eternidade, e de seu orgulhoso Exército já parece ter ido longe demais. Ele já não vê chances de retomar o controle da situação. Diante de um quadro que não coincide em nada com aquelas visões de grandeza e de esplendor que, ao longo de toda sua vida, tinham sido sinônimos do poder imperial, ele se sente fraco demais, cansado demais, atordoado demais. Com uma voz grave Wilhelm II transmite a incumbência de informar por telefone ao primeiro-ministro Max von Baden em Berlim que ele está disposto a abdicar da Coroa Imperial. Mas apenas da Coroa Imperial. Ele permanecerá como rei da Prússia, e é como tal que deseja conduzir seus exércitos de volta ao lar.

Os senhores voltam ao interior da casa para tomar um café da manhã que se assemelha a um lanche de enlutados. Depois do último prato, chega de Berlim uma notícia ainda mais terrível, um escândalo: sem mais conversas com Spa, o primeiro-ministro Max von Baden anunciou a abdicação do imperador alemão *e* do rei da Prússia, assim como a renúncia ao trono do príncipe herdeiro. A notícia já foi divulgada pelo Bureau Telegráfico Wolff's. Além disso, um novo governo já se formou na capital. A revolução de baixo foi completada por uma revolução de cima. O Kaiser Wilhelm está fora de si, mas completamente impotente.

Esse é o momento no qual a monarquia alemã chega ao fim. Não há nenhuma luta heroica, não há palavras nem gestos grandiloquentes. De maneira fatalista, o Kaiser, que vem de uma história secular de soberania, submete-se a seu destino. Não foi preciso muito. Quatro anos de guerra sugaram as forças do Império, levando-o às raias do colapso. A derrota deixou evidente sua incapacidade de governar. A derrota desmoralizou o

Kaiser e privou seu regime do brilho e dos últimos resquícios de legitimidade. Subitamente, o "Senhor do Centro" transformou-se num homem cansado, velho, diante de quem ninguém mais estremece.

Em 9 de novembro de 1918 uma enxurrada de panfletos assola o centro de Berlim. Um exemplar do jornal *Vorwärts* [Avante] cai nas mãos da artista Käthe Kollwitz no Tiergarten.* "O Kaiser abdicou!", lê-se ali, em letras garrafais.

Kollwitz segue lendo pela Siegesallee** em direção ao Portão de Brandemburgo, onde já se reúnem milhares de pessoas que seguem, juntas, em direção ao Parlamento. A multidão é tão grande e está tão apinhada que não resta a Kollwitz senão seguir a torrente. Diante do grande portal do Parlamento, acima do qual estão gravadas as palavras *"Dem deutschen Volke"* [Ao povo alemão], a multidão se detém. Num dos terraços na imponente fachada do lado oeste do edifício aparece um grupo de pessoas. "Scheidemann", murmuram os que estão próximos do terraço para aqueles que estão mais atrás. Faz-se silêncio entre os milhares de pessoas quando o secretário de Estado das fileiras do Partido Social-Democrata Alemão (SPD) toma a palavra: "O que estava velho e podre sucumbiu. O militarismo terminou!". Segue-se, então, a declaração histórica: "Cuidem para que a nova República Alemã, que vamos constituir, não seja posta em perigo. Viva a República Alemã!". O júbilo parece interminável. Quando, então, a multidão se acalma, discursam diante da rampa do Parlamento um soldado, um marinheiro e, por fim, um jovem oficial que exclama aos presentes que "quatro anos de guerra não foram tão ruins quanto a luta contra os

---

* Grande parque na região central de Berlim. [N. T]   ** Literalmente, "alameda da Vitória", que cruza o Tiergarten de leste a oeste. [N. T]

preconceitos e contra as coisas obsoletas". O oficial lança seu quepe para o alto e exclama: "Viva a Alemanha livre!". Käthe Kollwitz deixa-se levar pela torrente da multidão até a alameda Unter den Linden. Lá, bandeiras vermelhas tremulam acima das cabeças dos manifestantes. Soldados arrancam os emblemas do Império de seus quepes e os lançam, rindo, ao chão. "Isto é o que realmente está acontecendo agora. Vivemos tudo isto, e ao mesmo tempo não somos capazes de compreender", espanta-se a artista.

No mesmo instante a imagem de seu filho desperta em sua consciência. Ele tinha dezoito anos de idade quando foi à guerra em 1914, cheio de entusiasmo. Do front ele sempre lhe escrevia usando um vocabulário heroico, de maneira que suas cartas pareciam copiadas de declarações oficiais. Poucas semanas mais tarde, uma carta emoldurada em preto apareceu em sua caixa de correio. Era como se um abismo tivesse se aberto no solo, engolindo-a. Hoje, no dia da fundação da República, Peter está novamente ao seu lado. "Eu acho que se ele estivesse vivo, estaria participando. Ele também arrancaria de seu quepe o símbolo do Império. Mas ele não está mais vivo e, na última vez em que o vi, e ele parecia tão belo, ele estava usando o quepe com o emblema e seu rosto reluzia."

A situação em Berlim permanece incerta. À noite há tiroteios na alameda Unter den Linden. À tarde a República é novamente proclamada, no castelo dos Hohenzollern, agora por Karl Liebknecht, "que fala a partir de uma janela do castelo, na qual antes o Kaiser costumava falar". Diferentemente de Scheidemann, Liebknecht não anuncia uma República Alemã e sim uma República Comunista. A concorrência entre essas duas proclamações mostra as perigosas tensões que existem no cerne da revolução, o conflito entre o Partido Social-Democrata e sua facção mais à esquerda, o Partido Social-Democrata Independente (USPD). A situação na cidade permanece tensa. Tiros soam pelas ruas enquanto salvas de metralhadoras são ouvidas nas praças — e até mesmo tiros de canhões. Vez por outra a multidão se dissolve, em pânico, para — como se fosse atraída por um ímã — voltar a se aglomerar. Para evitar saques, segundo se diz, o Conselho de Trabalhadores formado pela Revolução vai realizar execuções.

O príncipe herdeiro Wilhelm — ele ainda é príncipe? O que vale? A palavra do Kaiser ou a do primeiro-ministro? — deixa Spa logo após o almoço. Ele quer voltar à sua tropa. Enquanto parte, seu pai continua a insistir que a declaração promulgada em Berlim é ilegal, que ele permanece sendo o rei da Prússia e que, como tal, quer comandar o Exército. Mas aquilo era mais que simples "palavras", mais que "uma ideia"? E por que nem seu pai nem os demais responsáveis sequer se deram ao trabalho de pensar que ele, como primogênito da dinastia, poderia ter tomado a direção do Estado diante daquela situação terrível? Não era sua vocação passar uma vida inteira como reserva dinástica, pronta para ser acionada quando o trono vacilasse? Por um momento parecia que o filho seguiria, pela primeira vez na vida, por seus próprios caminhos. Ele se dirige para junto de sua tropa.

Pouco mais tarde o pai atravessa a Holanda a bordo de seu trem branco e dourado. Ele se tornou um asilado, por misericórdia da rainha holandesa Wilhelmina, à qual está ligado por laços de parentesco próximos. Lembrando-se do destino da família do tsar, ela não quer expulsá-lo na fronteira. Mas os súditos holandeses se opõem à generosidade de sua monarca. A viagem de "Wilhelm, o último" o leva para Amerongen, através de Maastricht, Nijmegen e Arnhem. Nas estações ferroviárias ao longo do caminho ele é recebido por multidões que bradam insultos em direção àquele homem que consideram responsável por quatro anos de guerra, pela destruição de suas

cidades, pela fome, pela pobreza, pelas doenças e pela morte de multidões.
 O filho chega à localidade belga de Vielsalm, onde se encontram aquarteladas suas tropas. Em sua cabeça repetem--se sempre as mesmas perguntas: será que ele deveria resistir, opondo-se ao que fora decidido por seu pai? Ele ainda era o comandante de sua tropa, e poderia conduzi-la a Berlim. Enquanto está em meio a suas conversações com Schulenburg, chega-lhe de Spa a notícia de que o marechal de campo general Hindenburg se colocou à disposição do novo governo. O ídolo do príncipe herdeiro e de tantos dos cidadãos do país decidiu-se pela República, pelo cessar-fogo, contra novos derramamentos de sangue, contra uma guerra na qual alemães lutariam contra alemães. E assim o assunto está encerrado para o herdeiro do trono: ele precisa, ele quer obedecer ao representante de seu pai.
 Para evitar interferências, Wilhelm se aproxima do front, onde a ordem das tropas ainda pode ser relativamente bem mantida. Num alojamento de recrutas a passagem do príncipe herdeiro desperta grande alegria. "Nem todos os jovens acreditam na revolução, e eles me pedem para acompanhá-los em sua marcha de volta à terra natal. Eles querem devastar todo e qualquer sinal de rebelião!" Através de caminhos esburacados eles prosseguem em direção ao front. Mas as instruções estão erradas e o automóvel cruza com dificuldade "uma floresta gigantesca, envolta por um véu negro como a noite". Passam por um centro de formação de oficiais de infantaria, situado num castelo, onde finalmente recebem informações corretas sobre como chegar ao 3º Comando do Exército. No caminho, no entroncamento ferroviário de La-Roche-en-Ardenne, descortina--se "uma paisagem desolada, que atravessamos em alta velocidade: soldados indisciplinados, dispensados do front, que fazem uma grande algazarra". O automóvel se detém numa

passagem ferroviária subterrânea, onde duas colunas de artilharia que marchavam em sentidos opostos se encontraram, de maneira que não é possível nem seguir adiante nem retroceder. O automóvel começa a afundar na lama da estrada, cada vez mais mole por causa da chuva terrível. Só depois da meia-noite eles chegam ao Comando Superior. O príncipe herdeiro logo vai deitar-se, mas é incapaz de se tranquilizar.

No dia seguinte, 11 de novembro de 1918, ele consegue comunicar-se por telefone com as tropas de Wilhelm em Vielsalm. E de lá consegue estabelecer contato com Berlim. Porém, não há novidades com relação à pergunta que mais lhe interessa agora: será que ele permanecerá como comandante de sua tropa sob o novo regime? Ele suspeita que o silêncio em Berlim significa um "não". O precoce crepúsculo do outono se derrama sobre a paisagem. Sob sua luz tênue, Wilhelm contempla as árvores desnudas junto à janela do pequeno castelo rural onde está alojado o comando enquanto uma chuva que se mistura à neve cai. Pela estrada, passa uma companhia de soldados. Os homens cantam: "Quero retornar à terra natal...". Até aqui, o príncipe herdeiro manteve a compostura, mas agora, sozinho, sob a escuridão, ele é levado às lágrimas.

Tarde da noite chega a notícia de que o novo governo efetivamente privou o príncipe herdeiro do posto de comandante. Depois de mais uma noite sem sono, a agitação dá lugar à resignação. Wilhelm quer deixar tudo para trás, encontrar a paz e evitar mais derramamento de sangue. A bordo de dois automóveis, ele e seu círculo mais íntimo se dirigem à fronteira holandesa. A última carta que ele dirige à sua tropa ainda traz, junto à sua assinatura, o título "Comandante superior Wilhelm, príncipe herdeiro do Império Alemão e da Prússia". Mas, no final das contas, aquilo são apenas "palavras" e "ideias". Seu acompanhante lhe oferece um quepe da infantaria, para que ele não seja tão facilmente reconhecido.

Mas Wilhelm quer colocar o quepe negro dos hussardos, ornamentado com uma caveira, para, mais uma vez, sentir-se como um oficial prussiano. Através de estradas ruins eles cruzam o trecho junto ao front, onde os exércitos já estão se dissolvendo. Em Vroenhoven eles se detêm junto à fronteira holandesa, demarcada com arame farpado. Para dar os poucos passos que faltam, Wilhelm precisa de toda a sua força de vontade. O jovem oficial que se encontra do outro lado está perplexo. Como agir diante daquela inesperada visita do príncipe? Este é obrigado a entregar suas armas e então passam-se horas até que seja dada a permissão de seguir viagem até Maastricht. Ao longo do caminho, Wilhelm enfrenta olhares hostis e insultos. O governo holandês não se sente na obrigação de lhe oferecer proteção na Holanda.

George Grosz, cujo nome verdadeiro é Georg Gross mas que, para distanciar-se de seu lar alemão embriagado pela guerra, adotou o pseudônimo, passa o mês de novembro de 1918 às voltas com sua mudança. No início do mês ele ainda vivia sob o teto de um apartamento de aluguel na extremidade sul de Berlim. Aquele foi, por muitos anos, o centro de sua vida, até a sua mudança para a Nassauische Strasse, no bairro de Wilmersdorf. O artista trabalhava em meio a móveis que ele mesmo fizera, a partir de caixotes pintados. Ao longo das paredes encontravam-se garrafas vazias, cujos rótulos tinham sido usados para enfeitar as paredes. Uma grande aranha negra, feita de arame, fazia as vezes de lustre em volta de uma lâmpada. Cacos de um espelho partido, espalhados por toda a extensão do ateliê, lançavam reflexos fragmentados das inúmeras fotografias afixadas nas paredes, dentre as quais uma do milionário da indústria automobilística Henry Ford, com uma dedicatória do punho do próprio Grosz. George Grosz tem uma verdadeira adoração por tudo que provém da América:

ragtime, garimpeiros, dólares, arranha-céus, boxe, luzes de néon, Bourbon, tomahawks. Sua antiga morada se parecia com "uma tenda de quermesse". O aquecimento era feito por meio de uma caldeira a gás automática, que era posta em funcionamento pela introdução de moedas de dez *Pfennig* num mecanismo.

Quando as notícias sobre o fim das lutas no front ocidental chegaram à capital Berlim, Grosz ainda tinha a impressão de que a guerra nunca terminaria realmente. "Talvez não tivesse mesmo terminado? Entre nós havia sido decretada a paz, mas nem todos estavam bêbados e felizes. Na verdade, as pessoas permaneciam as mesmas, apenas com algumas diferenças: o soldado alemão, antes tão orgulhoso, tornara-se um soldado exausto e derrotado e o Exército se esfacelara tanto quanto os uniformes cujos tecidos continham celulose e os cinturões de munição feitos de couro artificial. Que aquela guerra tivesse sido perdida não era algo que me deixasse decepcionado. Só o que me decepcionava era o fato de que as pessoas a tinham tolerado e suportado por anos a fio, e de que ninguém dera ouvidos às poucas vozes que tinham se erguido contra os massacres."

Quanto a Grosz, ele nem suportara a guerra mundial, nem a tolerara. Para dizer a verdade, ele passara na horizontal a maior parte dela. Quando foi convocado pela primeira vez, não pôde ser enviado ao front por causa de uma sinusite. Da segunda vez um ataque de nervos — autêntico ou simulado — se pôs entre ele e o campo de batalha. Ele foi encontrado em estado semiconsciente, com a cabeça enfiada numa latrina. Gross, como ele ainda escrevia seu nome àquela época, foi encaminhado a um lazareto e depois a um sanatório, onde o alimentaram com "legumes desidratados" e "café de chicória", com "cinzentos pãezinhos de guerra" e com "mel artificial, cinza-esverdeado". Ele, a quem o entusiasmo bélico de seus contemporâneos parecera um "pandemônio" em agosto de 1914, não chegou a ver o front com os próprios olhos, nem da primeira nem da segunda vez em que foi recrutado. Mas, por detrás das frentes de batalha, ele viu os rastros da destruição, dos ferimentos e das mortes deixados pela guerra. Num caderno, Grosz anotava tudo o que seus olhos chocados viam. "Para mim, minha 'arte' era, à época, uma espécie de válvula de escape", escreve ele, mais tarde, em sua autobiografia, "uma válvula que deixava sair o vapor quente acumulado. Quando eu tinha tempo, dava vazão à minha indignação nos meus desenhos. Em cadernos de anotações e em papéis de carta eu esboçava tudo aquilo que me revoltava em meu ambiente: os rostos animalescos dos meus camaradas, os cruéis inválidos de guerra, os oficiais arrogantes, as enfermeiras lascivas, e assim por diante." Ao desenhar e ao pintar, só o que lhe importava era "representar o ridículo e o grotesco do mundo de formigas diligentes e tomadas pelo ímpeto de morte à minha volta".

Ele sempre voltava a esboçar as marcas que a violência gerada pela guerra impunha aos edifícios, à natureza, aos corpos e às almas dos seres humanos. Ele sempre voltava a retratar, com uma mistura de fascínio e de repulsa, as detonações e suas terríveis consequências em desenhos que levavam títulos como *Atentado* ou *Bomba aérea*. Depois de sua dispensa definitiva do Exército, em maio de 1917, surgiu uma pintura a óleo intitulada *Explosão*.

Em contrastes acentuados de vermelho incandescente e negro, o quadro representa uma cidade destruída por uma violenta detonação. O cerne da explosão se encontra à altura dos andares superiores dos edifícios, como ocorre quando uma bomba é lançada de um avião. Sob a fúria da explosão, a cidade inteira se despedaça. As linhas caem, as fachadas balançam, das janelas brota o vermelho dos incêndios enquanto uma nuvem de fumaça negra e gorda obscurece o céu. Na margem inferior do quadro, pintada em preto, verde e azul, que sugere um abismo ameaçador, adivinham-se os contornos de pessoas que tentam escapar da catástrofe e os restos daqueles que não conseguiram e se precipitam nas trevas. Mas todas essas figuras são pintadas apenas como silhuetas esfarrapadas, transparentes, irrelevantes.

Assim, nesse como em todos os seus quadros, Grosz representa o aspecto violento e destrutivo da existência humana. Por detrás das fachadas da ordem burguesa-monárquica vegeta, segundo sua visão, uma sociedade podre, brutal e perversa. Suas experiências de guerra de fato confirmaram seus mais severos julgamentos. Assim, ele relembra um momento, na primavera de 1917, quando, depois de passar vários meses internado num lazareto, um médico o declarou curado. Grosz recusava-se a se levantar e, enfurecido com o diagnóstico que, em sua opinião, estava errado, atacou um sargento do Comando Médico. Mais tarde, ele relataria que "jamais esqueceria o prazer, a luxúria com a qual sete outros 'camaradas' doentes, mas a quem era permitido levantarem-se, se atiraram, voluntariamente, sobre mim. Um deles, que era padeiro na vida civil, lançou-se com seu corpo inteiro sobre minhas pernas paralisadas pela cãibra, gritando, com alegria: 'É preciso pisotear as pernas dele, sempre as pernas, ele já vai se acalmar'.". A guerra parece a Grosz o paroxismo da feiura humana. Em *Explosão*, ele captura o instante no qual a civilização é dilacerada pelo poder explosivo de sua própria maldade. Ela se precipita no abismo que cavou para si mesma.

Sua descrição de Berlim em novembro de 1918 conjura a imagem de uma cidade na qual a catástrofe retratada em *Explosão* deixou apenas ruínas. A antiga capital do Império Alemão agora se parece "a um cadáver cinzento, feito de pedras. Os edifícios estavam rachados, o estuque e a tinta se esfarelavam e nos olhos mortos e abandonados dos orifícios das janelas via-se, nos lugares onde se havia esperado por aqueles que nunca voltarão, os rastros de lágrimas derramadas".

Já nos últimos meses de guerra, Grosz sentiu a necessidade de agir sobre a sociedade não apenas por meio de sua arte. Assim, a revolução, que alcança a cidade poucos dias antes do fim dos combates, o atrai de forma mágica. É como se agora houvesse uma maneira de transformar em ação todo o ódio e todo o desprezo que ele sente pela velha Alemanha, como se agora lhe fosse possível participar da explosão, tornar-se a própria explosão. Grosz torna-se um orador disputado nas reuniões do grupo Spartakus. Em seu íntimo provavelmente sentia que desprezava os protagonistas da revolução e seus gestos tanto quanto odiava a sociedade do Império e da guerra. Mas, externamente, ele se torna um combatente por um novo tempo, cujo ativismo e cuja teatralidade correspondem à sua essência. Ele se torna especialmente eloquente quando se trata de discursar a respeito da formação de um novo sistema educativo. A educação superior não deveria mais ser um privilégio dos ricos! As academias e as universidades deveriam estar abertas a todos! Na noite de Ano-Novo de 1918 o pintor, juntamente com alguns de seus amigos artistas, se torna membro do recém-fundado Partido Comunista Alemão. Sua carteirinha lhe é entregue pessoalmente por Rosa Luxemburgo.

Em 4 de novembro de 1918, Walter Gropius viaja de Berlim para Viena para exigir de sua esposa, Alma Mahler-Gropius, a guarda de sua filha Manon. Numa carta, ele apresenta as justificativas para sua exigência: Alma evidentemente não está disposta a expulsar seu amante Franz Werfel. Além disso, mesmo que Manon passe a viver com ele, restam a Alma sua filha do primeiro casamento e o recém-nascido, o pequeno Martin. Ao ler aquela carta, ela se põe a chorar e durante todo aquele dia é incapaz de se acalmar.

À tarde, então, os dois se encontram na casa de Alma: o marido Gropius e o amante Werfel. Numa encenação dramática, Alma declara que está decidida a separar-se de ambos os homens. Daqui por diante, quer viver sozinha. Ela só pede para ficar com os três filhos. Gropius, que não tem como se opor à verve de Alma, se arrepende, diante do desespero dela, de suas exigências tão duras e pede perdão à esposa.

O casamento de Gropius durou pouco mais de três anos. Eles já se conheciam desde 1910, quando o primeiro marido de Alma, o compositor Gustav Mahler, ainda estava vivo. O encontro aconteceu durante uma temporada de banhos no mundano balneário de Tobelbad. Alma se sentia negligenciada pelo marido famoso e a paixão entre ela e Gropius inflamou-se. Porém, o resultado desse encontro não foi além de uma crise conjugal e uma decorrente intensificação dos esforços do compositor em relação à esposa, muito mais jovem do que ele. Quando Mahler morreu, em 1911, Alma e Gropius permaneceram, por um bom tempo, afastados um do outro. A jovem viúva refugiou-se numa ligação com o inflamável — porém doentiamente ciumento — jovem pintor Oskar Kokoschka.

E então teve início a guerra mundial, e Walter Gropius alistou-se. Para ele isso significou o início de um período de quatro anos de combates praticamente ininterruptos no front ocidental e na Itália. Uma breve dispensa em fevereiro de 1915 foi a primeira oportunidade que Walter e Alma tiveram para se rever. Pouco tempo antes, a viúva de 35 anos de idade retomara o contato com ele. De fato, o antigo amor não tardou a reacender-se no instante em que os dois se viram frente a frente. A partir de então, eles começaram a escrever diariamente um ao outro. Ele do front, ela de Viena. Alma temperava suas cartas com palavras de ternura e com alusões eróticas cheias de "selvageria". Em agosto de 1915, durante uma nova dispensa do front, os dois amantes se casaram em segredo, em Berlim.

Porém, depois do casamento as cartas de Alma passaram a ter outro tom. Em vez da abundância de amor e de saudades, agora elas continham apenas queixas relativas à longa e insuportável separação, aos "segredos" dele e à sua "negligência" com relação a ela. Torturada pelos ciúmes, ela suspeitava que ele a estivesse traindo, ou que frequentasse bordéis do front. Que Gropius arriscava sua vida dia após dia na vanguarda da frente de batalha, que o jovem arquiteto suportava com dificuldade cada vez maior a circunstância de fazer parte "de uma guerra que apenas dilacera e não constrói nada" era algo a que não se dava nenhuma importância naquelas cartas. Ele não a queria aborrecer com verdades como aquela, e ela, por si só, não tinha nenhum interesse pela guerra.

Em outubro de 1916 Alma Mahler-Gropius deu à luz uma criança que recebeu o nome de sua avó paterna, Manon. Ela estava novamente grávida quando Gropius foi internado para tratamento num lazareto de Viena, no último verão da guerra. Fisicamente ele tinha poucos ferimentos, porém estava profundamente traumatizado. Era o único sobrevivente de um ataque de artilharia perto do lugarejo de Soisson, onde fora resgatado em meio aos escombros de uma casa bombardeada. Tão logo lhe foi permitido levantar-se da cama, Gropius visitou Alma em sua casa. Era o dia 25 de agosto de 1918. Enquanto esperava por sua mulher, testemunhou um telefonema no qual ela falava com uma intimidade suspeita com um homem. Furioso, Gropius a interrogou e, por fim, ela confessou a verdade: no último inverno, enquanto a espera pelo marido se tornava insuportável, ela começara um relacionamento com o escritor vienense Franz Werfel. E confessou, também, que estava grávida dele. Abatido pelas consequências físicas e psíquicas do incidente que sofrera na guerra, Gropius foi derrubado por essas notícias. Ele caiu por terra, "como se tivesse sido atingido por um raio".

Porém, já no dia seguinte Gropius recuperou a compostura. Pôs-se a caminho da casa do amante de sua mulher e bateu à porta. Werfel, como convém a um artista, ainda estava dormindo e não ouviu Gropius. Este, então, deixou um cartão com palavras dignas de um cavalheiro: "Deixe Alma em paz. Poderia acontecer uma desgraça. O nervosismo — se a criança morrer". Gropius passou os dias que se seguiram em meio a pensamentos torturantes em sua cama, no lazareto, até que foi novamente convocado — cedo demais — para o front, e levado de volta à paisagem de guerra na região da Argonne. Ele mal teve tempo de se recuperar e foi obrigado a deixar o fogo dos ciúmes, enfrentando, outra vez, o fogo do combate.

Em outubro de 1918, por fim, os médicos militares tiveram consideração com o tenente Gropius, exaurido após quatro anos de participação nos combates, e lhe concederam, novamente, uma dispensa mais longa. Somente agora, nessa volta à sua Berlim natal, enquanto se multiplicavam os sinais de que o fim da guerra estava próximo, Gropius se deu conta de quão precária era sua situação. Durante quatro anos ele empenhara todas as suas forças e todo o seu talento na luta contra os inimigos da Alemanha. Ele fora ferido três vezes, tinha sido condecorado com a Cruz de Ferro. E, agora que suas forças falhavam e ele precisava com tanta urgência de amor e de cuidados, seu casamento estava em escombros. Havia quatro anos que ele não trabalhava em sua atividade profissional, a arquitetura, e seus contatos, outrora excelentes, haviam se perdido. Diante da situação econômica desoladora, justamente em Berlim, ele temia por seu sustento: "Se eu voltar para casa — sem o salário de tenente — fico sem nada enquanto, à minha volta, os preços se elevam sem parar".

Em meio a essa disposição de espírito desesperançada, Gropius se dá conta de que precisa começar algo novo, algo inteiramente diferente. Em suas palavras, era como se "tivesse sido atingido por um raio de luz". Enquanto antes da guerra Gropius se colocara, com seus primeiros projetos, na ponta da vanguarda arquitetônica, agora, subitamente, ele se tornara um conservador. Porém, em novembro de 1918, sentiu a necessidade urgente de enveredar por caminhos totalmente novos: "Depois da guerra, me dei conta [...] de que tudo se acabara". A viagem a Viena e o confronto com Alma por causa de Manon são os primeiros passos para reorganizar sua vida privada. Ao mesmo tempo, ele vai batendo de porta em porta em Berlim, à procura de um emprego ou das primeiras incumbências para um escritório de arquitetura próprio.

Mas Gropius vê que a necessidade de mudança se encontra além do horizonte de sua própria vida. Ele quer fazer parte das violentas transformações que põem em movimento tudo o que se encontra à sua volta. Juntamente com outros artistas e arquitetos, funda o Conselho de Trabalho para Arte e Arquitetura. Com seu colega Bruno Taut, trabalha num manifesto por uma nova arquitetura: "A edificação é portadora imediata das forças mentais, é formadora da sensibilidade [...]. Só uma revolução total na esfera mental será capaz de gerar esse novo tipo de edificação". Eles sonham com grandes "construções populares" no campo, longe dos centros densamente povoados. Não nas grandes cidades, "pois essas, podres, desaparecerão da mesma forma que o velho poder. O futuro se encontra nos campos recém-abertos, capazes de nutrir a si próprios". Esses assentamentos-modelo deverão dispor de toda a infraestrutura de uma verdadeira cidade: ruas, praças, parques, lojas, hotéis, gastronomia, instituições culturais e educacionais. Os novos subúrbios, no sonho de Gropius e de seus colegas, devem se tornar as incubadoras de uma nova sociedade. Fundamentados na agricultura, organizados, limpos, justos e saudáveis, depois de anos de destruição, eles devem ser reconstruídos e tornar-se o palco arquitetônico de uma nova era, cujas promessas ecoam até os projetos de edificações sociais dos nossos dias. Gropius e Taut concebem o mundo conforme a explosão pintada por Grosz, eles fazem com que a vida ressurja das paisagens estéreis da guerra, dos escombros do velho Império e da velha sociedade.

Pouco tempo depois, Gropius — que além de conceber visões aprendeu a se organizar, pois foi oficial do Exército — se torna presidente do Conselho de Trabalhadores. Ele tira muito proveito dos encontros entre cabeças criativas e sedimenta-se nele a convicção de que a guerra foi necessária para pôr em marcha uma "limpeza interna" na Alemanha, que estava tirando do caminho os obstáculos deixados pela velha ordem. Gropius mal pode esperar para começar a construir as tão sonhadas cidades do futuro.

Enquanto Louise Weiss busca fôlego para acompanhar a marcha dos acontecimentos em seu pequeno escritório de redação revestido com papel de parede azul, Hyacinthe Philouze, formalmente editor da publicação, tem seu lugar no imponente salão posterior do andar onde se encontra a redação. Ele discursa, abre garrafas, fuma e recebe um cortejo interminável de hóspedes. Philouze também encarregou uma artista pouco talentosa de redecorar a cozinha da redação para ali poder realizar jantares. Nessas ocasiões, o vinho e o champanhe jorram enquanto são convidadas jovens de reputação duvidosa, daquele tipo que não se importa de levar beliscões no traseiro. Quando o barulho se torna alto demais e os vizinhos reclamam, o zelador é silenciado por meio de gorjetas.

Louise Weiss permanece indiferente a tais divertimentos. Em toda parte ocorrem revoluções. Uma onda que vem da Rússia parece varrer o mundo inteiro. Não é só na Europa e nos outros territórios do antigo Império Otomano que ocorrem transformações radicais: as ondas de choque também atingem a América, o Japão e a China. Um novo mundo surge a partir dos escombros do antigo. Louise Weiss precisa saber de tudo o que se passa, precisa relatar tudo. Contra a vontade de Philouze, que preferiria ganhar muito dinheiro com a revista e não quer se indispor com os poderosos, o tom de *L'Europe Nouvelle* se torna cada vez mais exigente. Louise Weiss e seus camaradas estão convictos de que não basta uma revolução russa para que o mundo seja colocado nos trilhos certos depois do grande incêndio, e de que são necessárias muitas revoluções, na Europa e para além da Europa. Na Alemanha, na Áustria-Hungria, no Leste europeu, nos Bálcãs, no Báltico e na Ucrânia e até mesmo no Japão e na China ocorrem revoltas. Mas o que se passa na França, a mãe da revolução? A onda das revoluções arrebenta nas fronteiras dos países vencedores? Ainda que a França tenha saído vencedora da guerra, o país lhe parece pronto para reformas fundamentais: Louise Weiss exige eleições para um novo governo, ampliação dos direitos dos trabalhadores, uma nova posição diante das colônias. E, sobretudo, ela considera necessário finalmente outorgar às mulheres francesas plenos direitos políticos — e, antes de mais nada, o direito ao voto.

Sem dúvida pode-se considerar como revolução o que se passa naquele momento na terra de Milan Štefánik, a Tchecoslováquia. Louise Weiss acompanha com entusiasmo os acontecimentos. A população da Boêmia há tempos passou a protestar abertamente contra o domínio habsburgo: manifestações, assembleias e greves estão na ordem do dia. Enquanto o amante platônico de Louise, Milan, tenta salvar, na Sibéria, os remanescentes de um exército que deve ser o fundamento de um novo Estado tchecoslovaco, seu companheiro de armas Edvard Beneš esboça, em Paris, os princípios da Constituição desse Estado independente. Por enquanto, tudo permanece apenas no papel. Beneš costuma passar longas horas na redação de

L'Europe Nouvelle e, com suas opiniões, marca a orientação política da publicação. Naquele dia, enquanto Louise Weiss, enojada com as escapadas de Philouze, pensa em demitir-se, Beneš a convence a permanecer no cargo. Ele sabe qual é o real valor dela e de sua revista. Pelo trabalho dela, o interesse do público e de muitos políticos influentes pela causa tcheca permanece aceso. Graças aos artigos de Louise Weiss o mundo fica sabendo que, em setembro de 1918, Beneš estabeleceu em Paris um governo tcheco no exílio e declarou a independência tcheca em 18 de outubro de 1918. Em novembro, depois da irrupção da revolução em Viena, Louise Weiss explica ao público leitor que a abdicação do Kaiser austríaco Karl I abriu, definitivamente, o caminho para a criação de um novo Estado tchecoslovaco independente.

Para Alma Mahler-Gropius, compositora, dama da sociedade vienense e musa, as atividades revolucionárias de Walter Gropius são, pelo menos, um alívio temporário. Até agora, seu marido protestou, por carta e verbalmente, contra o amante Werfel. Ele lhe pediu para deixar de lado aquele relacionamento e mudar-se para Berlim, a fim de viver ao seu lado. Ele a ameaçou com consequências. Ainda assim, com a certeza de uma sonâmbula, ela seguiu apenas sua bússola interior, que apontava diretamente para o jovem, extraordinariamente talentoso e cada vez mais bem-sucedido escritor. Com a cena do dia 4 de novembro e com o colapso mental, a resistência de Gropius contra aquele relacionamento extraconjugal desapareceu. Poucos dias depois, a revolução em Berlim fez com que, por um momento, os assuntos pessoais recuassem para um plano secundário. Com isso abriram-se as portas para os primeiros passos de Alma e de Franz Werfel em direção a um futuro comum, um futuro no qual eles poderiam permanecer juntos, sem se esconder. Poucas semanas depois ela escreve em seu diário: "Uma noite gloriosa! Werfel passou-a comigo. Estávamos abraçados um ao outro e sentíamos a mais profunda intimidade em nossas almas apaixonadas uma pela outra. Esta é uma grande resolução em minha vida".

Ao mesmo tempo, ela sente que "uma verdade íntima" lhe diz que seu amor por Werfel não precisa excluir seus laços amorosos anteriores: "Tudo é simultâneo. Não posso negar nenhum deles. Gustav Mahler, Oskar Kokoschka, Gropius... tudo era e é verdadeiro!". Até mesmo sobre seu amor de juventude, Gustav Klimt, ela escreveu, por ocasião de sua morte: "Como fui capaz de entendê-lo! E nunca deixei de amá-lo — ainda que de uma maneira muito diferente". Cada um dos homens que amou deixou nela marcas e lembranças. Ela não quer e não pode negar nenhum deles, nem renunciar a nenhum deles. Ao contrário do que se passava na velha Viena, a capital da Monarquia Austro-Húngara, na qual era preciso manter as aparências da decência feminina, ao término da guerra as oscilações amorosas de uma mulher assim já não despertam o desprezo da sociedade. "O casamento, uma forma de tirania sancionada pelo Estado, me é suspeito e eu prefiro escapar dela por meio da liberdade nos relacionamentos", escreve Mahler-Gropius. Trata-se de uma pequena revolução sexual.

Enquanto a revolução vienense explode, em 12 de novembro de 1918, poucos dias depois dos distúrbios berlinenses, Alma Mahler-Gropius está em sua sala de música, cujas paredes são pintadas de vermelho. A "assim chamada revolução" lhe parece "ao mesmo tempo engraçada e assustadora. Observamos o cortejo dos proletários em direção ao Parlamento. Figuras feias... bandeiras vermelhas... tempo feio... lama, tudo cinza. E então os supostos tiros, que partiram do Parlamento. Ataque! Depois, a fileira de pessoas sem gosto, até pouco antes bem ordenada, recuava, gritando, sem dignidade. Algumas pessoas estavam em minha companhia. Apanhamos minhas pistolas". Já na véspera o Kaiser austríaco Karl I abdicara da condução dos assuntos de governo, tendo deixado Viena à noite. Depois do Reich Alemão, acabou-se também o Império Habsburgo.

No dia 13 de novembro, Franz Werfel se encontra diante da porta do apartamento de Alma. Ele está trajando seu uniforme e lhe pede sua bênção para poder juntar-se aos manifestantes. Mas para ela aquilo é uma "falsa revolução", à qual "se opõe de todo o coração". Werfel lhe suplica por tanto tempo que ela acaba tomando a cabeça dele entre as mãos, beijando-o e então dispensando-o como se ele fosse um menino incapaz de aprender. Quando volta, tarde da noite, o escritor se encontra num estado terrível: "Seus olhos estavam injetados de sangue, seu rosto estava inchado e imundo, suas mãos, sua farda... tudo estava arrasado. Ele estava cheirando a aguardente e a tabaco". Orgulhoso, o escritor relata que, trepado num banco no Ring, discursara para o povo, exortara o povo ao ataque e, juntamente com outros amigos artistas, fundara a "Guarda Vermelha". A repreensão de Alma é dura: "Se você tivesse criado alguma coisa bonita, agora você estaria bonito". E então ela despacha o revolucionário sujo e fedorento para dormir na casa de um amigo. Pois naquele estado ela não lhe permitiria entrar em sua casa.

A polícia ficou sabendo da atuação de Werfel. No final, é justamente Walter Gropius que se põe a caminho para advertir Werfel da proximidade dos agentes secretos. Assim o escritor pode desaparecer até que a situação se tranquilize. Gropius nem sequer cogita aproveitar a oportunidade para deixar nas mãos da polícia a resolução do seu problema com o rival. Não apenas por decência, mas também por consideração a Alma, que está à beira de um colapso nervoso diante do risco que correm seu amado e a fama dele.

Ao contrário de seus homens, Alma Mahler-Gropius odeia a revolução desde o início e não nutre nenhum tipo de simpatia, mais tarde, pela "Viena vermelha". Ainda que, em sua vida particular, desfrute das liberdades de um novo tempo, ela também lamenta profundamente o fim da belle époque. Alguns meses mais tarde ela escreve que gostaria que o Kaiser voltasse e também "os mais caros e terríveis arquiduques, que teriam que ser mantidos pelo país". Ela queria "apenas a volta do esplendor vindo de cima, e a submissão, uma submissão silenciosa da estrutura escravagista da humanidade. O grito das massas é uma música infernal".

O quartinho de Nguyen Tat Thahn em Paris é tão exíguo que mal há lugar para uma cama de ferro estreita, uma mesinha e uma cadeira. O lavador de pratos mudou-se de Londres para a capital francesa. Ele vive num hotelzinho barato num bairro operário na região leste da cidade. De manhã cedo prepara um prato de arroz com peixe, do qual come a metade, guardando a outra metade para o jantar. Como é inverno, antes de sair para o trabalho, todas as manhãs, ele deixa um bloco de pedra no forno da cozinha do hotel. Quando volta, à noite, retira a pedra do calor, envolve-a em papel-jornal e a coloca sob seus cobertores, para não sentir frio enquanto dorme. Nguyen vive de trabalhos esporádicos. Depois do expediente, ele se dirige a uma biblioteca pública, para ler e para melhorar seu francês. Entusiasma-se, sobretudo, com Émile Zola e com Anatole France. Quando não está cansado demais, assiste a palestras de cunho político.

Desde sua chegada a Paris, ele começou a conhecer um outro aspecto dos franceses. Em sua terra natal, a Indochina, eles se apresentavam apenas como membros de um povo de dominadores, que oprimiam e exploravam violentamente os nativos, alegando que traziam a civilização ocidental. Em suas longas viagens de navio por todas as partes do mundo ele vira que aquele destino não cabia apenas a seu povo. Com horror ele se lembrava de uma cena que presenciara no porto de Dakar, no Senegal. Uma tempestade impedia o navio de entrar no porto. As ondas estavam tão fortes que nem mesmo era possível lançar um bote na água. Para poder entrar em contato com o navio, os supervisores do porto ordenaram a um africano nadar até ele. Sabendo que não era possível recusar-se a seguir as ordens que lhe eram dadas, o infeliz saltou do cais na água do porto. Enquanto dava as primeiras braçadas, o nadador ainda era capaz de se manter acima da água. Mas, tão logo deixou a proteção do porto, foi atingido com tamanha violência pelas ondas que perdeu a consciência e morreu afogado. Depois dele, foram despachados um segundo, um terceiro e até mesmo um quarto nadador. Porém nenhum deles alcançou o navio e nenhum deles sobreviveu. Aquela cena, que lembrava a Nguyen experiências semelhantes de sua juventude, ficou gravada profundamente em sua memória.

    Na terra-mãe do Império, então, ele se deu conta de que não existiam apenas franceses ricos e poderosos. Logo ao pisar pela primeira vez em solo francês, no porto de Marselha, chamaram a sua atenção prostitutas que vinham ao encontro dos marujos a bordo. "Por quê", perguntava ele, espantado, aos outros marinheiros, "por que os franceses não começam civilizando seus próprios cidadãos antes de tentar fazê-lo conosco?" Mais tarde, em Paris, Nguyen descobriu que havia bairros inteiros decrépitos na esplêndida cidade, nos quais as pessoas viviam em meio à pobreza. Ao mesmo tempo, ele se sentia fascinado pelo fato de que as desigualdades entre ricos e pobres ali na França não eram um simples fato, mas um tema político. Com frequência cada vez maior, ele era visto em reuniões políticas dos socialistas. Num primeiro momento era apenas ouvinte, mais tarde, passou a subir ao púlpito, falando num tom tranquilo e digno. Era sempre capaz de partir do tema da reunião para falar da situação nas colônias, na Indochina. Como na maioria das vezes ele era o único palestrante que não provinha da França, todos lhe davam atenção. Tinha a impressão de que, de modo geral, os franceses eram mais amigáveis em solo próprio do que na colônia da Indochina. Talvez porque Nguyen se tornava cada vez mais parecido com eles, apresentando-se de maneira sempre cortês e reservada. Ele era um hóspede, um estrangeiro na França, e queria ser visto como uma pessoa séria, e não se parecer com um revolucionário fanático. Só assim seria capaz de realizar seu sonho de independência do Vietnã.

No entanto, dolorosamente ele tomou consciência de que o interesse dos socialistas franceses em relação à situação nas colônias era limitado. Um dos poucos jornais de esquerda a publicar notícias sobre a Indochina era *Le Peuple*, cuja central era em Bruxelas. Desde o término da guerra, o jornal tinha também sucursais na França. O escritório parisiense era dirigido pelo socialista Jean Longuet, um neto de Karl Marx, que até mesmo tinha um assento na Assembleia Nacional.

É com ele que, por fim, Nguyen vai ter uma conversa e se surpreende com a recepção calorosa do político, que o chama de "caro camarada" e até o convida a contribuir com artigos sobre a Indochina para *Le Peuple*. Nguyen está entusiasmado, porém também tem consciência de que seu francês nem sequer bastaria para escrever uma notícia breve. Mas de maneira nenhuma ele deseja perder a oportunidade que lhe é oferecida. Assim, pede a um compatriota seu, que conhece a língua francesa bem melhor do que ele, para escrever um breve artigo conforme suas ideias. Ele se mostra disposto a fazê-lo, nega-se, porém, a publicar o texto com seu próprio nome. Assim, Nguyen o assina com o pseudônimo "Nguyen Ai Quoc", ou seja, "Nguyen, o Patriota". É só aos poucos que Nguyen, que nem sempre está satisfeito com os textos de seu ghost-writer, ousa escrever os próprios artigos. De início são apenas umas poucas linhas, que então precisam ser minuciosamente corrigidas pelo editor. Mas Nguyen compara o texto que entregou com os demais publicados pelo jornal, e assim, a partir de seus próprios erros, aprende, de maneira que seus artigos se tornam visivelmente melhores e mais extensos.

A viagem de Marina Yurlova ao longo da Ferrovia Transiberiana prossegue em direção ao leste. A paisagem já desapareceu debaixo de um grosso manto de neve. A única coisa que ainda se vê através da janela de seu compartimento no vagão é o branco, tão ubíquo a ponto de parecer oprimir o trem. Em meio a essa paisagem aparentemente infinita, os freios chiam, a locomotiva perde velocidade e por fim estaciona no meio do nada. Quando os oficiais indagam aos condutores da locomotiva sobre o motivo da parada imprevista, recebem uma resposta nada tranquilizadora. A cidade de Irkutsk, próxima estação de dimensões consideráveis, caiu nas mãos dos bolcheviques. Os condutores da locomotiva se recusam a seguir viagem. E voltar também é impossível, pois a cidade de Tomsk, que já está às suas costas, supostamente também já não é mais um lugar seguro. O trem permanece imóvel, como um verme negro em meio à imensidão alva da paisagem.

Os soldados tchecoslovacos montam um acampamento junto à locomotiva, que começa a esfriar: eles fazem algumas tendas e grandes fogueiras em meio à neve, nas quais também algumas das senhoritas da nobreza russa que viajam no trem se aquecem. O que fazer? Esperar pela chegada de mais bolcheviques em algum dos trens que seguiriam e matar todos eles? Ao fim do dia, um dos oficiais perde a paciência. Ele pretende disfarçar-se de camponês e assim atravessar ileso a cidade de Irkutsk, que caiu em mãos do inimigo. A Manchúria, que se encontra a leste da cidade, supostamente ainda estaria livre. Há muitos que apoiam esse plano, mas a pergunta decisiva é como chegar a Irkutsk, a centenas de quilômetros dali, em meio ao inverno siberiano. Enviados numa missão de reconhecimento da região, soldados encontram uma aldeia mongol. Depois de difíceis negociações com os moradores, eles lhes apresentam seu plano e estabelecem um preço em troca de roupas de inverno e de um guia que os conduzisse, através de um caminho para cavalos, até Irkutsk. Quase uma centena de viajantes quer se juntar a esse grupo. Eles entregam seu dinheiro de viagem para pagar os guias mongóis. Um pouco mais tarde, os soldados tchecos e os viajantes russos seguem numa longa fila através da alvura da planície. Os mongóis vão à frente, montados em cavalos tão pequenos que seus pés quase tocam o solo. Suas faces enrugadas não revelam nada daquilo que eles pensam a respeito daqueles estrangeiros perdidos em meio às suas terras, nem nada sobre suas intenções. Eles conhecem aquele caminho como a palma da mão, ainda que em muitos pontos ele esteja oculto pela neve. Também sabem onde ficam escondidos, perto do caminho, pequenos assentamentos nos quais é possível descansar.

A marcha através da paisagem monótona e congelada parece não ter fim para Marina. Passados alguns dias, a expedição alcança uma aldeia russa deserta. Duzentos cadáveres, negros e congelados, estão espalhados pela neve. Aquela imagem persegue Marina e se insinua em seus sonhos.

Passados alguns dias, subitamente o apito de uma locomotiva rompe o silêncio. De um instante para o outro, os guias mongóis desapareceram, como se tivessem sido tragados pela terra. O grupo despacha alguns espiões, que voltam algumas horas mais tarde com boas notícias: Irkutsk está a uma distância de apenas cinquenta quilômetros dali, e a poucas horas de caminhada encontra-se uma aldeia russa. Mas a melhor de todas as notícias é que unidades tchecoslovacas voltaram a tomar Irkutsk. Logo Marina é capaz de enxergar as torres da cidade à distância. A chegada a Irkutsk é como uma salvação, muito embora se trate de apenas mais uma estação na viagem e ela sinta dores insuportáveis em seus membros enquanto o calor aos poucos se instala neles depois de dias de frio atroz.

Em sua casinha bem aquecida pela lareira, em Richmond, Virginia Woolf trabalha com grande concentração no manuscrito de seu romance *Noite e dia*. Como Leonard estabeleceu horários rígidos para seu trabalho, sobra-lhe tempo para ler os jornais que levam a Richmond notícias a respeito do que se passa pelo mundo. Em 9 de novembro, diante das notícias a respeito dos distúrbios nas cidades portuárias alemãs, mas ainda não sabendo do fim do Império Alemão, Virginia Woolf escreve em seu diário que o Kaiser alemão "continua a portar uma espécie de coroa fantasma. Fora isso, uma revolução se encontra em curso &, pode-se imaginar, também uma espécie de despertar parcial por parte da população com relação à situação de um modo geral. É de supor que nós também haveremos de despertar?".

A ideia de que a Inglaterra vitoriosa também poderia estar diante de tempos difíceis não parece ter nada de estranho para a escritora. Com precisão sismográfica, ela registra as pequenas transformações que aquele momento no qual a guerra se transforma em paz traz para Richmond e para seu entorno. Assim, descreve um incidente na Shaftesbury Avenue, por ela testemunhado. Um simples soldado ameaçou, no meio da rua, perfurar à bala a cabeça de um oficial. Virginia Woolf está convicta de que cenas como essa prenunciam mudanças. Também os soldados bêbados e as multidões nas ruas parecem indicar que algo está se transformando. Mas em que direção? "A paz", escreve ela, "se dissolve rapidamente no ar, à luz da vida cotidiana." Muito mais depressa do que se esperava, mudam as prioridades dos moradores de Richmond: "Em vez de sentir, durante o dia, & também ao voltar para casa pelas ruas escuras, que o povo inteiro, queira ou não, está se concentrando num único ponto, sente-se, agora, que a unidade da multidão se dispersou & que esta foi levada por um ímpeto violento em diferentes direções. Somos, novamente, uma nação de indivíduos. Há alguns que gostam de futebol, outros que gostam de corridas de cavalos, outros de dança, e ainda outros, bem, todos eles correm, muito alegremente, de um lado para outro, numa confusão, tiram seus uniformes & retomam seus assuntos particulares". Será que o desaparecimento da guerra e do inimigo comum novamente despertará a atenção para as tensões inerentes à sociedade inglesa? A escritora tem dificuldade em formular respostas claras a essas perguntas. A paz "caiu como uma pedra em meu laguinho & as ondas ainda continuam a reverberar até as margens distantes".

Noite e dia, livro que é publicado no início de 1919, testemunha as questões que a guerra despertou em Virginia Woolf. Por meio de cinco personagens que se movem umas em torno das outras em complexas formações, o romance descreve a estreiteza da sociedade britânica de antes da guerra e o aprisionamento, especialmente das mulheres, numa rede de convenções, regras e submissão conjugal. Terá essa estreiteza insuportável sido uma das causas da guerra? Qual era, afinal, a "liberdade" que a Grã-Bretanha defendia na guerra? Será que essa sociedade era realmente digna de todas as vidas que foram perdidas para preservá-la?

Em conversas, Virginia Woolf ouve as mais diversas opiniões a respeito do significado do fim da guerra para a política na Grã-Bretanha. Alguns dos seus amigos, como por exemplo o pintor Roger Fry, estão convictos de que a Inglaterra se encontra "no limiar da revolução". "As classes inferiores estão amarguradas, impacientes, cheias de poder & evidentemente falta-lhes o bom senso. [...] A muralha intransponível de conservadorismo da classe média nunca esteve mais inabalável do que agora. Mas, por meio de dinamite, poderia ser transformada em poeira."

Nos dias de novembro de 1918, Terence MacSwiney se encontra, junto com outros combatentes presos do Sinn Feín, num porão imundo sob o convés de um navio que zarpou do porto irlandês de Dublin para cruzar em direção às terras inglesas. Tão logo o navio deixa o porto, a fúria do mar se faz sentir de forma nada agradável. A maior parte dos homens logo está mareada, dependurando-se, miseravelmente, em seus beliches. Terence MacSwiney encontra uma pequena escotilha e consegue abri-la. Fica diante da abertura para poder respirar ar fresco. Respingos das ondas atingem seu rosto. Ele não se importa em se molhar. Quem sabe quando poderá novamente respirar ar fresco?

MacSwiney sabe para onde o levará sua viagem: ao imponente edifício de tijolos à vista da Lincoln Prison, no leste da Inglaterra, que se parece com um castelo medieval, e que ele já conhece de visitas anteriores. Já passou por vários presídios na Irlanda e na Inglaterra. Pouco antes do início da guerra mundial ele se alistara no exército secreto voluntário de sua cidade natal, Cork, na Irlanda do Sul, cujo objetivo era levar a Irlanda à independência. Ele acreditava que uma pequena vanguarda de guerreiros dispostos a sacrificar a própria vida poderia levar o povo irlandês em sua totalidade a um levante. Desde então, ele, que já lutara pela independência por meio de artigos de jornal, de poemas e de livros, passara à clandestinidade. Preparava homens, uniformes, armas e dinheiro para assim estar pronto para a chegada do dia em que tivesse início o levante decisivo.

Havia tempos que a polícia britânica estava no encalço do revolucionário irlandês. Ainda que até então não houvesse provas de que ele tivesse cometido crimes mais graves, com frequência era conduzido à Justiça e à prisão. Pouco importava que tudo tivesse permanecido calmo na cidade natal de MacSwiney, Cork, durante o Levante da Páscoa em abril de 1916 — algo que ele consideraria, até o fim da vida, como uma derrota pessoal. Sua mulher, Muriel, que vinha de uma família rica de Cork, só via MacSwiney raramente. Quando estava preso, pelo menos ela sabia onde encontrá-lo, e eles trocavam ternas cartas de amor. Quando sua primeira filha, Máire, nasceu, em junho de 1918, Muriel se viu forçada a levar o bebê até a sala de visitantes do presídio, para que o pai pudesse segurá-la nos braços. Em suas cartas os cônjuges asseguravam um ao outro de que a causa irlandesa sempre deveria ser considerada como mais importante do que sua felicidade particular. Assim, MacSwiney escreveu: "Nenhum homem deve temer que aqueles a quem ele ama sejam submetidos a provas de fogo, porém, na medida de suas forças, ele deve lhes mostrar como superar tais provas e como confiar na grandeza da verdade".

Depois da chegada a Lincoln Prison, começa novamente para MacSwiney o cotidiano monótono e já bem conhecido da prisão. Apenas uma ou outra notícia da terra natal traz a sua cela a excitação da revolução irlandesa. Assim, ainda antes do Natal, Terence MacSwiney fica sabendo que seus conterrâneos — apesar de seu aprisionamento, ou por causa dele — o elegeram como representante da Irlanda no Parlamento britânico. O partido independentista Sinn Feín, pelo qual MacSwiney se candidatou, conquista, nas eleições para a Câmara Baixa britânica, realizadas em 14 de dezembro de 1918, uma vitória decisiva e surpreendente diante do moderado Partido Parlamentar Irlandês e de seus inimigos, os unionistas. Porém, em vez de ingressar no Parlamento em Westminster, os representantes do Sinn Feín optam por um caminho mais radical: sem quaisquer consultas ulteriores, eles declaram a independência da Irlanda e fundam um Parlamento irlandês próprio, o Dáil Éireann. Quando da primeira assembleia do Dáil, em 21 de janeiro de 1919, promulga-se uma Constituição irlandesa. MacSwiney só fica sabendo do fato por meio da propaganda boca a boca. O que ele não daria para assumir o posto que lhe cabia entre os parlamentares!

MacSwiney fica sabendo, no presídio, e depois também lê nos jornais, que, exatamente nesse mesmo dia, seus companheiros de armas Séan Treacy e Dan Breen, junto com outros sete combatentes pela independência, estão à espreita por trás de uma encosta na estrada que leva à pedreira de Soloheadbeg, a pouca distância do lugarejo irlandês de Tipperary. O alvo dos irlandeses é um veículo, escoltado pela polícia, com um carregamento de explosivos, que se encontra a caminho dali. Porém, mais do que no material, eles estão interessados na guerra: o ataque deve, acima de tudo, funcionar como sinal para a retomada da luta armada contra o poderio inglês. Depois de vários dias numa espera torturante, finalmente o vigia do grupo reconhece, de longe, a aproximação do veículo. Todos os homens ficam de prontidão e tentam manter sob controle o nervosismo. Sobre a carruagem, que se aproxima cada vez mais, veem-se policiais sentados, cuidadosamente preparados para a ação. Os combatentes pela independência, por sua vez, não têm quase nenhuma experiência no manuseio de suas armas. Eles não tiveram oportunidade de treinar seus tiros, pois as munições são escassas. Além disso, havia o temor de que fossem traídos pelos estampidos.

Quando a carruagem se aproxima, os rebeldes gritam para os policiais, exortando-os a se renderem. Mas eles nem sequer pensam em obedecer. Abaixam-se por trás da boleia da carruagem, carregam suas armas e as apontam, ameaçadores, para os agressores escondidos. Por um instante faz-se um tenso silêncio. As armas estão apontadas umas para as outras. E então nove revólveres disparam, sob a proteção da encosta, e dois policiais caem mortos. Os estampidos alarmam os moradores da região. Passados poucos instantes, uma multidão se aglomera no lugar onde os homens foram mortos e logo chegam centenas de policiais. Os perpetradores do atentado saltam, afoitos, sobre a carruagem e incitam o velho cavalo a galopar em velocidade máxima. Os explosivos que se encontram no compartimento de carga da carruagem, atrás deles, são lançados para um lado e para o outro. Os homens ouviram que choques muito intensos podem provocar uma explosão espontânea. Por fim eles alcançam o lugar no qual já há um buraco no solo preparado para ocultar o butim. E então eles desaparecem, protegidos pela pesada nevasca que começa a cair.

Mais ou menos àquela mesma hora, Mohandas Karamchand Gandhi se recupera, na cidade indiana de Matheran, de uma disenteria tão grave que o levou à beira da morte. O médico, dr. Dalal, promete que o curará completamente, mas apenas se ele estiver disposto a quebrar seu voto de se abster de leite. Gandhi se sente tão fraco que "apenas pensar em comida o enche de temor", e fazer suas necessidades lhe provoca dores torturantes. Ainda assim, a perspectiva de agir de maneira contrária aos seus princípios o precipita numa crise de consciência. É só depois de muita reflexão que seus instintos de sobrevivência e a vontade de seguir adiante pelo caminho da independência da Índia vencem. Seja como for, ele nem mesmo cogita ingerir leite de vaca ou de búfala, mas aceita tomar leite de cabra.

Enquanto suas forças vitais retornam aos poucos, Gandhi se vê confrontado com uma notícia política alarmante. Com o final da guerra, as leis correspondentes ao estado de exceção, por meio das quais os ingleses puderam manter o crescente movimento independentista indiano sob controle durante os anos de guerra, se tornaram obsoletas. Para compensar essa situação foi criada uma comissão, chefiada pelo juiz Sir Sydney Rowlatt, que elaborou um pacote de leis que tem como objetivo principal assegurar às autoridades britânicas o comando diante de distúrbios públicos. Gandhi começou a organizar o movimento de resistência a essas leis tão logo ficou sabendo que estavam sendo preparadas. "Na noite passada, por meio de um sonho, ocorreu-me que deveríamos convocar o país inteiro a uma greve geral." Todos os indianos, "nesse dia, interromperiam seu trabalho, transformando-o num dia de jejum e de prece". Se os indianos de fato acatassem essa convocação, ela se tornaria uma demonstração impressionante da sua estratégia de resistência passiva, o que talvez impedisse que as novas leis entrassem em vigor ou, no mínimo, as atenuaria. Cheio de esperança, Gandhi contata aliados em todo o país.

Depois da revolta dos marinheiros e do cessar-fogo, as tripulações dos navios em Wilhelmshaven voltam, diligentemente, às suas atividades. Richard Stumpf se lembra de 1914: vê ali a mesma dedicação ansiosa aos deveres cotidianos. Só que agora os guindastes, em vez de levarem as munições para bordo dos navios, as retiram, para que sejam armazenadas em meio à umidade e ao pó de carvão dos armazéns. São os mesmos projéteis sobre os quais, ainda há pouco, os soldados da Marinha escreviam sarcásticas saudações aos ingleses. Em vez disso, agora está sendo preparada, em conformidade com os termos do cessar-fogo, a entrega de toda a Marinha de guerra aos ingleses.

 O dia em que os alemães estão se separando de todas aquelas máquinas de destruição poderia ter sido um dia de alegria. Para Richard Stumpf, porém, aquilo se parece com os preparativos de um funeral. Pois a entrega das armas não significa o início de um desarmamento geral, capaz de um dia trazer ao mundo a paz eterna. Ela é, antes, expressão de uma traição, que é como Stumpf vê as condições do cessar-fogo. Ele tem certeza de que a humilhação daquele momento ainda há de pesar sobre a Alemanha por séculos a fio. Talvez um dia aqueles navios de guerra alemães que estavam sendo entregues à Inglaterra acabassem por voltar seus canhões para a própria Alemanha. A vida a bordo transformou-se completamente. A disciplina foi relaxada e o novo Conselho de Soldados é incapaz de manter a ordem e a tranquilidade. Roubos e pancadarias estão na ordem do dia. Ao menos agora há alimentos em quantidade suficiente para a tripulação — e até mesmo ponche é servido, três vezes por semana. Todas as delícias provêm da Cantina dos Oficiais. Ali até mesmo se encontra uísque em quantidade suficiente para uma boa bebedeira, que é como os representantes do Conselho de Soldados comemoram sua vitória. Gritando e cantando eles caminham pelo convés. Conforme dissera pouco tempo antes, no segundo dia da revolução, um dos oradores, "nós nos revoltamos porque fomos tratados como crianças!". De fato, pensa Stumpf, eles se portam como crianças.

Por muito tempo Stumpf se alegrou com a perspectiva de sua dispensa do serviço militar. Agora que ela é iminente, ele permanece indiferente. Não haverá música, nem flores, nem honrarias. Em vez disso, o enorme esforço de guerra, no qual Stumpf pôs sua vida em risco, terminará com a vergonha da derrota, com a catástrofe da entrega da frota, com a humilhação de um cessar-fogo injusto, com a fraqueza do novo regime e, sobretudo, com o pensamento torturante de que ele mesmo contribuiu, no momento decisivo, para aquele resultado.

Em 18 de novembro de 1918 Stumpf observa enquanto parte para a sua última viagem o navio de guerra *Friedrich der Grosse* (Frederico, o Grande), de Wilhelmshaven, sob comando alemão. A embarcação é acompanhada pelo *König Albert* [Rei Alberto] e, depois, pelos demais navios da frota alemã.

A tripulação permanece no píer, com suas mochilas em mãos, e observa as fortalezas flutuantes desaparecerem no horizonte.

Ainda bem que Wilhelm, antigo príncipe herdeiro da Prússia, não é obrigado a ver como a Frota Imperial, que fora o orgulho do seu pai e de todo o Império, segue, desarmada, em direção à Inglaterra — justamente à Inglaterra! Em Maastricht, Wilhelm e seu séquito são acompanhados até uma sala na prefeitura. Na praça diante do edifício, encontra-se uma multidão furiosa, que grita. Passam-se muitas horas e os ponteiros do relógio sobre a lareira parecem imóveis. Um dos membros do séquito se retorce, gemendo, com cólicas estomacais, sobre um sofá revestido de veludo vermelho. Os pensamentos de Wilhelm revolvem em torno dos últimos dias e das últimas horas, e em torno de suas lembranças da guerra, de Cecília, de seus filhos, que ficaram para trás no Palácio Novo, em Potsdam. Tão perto da capital arruinada.

Passam-se, ainda, quase duas semanas até que, por fim, o destino do príncipe herdeiro é decidido. O novo governo alemão solicita que ele seja entregue às autoridades alemãs. Em contrapartida, os aliados exigem que ele seja aprisionado. Depois de complexas negociações, finalmente a diplomacia internacional resolve que o homem que se tornou um ícone para todos aqueles que nutrem esperanças de retorno da monarquia deve ser abrigado numa ilha no Zuiderzee, o mar interno da Holanda. Na cidade portuária de Enkhuizen, Wilhelm é recebido pelos flashes dos fotógrafos, pelos repórteres e por insultos. Movendo a palma das mãos abruptamente, da esquerda para a direita, diante da garganta, os holandeses mostram ao príncipe herdeiro o que, em sua opinião, ele merece.

Wilhelm cruza o mar enevoado até a ilha de Wieringen, onde deverá passar seus dias. Lá ele se dirige, a bordo de uma charrete que geme e cheira a mofo e a couro velho, ao lugarejo de Oosterland. Sua nova capital consiste apenas em alguns casebres de madeira sob um céu escuro de inverno. Diante da casa do pastor, a carroça se detém. Lá o antigo príncipe herdeiro avista os dois cômodos de mobiliário espartano que deverão se tornar a sede do seu exílio.

Em Berlim corre o boato de que o príncipe herdeiro teria sido assassinado. É o que Käthe Kollwitz ouve em 12 de novembro de 1918, enquanto acompanha sua amiga Constance Harding-Krayl em sua busca por trabalho. Na Delegacia Central de Polícia pós-revolucionária, na Alexanderplatz, as duas ficam conhecendo o labirinto do novo regime, onde ninguém sabe nada ao certo, onde ninguém é responsável por nada e onde, sem resultado, elas são despachadas de um escritório a outro. Quando desistem, frustradas, o vigia que se encontra junto à entrada principal as impede de sair porque elas não portam documentos de identificação. Elas são obrigadas a deixar o prédio por uma porta dos fundos. A descrição que fazem dos funcionários evoca o mundo decaído do romance *O súdito*, de Heinrich Mann, que será publicado pela primeira vez em alemão poucos dias depois. Uma tradução russa já fora editada em 1915.

O trem urbano está superlotado quando Käthe Kollwitz se dirige a seu ateliê. Agora são sobretudo os soldados que voltam aos seus lares que enchem as plataformas das estações. Käthe Kollwitz ouviu dizer que, a bordo dos trens nos quais os soldados são trazidos de volta do front, é comum pessoas morrerem esmagadas. Em meio ao tumulto do trem está uma velha senhora com um caixote, dentro do qual um gato mia baixinho. Atemorizado pelo tiroteio, o animal se refugiou em sua casa, explica a mulher. Mas aquilo já se tornou demais para ela. Agora ela está indo para o campo, levando o gato consigo. As pessoas em volta acham graça e riem.

Naqueles dias, imediatamente após a queda do velho regime, Kollwitz ainda não perdeu completamente suas esperanças numa vitória do socialismo. Mas ela tampouco quer ignorar as realidades daquela hora: a forma como os comunistas do movimento Spartakus se apresentam lhe parece insuportável. Ela decide manter-se distante deles, também porque ainda há, na população, uma resistência muito forte a uma ordem social radicalmente diferente. Uma imposição do socialismo contra a vontade da maioria dos alemães seria, aos olhos de Kollwitz, uma contradição. Ela se convence de que é preciso ter paciência, apostando na democracia e numa assembleia constituinte, enquanto espera pela "gradativa introdução do socialismo. É um tanto decepcionante, já imaginávamos sentir sua chegada, mas agora novamente é preciso esperar". Mas será que aqueles "que só têm a ganhar com a introdução do socialismo" estariam dispostos a esperar? Será que não apostarão tudo para aproveitar o momento favorável?

A derrota do Exército, a abdicação silenciosa do Kaiser e o fim do Império deixaram um vácuo atrás de si. Não é só na Alemanha que as forças da ordem, que mantêm a coesão de Estados e de sociedades, se encontram enfraquecidas, ou até mesmo desabaram. Movimentos revolucionários de todas as colorações aproveitam-se dos espaços novos e inesperados que se abriram. Subitamente tornou-se possível convocar às ruas milhares de pessoas ou proclamar um novo regime a partir de uma varanda. Mas na Alemanha, assim como em outras partes do mundo, surge uma pergunta: como será possível restabelecer a estabilidade do antigo mundo, como será possível assentá-la sobre novos fundamentos? O Império Alemão e muitos dos antigos Estados da Áustria-Hungria e do Império Otomano se encontram à beira do caos. Criar poderes centrais novos e reconhecidos a partir dessa nova situação e torná-los efetivos, por meio dos aparelhos de Estado, da polícia e do Exército, surge como um grande desafio.

Matthias Erzberger está profundamente irritado depois de sua chegada a Berlim em 13 de novembro. Seu automóvel oficial foi decorado com a bandeira vermelha à sua revelia. Ele manda substituírem-na por outra, negra, vermelha e dourada, as cores do movimento de unificação alemã do século XIX. Nas ruas ele sente a atmosfera extraordinariamente tensa. A qualquer momento podem ocorrer novas explosões de violência, e até mesmo uma nova revolta, capaz de substituir os representantes do povo e Ebert por uma liderança comunista. O ministro da Guerra do novo regime, Heinrich Schëuch, que vem encontrá-lo ao entardecer, em trajes civis, lhe assegura que em Berlim já não é mais possível oferecer proteção militar contra as forças revolucionárias.

Depois de Compiègne, Matthias Erzberger surgira como procurador do Kaiser. Quando voltou a Berlim, em 13 de novembro de 1918, foi recebido por uma delegação de representantes do povo composta por cinco membros do novo governo social-democrata alemão de Friedrich Ebert. Erzberger fez-lhes um relato sobre as negociações e sobre os primeiros passos a serem dados para que fossem tomadas as primeiras medidas para a implementação dos termos do cessar-fogo. Com grande alívio ouviu que o novo governo reconhecia que a delegação por ele liderada "trabalhara em prol do povo alemão num momento dificílimo". A Comissão para o cessar-fogo, já estabelecida, deveria supervisionar a efetivação do acordo negociado entre as partes. Assim, a iniciativa de Erzberger recebia a aprovação do novo regime, que, como seus predecessores, é obrigado a se submeter ao inevitável. Para ele, pessoalmente, aquelas conversações têm uma importância decisiva, pois elas o deixam ciente de que, depois de ter servido ao regime do Kaiser, também poderá servir ao novo regime. Essa é uma solução de compromisso útil para ambas as partes. Por meio dela, o governo socialista sinaliza com uma abertura para as forças da burguesia. O político de centro, de sua parte, evita o fim de sua carreira como político profissional, tem a possibilidade de contribuir para a sobrevivência do seu partido católico sob o novo regime e assim colaborar para evitar uma guinada à esquerda do novo governo. Porém, não é com muita convicção que Erzberger dá esse passo. Para ele a revolução é um erro fundamental, é a consequência da derrota e da derrocada do velho Império. O chefe da Guarda que impediu seus soldados de disparar sobre os revoltosos — é assim que Erzberger se refere ao editor e colecionador de arte pacifista Harry Graf Kessler — deveria, ele mesmo, ser executado a tiros.

Ainda assim, consciente de seus deveres, Erzberger põe mãos à obra. Cabe-lhe, inicialmente, zelar pela implementação das determinações negociadas em Compiègne. Ao mesmo tempo, ele tenta encontrar pelo menos alguns milhares de soldados confiáveis para garantir a vigilância dos edifícios mais importantes do governo em Berlim. Isso mostra-se impossível; porém, ao tomar tal iniciativa, ele tem certeza de que será odiado por aqueles que querem dar seguimento à revolução. Por fim, ele, assim como o novo primeiro-ministro social-democrata Ebert, se convence da necessidade de eleger quanto antes uma Assembleia Constituinte do Povo Alemão. Em sua opinião, é só desse modo que o novo regime, cujo único fundamento até agora são os distúrbios revolucionários, os conselhos de soldados e de operários formados espontaneamente e uma renovação do governo que tem um caráter de golpe de Estado, pode adquirir uma legitimidade verdadeira.

Em 20 de novembro de 1918 Käthe Kollwitz encontra-se, espremida em meio a milhares de outros berlinenses, na sala de espera da estação de trens de Potsdam. O trem, pelo qual ela e o marido, Karl, esperam tão ansiosamente, está atrasado. Quando finalmente ele chega e os soldados que voltam do front escoam pelas portas dos vagões que se abrem, a plataforma é isolada. Käthe Kollwitz sobe numa das balaustradas e, com o coração palpitando intensamente, examina os rostos cinzentos dos homens que retornam. Por fim, ela descobre Hans em meio à multidão. Ele também a reconhece e acena. Finalmente mãe e filho se abraçam.

Em casa, o lugar de Hans à mesa está enfeitado com flores. Há vinho para acompanhar a refeição. Eles brindam sua volta e "a vida e o futuro da Alemanha", e também erguem um cálice em memória a seu irmão, Peter, cujo lugar à mesa permanecerá vazio para sempre. "Estranho", lembra Käthe Kollwitz, "como pensar em Peter naquele momento me doía tão pouco. Antes eu imaginava que seria diferente. Mas não é assim."

Será que ela deveria estender uma bandeira à janela para saudar os soldados que voltam ao lar? E que bandeira? Sobre esse assunto Käthe Kollwitz conversa, demoradamente, com o marido. Por fim, eles se decidem pela bandeira preta, branca e vermelha do Império Alemão, a "querida bandeira alemã". Porém, ela acrescenta flâmulas vermelhas republicanas, assim como uma coroa de folhas de pinheiro como sinais de saudação também para aqueles que "nunca mais voltariam". Ela não é a única a sentir aquilo. Muitos de seus amigos também perderam seus filhos.

Rudolf Höss, pelo menos conforme sua autobiografia, encontra-se, àquela altura, ainda no caminho do front para casa. Ele queria evitar a qualquer custo ser aprisionado pelos ingleses na Palestina. Assim, como suboficial, perguntou aos seus subordinados se eles estariam dispostos a se porem a caminho da Alemanha sob seu comando. Os comandantes haviam desaconselhado vivamente esse tipo de iniciativa, porém todos os soldados, dos quais alguns eram bem mais velhos do que ele, se declararam dispostos a segui-lo. Começa, então, a aventura: uma marcha que atravessa a Anatólia, o mar Negro e os Bálcãs até chegar à Áustria. "Sem mapas, confiando apenas na geografia aprendida na escola, e exigindo, ao longo do percurso, que as populações civis fornecessem alimento tanto para as montarias quanto para a tropa", os homens conseguem chegar de volta à sua terra natal. "Lá, ninguém esperava por nós." Trata-se de uma viagem através de um mundo em transformação: impérios que desmoronam, revoluções socialistas, lutas por independência nacional, guerras anticoloniais, para não falar da fome, da doença e da miséria.

Sente-se, agora, um "terrível dilaceramento", escreve Käthe Kollwitz em seu diário. Em Berlim ocorrem, diariamente, assembleias, manifestações, explosões de violência. Até mesmo os "aleijados de guerra" exibem seus ferimentos e expõem suas exigências na rua: "Não queremos piedade e sim justiça!". A social-democracia encontra-se no limiar de uma cisão. Os aliados se recusam a entabular conversações de paz com um governo revolucionário, e até mesmo se recusam a fornecer alimentos à Alemanha antes que seja estabelecido um governo democraticamente eleito. O coração de Käthe Kollwitz bate pelos grupos comunistas, sem os quais nem a guerra teria terminado nem o Kaiser teria sido expulso. Assim como os radicais de esquerda, ela deseja o avanço da revolução, e não sua paralisação. Mas sua cabeça sabe que a Alemanha está à beira do colapso: "Agora será preciso conter os seguidores do movimento Spartakus para sair do caos, e há uma certa justiça nisso". Dói-lhe pensar assim e opor-se àqueles que se expuseram ao fogo das metralhadoras para lutar contra a guerra e contra a fome.

Na noite de Natal, o centro de Berlim é atacado com bombas de gás e com metralhadoras. Há mortos e feridos, tanto no Exército como na Divisão Popular da Marinha, que se entrincheirou no Castelo de Berlim e em suas cocheiras, tendo tomado Otto Wels como refém. Ainda antes da noite de Ano-Novo, os comunistas se retiram do Conselho dos Representantes do Povo e, assim, o Partido Social-Democrata também se vê dividido. Em 29 de dezembro, as ruas em torno da alameda Unter den Linden estão tomadas por uma multidão enquanto os seguidores do movimento Spartakus e os socialistas moderados fazem manifestações simultâneas. Em meio ao tumulto, Käthe Kollwitz perdeu Hans de vista. Ela se esforça para escapar da multidão agressiva que se empurra de um lado para outro.

Na noite de Ano-Novo, Käthe Kollwitz faz um balanço cuidadoso dos últimos acontecimentos: pelo menos a família está novamente reunida, pelo menos todos os queridos que escaparam à guerra estão com boa saúde. Mas "ainda não há paz. A paz certamente será muito ruim. Mas não há mais guerra. Pode-se dizer que, em vez de guerra, temos guerra civil".

Com crescente inquietação, a escultora vê como o conflito entre as diferentes tendências revolucionárias, que desde novembro se torna cada vez mais sério, passa por uma escalada no início de janeiro de 1919. "Aqui em Berlim há greves em todos os lados e em todos os cantos", escreve Käthe Kollwitz em seu diário. E mais tarde: "Falta eletricidade. O fornecimento de água deverá ser suspenso porque o Departamento de Águas está em greve. Enchemos a banheira até as bordas". Enquanto a infraestrutura urbana e o abastecimento da população entram em colapso, os grupos de esquerda partem para a ofensiva. Eles querem evitar a qualquer custo o estabelecimento de uma república de molde social-democrático, já que propõem, em vez disso, estabelecer uma República de Conselhos socialista.

Em 5 de janeiro Hans volta, preocupadíssimo, de uma manifestação ao término da qual, conforme ele relata, ofegante, a redação da revista socialista *Vorwärts* foi ocupada. O material que ali se encontrava estocado, panfletos clamando por uma Assembleia Nacional, foi incinerado em praça pública. A quanto se saiba, outras redações de publicações social-democratas e liberais estão nas mãos dos revolucionários: "Não há nenhum jornal, exceto *Freiheit* [Liberdade] e *Rote Fahne* [Bandeira Vermelha]". Agora o governo social-democrata só pode se pronunciar na imprensa por meio de edições extraordinárias. A população de Berlim é exortada a manifestar-se contrariamente a essas ocupações. Käthe Kollwitz e seu marido, Karl, juntam-se aos cortejos das massas que, em 6 de janeiro, se manifestam em favor da jovem república. Eles se perdem um do outro em meio à multidão. Mais tarde, quando Karl chega exausto em casa, ele traz consigo mais uma notícia chocante: "O governo não dispõe de armas", todas foram tomadas. Ainda assim, ao anoitecer, ouvem-se disparos de canhões. Quem está atirando, se o governo não dispõe de armas? E onde está Hans?

O filho que lhes resta volta tarde para casa, alarmado, exausto, porém ileso. Em voz alta ele se pergunta se deve se juntar às tropas governamentais. "Eu lhe pergunto se ele quer fazê-lo de arma em punho e ele responde que sim." À noite Karl dirige-se mais uma vez à cidade e constata que a Delegacia Central de Polícia está sendo disputada por grupos rivais. Em 11 de janeiro divulga-se a notícia de que a redação da revista *Vorwärts* foi liberada. Käthe Kollwitz parte do pressuposto de que isso representa uma vitória das tropas governamentais. Porém logo fica claro para ela que outras forças estão em ação ali. A redação da *Vorwärts* foi liberada graças à ajuda do Corpo de Voluntários Potsdam, um grupo paramilitar ilegal de antigos combatentes do front que agem contra os revolucionários, munidos de material bélico — lança-chamas, morteiros e metralhadoras. Na noite seguinte o prédio da Delegacia Central de Polícia volta a ser conquistado pelos insurgentes. Käthe Kollwitz sente que as tensões internas se agravam cada vez mais. "Estou muito abatida. Ainda assim, estou de acordo com a repressão ao Spartakus. Mas tenho a perturbadora sensação de que as tropas não estão sendo novamente chamadas à toa, e de que um movimento reacionário está se pondo em marcha. Além disso, essa violência sem medida, esses assassinatos de camaradas — de pessoas que deveriam ser camaradas — é chocante." Nos dias que se seguem, as tendências contrarrevolucionárias se mostram de maneira cada vez mais clara. Numa assembleia que se realiza no Circo Busch a bandeira preta, branca e vermelha do Império é hasteada. Os homens cantam os hinos *Heil Dir im Siegerkranz* e *Deutschland, Deutschland über alles*.* O levante do Spartakus custaria a vida de mais de 150 pessoas.

Em 16 de janeiro, quando parece que a onda de violência terminou, divulga-se mais uma notícia chocante: Rosa Luxemburgo e Karl Liebknecht foram assassinados. Para Käthe Kollwitz, trata-se de um "assassinato covarde e escandoloso". Será que o novo governo alemão estava por trás daquilo?

As eleições para a Assembleia Nacional, contra as quais o levante do grupo Spartakus se dirigia, representam, diante da nova situação, um consolo precário. Käthe Kollwitz também pode votar no dia 19 de janeiro, pela primeira vez em sua vida. A república concedeu às mulheres o direito ao voto: "Me alegrava tanto a perspectiva deste dia e agora ele chegou. Novamente, indecisão e sentimentos ambíguos. Votei na maioria socialista. [...] Mas meus sentimentos me levariam a votar mais à esquerda".

Em 25 de janeiro, Liebknecht é sepultado e, com ele, mais 25 mortos. Käthe Kollwitz quer fazer um desenho daquela figura heroica da esquerda e dirige-se ao velório, de manhã cedo.

* *Heil Dir im Siegerkranz* é um hino popular prussiano que, após a fundação do Império Alemão, em 1871, se tornou o hino do Imperador. *Deutschland, Deutschland über alles*, conhecido como "o hino dos alemães", foi composto em 1841, à época em que a França passou a disputar territórios junto ao Reno. A partir de 1922 tornou-se o hino nacional alemão. [N. T.]

"No velório, junto aos outros, estava o ataúde dele. Em torno de sua testa, dilacerada por um tiro, havia flores vermelhas. Sua face exprimia orgulho, sua boca estava entreaberta e contraída pela dor. Carregava uma expressão um pouco surpresa." Enquanto isso, uma manifestação gigantesca começa a tomar corpo na cidade, pondo-se em marcha em direção a Friedrichshain. Ali uma multidão a perder de vista marcha atrás do ataúde. Käthe Kollwitz está em sua casa, trabalhando em seus desenhos de Liebknecht, mas Karl e outros amigos descrevem-lhe como os berlinenses acorreram em massa, falam-lhe do tumulto e do empurra-empurra até mesmo diante da cova aberta, da viúva de Liebknecht, que desmaia de nervosismo, mas também das unidades das Freikorps (vigilantes voluntários) que, espalhadas pela cidade inteira, zelam pelo trajeto da manifestação. "Como são mesquinhas e hipócritas todas essas medidas. Se Berlim — se uma grande parte de Berlim — quer sepultar seus mortos, isso não é um assunto revolucionário. Até mesmo em meio às batalhas há momentos de tranquilidade, de trégua, para que os mortos possam ser sepultados. É uma indignidade, é uma provocação irritar os participantes do cortejo fúnebre de Liebknecht com militares. E é, também, um sinal de fraqueza do governo sujeitar-se a isso." Mas Kollwitz certamente também sabia que seu desejo de uma República moderada teria malogrado se não fosse pela interferência das Freikorps. Portanto, em certa medida, ela é cossignatária daquele pacto firmado entre a jovem República Alemã e o demônio.

4.
Terra de sonhos

A Guerra destrói o antigo mundo juntamente com seu conteúdo: a supremacia individual em todos os âmbitos. [...] A nova arte trouxe à luz aquilo que a nova consciência do tempo contém: uma relação equilibrada entre o universal e o individual. [...] A tradição, os dogmas e a supremacia do indivíduo (do natural) são impedimentos para a realização da nova arte.

Piet Mondrian, "Manifesto I" da revista *De Stijl*, 1918

Marcel Duchamp, *L.H.O.O.Q.*, 1919

De longe, a visão enevoada da cidade de Nova York o lembra das montanhas de sua terra natal. Alvin C. York está sentado, em 22 de maio de 1919, no convés do *Ohaioan* e seu coração palpita furiosamente de saudade. Quanto mais o navio penetra na foz do rio Hudson, mais claramente surgem as torres de Manhattan, que se erguem em direção ao céu, diante da imensidão azul. Ele esteve fora do país por mais de um ano, sobreviveu à fome e às bombas e, por fim, fez a terrível travessia a bordo daquela embarcação vacilante. Agora, com o porto diante dos olhos, ele se dá conta de que tem certeza de que nunca mais deseja abandonar o continente onde nasceu. Enquanto o navio passa ao longo da Liberty Island, York olha nos olhos verdes da Estátua da Liberdade. "Olhe para mim, velha menina", diz-lhe ele, em pensamento, "olhe bem para mim, pois, se você quiser me ver novamente, terá que se virar para trás."

No cais do porto de Hoboken uma delegação da Tennessee Society está pronta para recepcioná-lo, e um bando de repórteres fotográficos se acotovela, disputando um olhar dele, um sorriso, um gesto de vitória. Outra vez estou sendo alvejado, pensa York, furioso. Já antes de sua partida da França ele foi obrigado a se acostumar a ser importunado pelos repórteres: o general Ferdinand Foch em pessoa o condecorou com a *Croix de guerre*. Em seguida, York recebeu uma dispensa especial em Paris, onde, como um turista exemplar, visitou as principais atrações da cidade. A capital francesa lhe pareceu "bem decente". Ainda assim, os boulevards lhe pareceram interminavelmente longos e monótonos, de maneira que ele sempre voltava a se perder.

Em Nova York o perplexo Alvin York do Tennessee é colocado num carro aberto. O veículo, negro, penetra no burburinho das gargantas das ruas de Manhattan. A multidão que se acumula ao longo do seu caminho é tão grande que o automóvel avança na velocidade de um transeunte, sendo obrigado a deter-se a cada instante. Onde quer que York apareça, brados de júbilo se erguem da multidão. Nas ruas todos parecem conhecê-lo. Beijos e flores voam em sua direção. Será que todos os soldados que voltam da guerra são recebidos dessa maneira?, pergunta-se York. Ele não faz ideia de quanto os Estados Unidos precisam de *sua* história, quão importante é, para o país, um soldado como ele que, em meio ao morticínio mecânico, maciço e anônimo, realizou pessoalmente, por assim dizer de maneira artesanal, um ato de heroísmo.

O automóvel se detém diante do portal imponente do Waldorf Astoria. Um porteiro se adianta e abre a porta. Através do luxuoso saguão, York é conduzido diretamente ao elevador, e de lá a uma suíte com vários cômodos. Dizem-lhe para descansar um pouco. No quarto há uma enorme cama de casal.

À noite ele é levado a um banquete. Há discursos de militares e de homens de Estado, cujos nomes ele não é capaz de guardar. Quando o jantar começa a ser servido, York come muito devagar. Isso lhe permite observar seus vizinhos de mesa, para saber qual é a sequência certa na utilização do vasto sortimento de copos, pratos e talheres de prata que se encontra à sua frente. O burburinho lhe causa vertigens. Ele preferiria sair, respirar o ar fresco e caminhar um pouco. Não era isso que tinha em mente quando pensava na fama adquirida no campo de batalha.

Na manhã seguinte, Alvin York levanta cedo e escapa do hotel para caminhar um pouco. Não é assim tão depressa que uma pessoa se desfaz de seus hábitos! O ar fresco e o movimento lhe fazem bem. Mas logo à mesa do café da manhã ele volta a ser assediado. Os senhores da Tennessee Society lhe pedem que lhes diga quais são seus desejos. Ele poderia dizer o que bem imaginasse e seu desejo seria satisfeito. Alvin York pensa um pouco, enquanto os olhares estão ansiosamente voltados para ele. Passado um tempo lhe ocorre uma ideia: gostaria de falar por telefone com sua mãe! Imediatamente um serviçal do hotel deixa a sala, às pressas, para solicitar a ligação. Porém, infelizmente, em Pall Mall, Tennessee, não se encontra ninguém. Mas aquilo não era realmente um desejo, retrucam os senhores. Nova York inteira está a seus pés. Tudo o que ele desejasse, seu sonho mais louco, agora poderia tornar-se realidade. York aflige-se. Logo volta-lhe a vertigem da véspera. Mas, por fim, vem-lhe uma ideia salvadora: aqui em Nova York existe já há alguns anos um dos primeiros trens subterrâneos do mundo. A ideia de percorrer, através de um túnel, a bordo de um veículo tão moderno e em alta velocidade, os subterrâneos da cidade para então desembocar onde se quiser é algo que o fascina há tempos. Os homens caem na gargalhada, mas esse é o desejo dele. Um trem especial é preparado e York passa o resto do dia a bordo, percorrendo os túneis sob o asfalto de Manhattan.

Os dias seguintes ainda reservam muitas emoções. Em Washington ele é recebido na Casa Branca e no Congresso. De volta a Nova York, é levado ao saguão principal da Bolsa, em Wall Street. Não compreende como é possível trabalhar em meio a semelhante tumulto. Por fim, homens vestidos com ternos caros, com grossos charutos entre os dedos, proferem discursos à sua frente. Propõem transformar sua história em filme. Largam tanto dinheiro sobre a mesa que York emudece. Um filme, sim, isto seria importante, diz ele, com a boca seca. Sim, seria bom fazer um filme que mostrasse o que os rapazes americanos foram capazes de fazer na Europa. Não, dizem os homens com seus charutos. Não um filme assim, mas um filme que mostre como York capturou, sozinho, na região da Argonne, todo um ninho de metralhadoras alemãs e aprisionou 132 homens. Mas Alvin York não quer fazer um filme a respeito dessa história: ele preferiria esquecer tudo logo. Ele também não quer escrever artigos de jornal sobre o assunto, nem fazer uma turnê pelos palcos de toda a América do Norte. Ao ouvir a palavra turnê, York se lembra dos artistas itinerantes que certa vez ele viu num teatro de variedades e pergunta aos senhores: "Será que eu não pareceria estranho vestido só com uma malha?". Por fim, ele perde a paciência. Se eles realmente querem oferecer algo de especial, devem enviá-lo de volta para casa o mais rápido possível.

Alvin York parece ser um dos poucos para quem, nessa primeira primavera do pós-guerra, ainda não se desenhou com clareza nenhum sonho diante dos olhos. Os diários, cartas e memórias que documentam o período que vai de fevereiro a junho de 1919 estão permeados por uma energia singular. É como se a volta do calor e da luz depois do fim do inverno tivesse acendido, na vida particular de tantas pessoas, mas também — e principalmente — na arte, aquele mesmo brilho de um cometa que Paul Klee representa em seu quadro. Para muitos soldados, aquele é o tempo da desmobilização e da volta para casa; para eles, como para os civis, aquele é o tempo da volta da esperança de uma vida organizada e de abastecimento garantido. Apesar de todos os sofrimentos, de todas as transformações e de toda a insegurança, muita gente ousa pensar em alternativas naquela primeira primavera depois da guerra, concebendo visões de um futuro melhor. Depois das trevas e dos milhares de derrotas, eles se dão conta de que o sucesso é apenas uma ilusão. E o que vale no âmbito particular vale também no âmbito geral: no grande palco político de Paris têm início, em janeiro de 1919, as negociações em torno dos acordos de paz. Estadistas de todos os países discutem nada menos que uma nova ordem mundial. Todos os participantes se dão conta de que as conversações se estenderão por meses, talvez até mesmo por anos. Seu resultado é incerto. Será a Europa capaz de renovar-se? Ao fim, o mundo vai se tornar diferente?

Desde o cessar-fogo o fluxo de soldados que voltavam para seus lares, em Nova York, era ininterrupto. Moina Michael viu como incontáveis navios ancoravam em Hoboken, diante de Manhattan, na foz do rio Hudson, despejando sempre novos carregamentos de homens exaustos e cinzentos na cidade. No Natal de 1918 ela se postou orgulhosamente em meio à multidão que acenava às margens do rio, enquanto a frota americana, em formação, navegava Hudson acima.

A professora da Geórgia continua a trabalhar para a YMCA nas dependências da Universidade Columbia. Homens e mulheres recebem treinamento antes de ser enviados à Europa, para dar apoio logístico à retirada das tropas. Porém, quanto mais soldados se reúnem em Nova York — seja no porto, seja nos alojamentos para militares desmobilizados, seja nos hospitais —, mais mãos são necessárias do lado americano do Atlântico. Para Moina Michael, isso significa que a guerra, até agora distante, chegou à porta de casa.

Pouco antes do Natal, como cidadã da Geórgia e colaboradora da Georgia Society ela começa a cuidar dos soldados feridos provenientes do seu estado sulino. A sociedade preparou pacotes de Natal para os inválidos que são obrigados a passar a festa longe da família. Moina Michael tem 45 pacotes para entregar em nove hospitais. Seu primeiro paciente se chama Tom Lott. Trata-se de um soldado negro de Mayswill, Geórgia. Sua perna foi amputada junto ao quadril, mas ele é capaz de coxear até a porta de seu quarto, amparado por muletas.

Moina Michael lhe entrega o pacote e um buquê de flores e lhe diz como o estado da Geórgia está orgulhoso dele. O homem sorri, coloca uma flor na lapela e leva Moina para uma volta pelo alojamento. Aquele é um momento de felicidade. Mas, depois que Moina Michael visitou todos os inválidos cujos nomes constam em sua lista, ela também compreendeu que uma grande parte dos que voltaram da guerra, aleijados e traumatizados, não tem nenhuma perspectiva de trabalho remunerado e vai precisar de ajuda por muito tempo, talvez pelo resto da vida. Ela está determinada a não admitir que os norte--americanos, que depois do esforço de guerra, comum a todos, querem se voltar a seus assuntos particulares, deixem para trás aqueles que arriscaram a vida pelo país.

Essas impressões fortalecem o engajamento de Moina Michael na causa das *Remembrance Poppies*, as flores vermelhas de papoula, que toma uma parcela considerável de seu tempo. Já no dia do cessar-fogo ela marcou um encontro com Talcott Williams, o decano da Faculdade de Jornalismo da Universidade Columbia. Enquanto sob as janelas do escritório a multidão mergulhava numa grande onda de celebração, ela lhe falou sobre sua ideia e o homem de cabelos grisalhos se mostrou imediatamente entusiasmado. Ainda naquele mesmo dia, ele entrou em contato com pessoas influentes e começou a escrever para diversos jornais, sugerindo-lhes que fizessem uma entrevista com Moina Michael. Ela sabia que, para que seu sonho se tornasse realidade, e para que se desse uma mobilização nacional em prol da memória dos mortos e da satisfação das necessidades dos inválidos, nenhuma ferramenta seria mais importante do que a imprensa.

Paralelamente, ela escreveu a amigos em todas as partes do país, pedindo-lhes ajuda na divulgação do símbolo da flor de papoula. Por meio de um conhecido, foi enviada uma carta até mesmo ao Ministério da Defesa, na qual seu projeto era descrito. Foram chegando respostas entusiasmadas e algumas das correspondências prometiam, pelo menos, transformar a flor vermelha em símbolo para eventos isolados, ligados à guerra. Porém, para que o projeto realmente pudesse ter sucesso, era preciso que Moina Michael fosse capaz de tomar as rédeas dos seus aspectos logísticos e materiais. Se era para o público norte-americano realmente se entusiasmar com aquele símbolo, uma campanha nacional não era suficiente. Era preciso, também, produzir milhares, talvez milhões de flores vermelhas artificiais. E se ela realmente quisesse ajudar os inválidos, era preciso encontrar uma maneira de ganhar dinheiro usando a marca Flanders Field Memorial Poppies.

Moina Michael não tinha nenhum tipo de experiência com negócios, o que a motivou a procurar um sócio. Por fim, encontrou o designer Lee Keedick. Em dezembro de 1918 os dois assinaram um contrato no qual Keedick se comprometia a conceber um design profissional com uma papoula e uma tocha que pudesse ser usado em broches, bótons, bandeiras e estandartes, a produzir esses objetos e a se empenhar na sua divulgação em todo o país. Também pareceu importante a Keedick proteger legalmente seu design em diferentes países. Moina Michael teve que lhe pagar um adiantamento no valor de cem dólares, que tomou emprestados a conhecidos. Até abril de 1919, conforme os termos do contrato, a campanha deveria estar a todo vapor. Para tanto, a imprensa deveria ser contatada e uma onda de milhares de cartas deveria ser despachada a clubes, sociedades femininas, organizações patrióticas, igrejas, universidades e figuras do mundo da política, de todas as filiações.

Em 14 de fevereiro é chegada a hora: o design de Lee Keedick, que mostra uma tocha rodeada por flores de papoula, é exibido pela primeira vez em Nova York. Naquele dia, o famoso piloto William A. Bishop, de Toronto, está apresentando uma conferência a convite da Aviation Society de Nova York, cujo tema é "Guerra aérea nos campos de Flandres". Tanto o palco como a plateia estão decorados com papoulas vermelhas. Ao fim da palestra, ilustrada por diapositivos, um grande estandarte com o novo logotipo da tocha e da papoula é desenrolado junto à parede posterior da sala de conferências. O poeta canadense James A. Heron explica o que significa aquele símbolo e recita o poema de seu compatriota John McCrae, "In Flanders Fields", que inspirou Moina Michael, assim como a resposta em rima por ela criada, "We Shall Keep the Faith". O evento repercute bem na imprensa. Porém, naquele momento de seu primeiro sucesso visível, Moina Michael já está há mais de duas semanas de volta à Geórgia, trabalhando como supervisora dos alojamentos de uma instituição feminina de ensino superior. Ao mesmo tempo, está retomando sua atividade docente na Universidade da Geórgia. No verão de 1919 ela passa a oferecer cursos especiais aos veteranos de guerra que acorrem, aos milhares, para tratamentos de reabilitação no hospital da Universidade. Enfim, seu sonho com as flores sobre os túmulos parece começar a tomar forma.

Menos de uma semana antes, em 9 de fevereiro de 1919, chegara também o momento da volta ao lar para os Harlem Hellfighters. Muitos dos familiares dos membros desse pelotão tinham embarcado em navios que se colocaram ao largo do porto de Nova York para assim estarem mais próximos no instante da chegada do navio com os soldados. Nenhum deles, porém, pôde retornar imediatamente para suas casas e suas famílias. Em vez disso, eles foram obrigados a passar longos e torturantes dias em Camp Upton, aguardando suas dispensas. Desde a retirada do Reno em direção à cidade portuária de Brest, de onde partiu o navio em direção à América, um tema estivera sempre presente em todas as conversas: a parada da vitória. Os homens do pelotão sonhavam com uma marcha através das ruas de Nova York, que seria o apogeu e o encerramento da história de heroísmo dos soldados negros do Harlem. Todos os perigos, todos os esforços, todos os sofrimentos, todas as humilhações que eles tinham sofrido durante a guerra deveriam ser apagados naquele momento de triunfo. A vergonha de terem sido excluídos, em 1917, das paradas de despedida, finalmente haveria de ser reparada. Aquele deveria ser o início da nova vida que eles mereciam por seus feitos durante a guerra.

Os oficiais em torno de Arthur Little não tardaram a reconhecer que a perspectiva de uma parada tinha um valor pedagógico. A cada vez que um soldado se portava de maneira insubmissa, eles o ameaçavam com a exclusão da parada. Aquele tipo de ameaça mostrou-se extraordinariamente efetivo. Mas será que os Estados Unidos realmente concederiam o triunfo aos soldados negros?

Em Brest, a última estação antes da partida da França, Arthur Little começou a se ver assolado por dúvidas. O comportamento da Polícia do Exército norte-americana naquela localidade levava à conclusão de que as vitórias dos Harlem Hellfighters e as condecorações por eles recebidas da República Francesa não agradavam a todos os norte-americanos. Little ficou sabendo que um dos membros da Polícia do Exército espancara violentamente um soldado negro, causando-lhe ferimentos, só porque ele lhe pedira uma informação. Quando Little interrogou o policial, este alegou que o negro não quisera esperar que ele terminasse uma conversa com um funcionário. Como Little insistiu, ele admitiu que havia uma instrução dos seus superiores. Fora dito que "os pretos" eram salientes demais e era preciso "colocá-los nos seus devidos lugares" para evitar problemas posteriores. Aquele incidente, porém, não significou o fim dos atritos. Pouco tempo depois, membros da Polícia do Exército vieram se queixar a Little, alegando que soldados negros tinham ofendido os membros de sua corporação. "Quem foi que venceu a guerra?", teriam eles perguntado em tom de provocação. Arthur Little deu de ombros. De fato, desde os dias às margens do Reno aquela pergunta tinha se tornado uma espécie de grito de guerra dos Harlem Hellfighters. Mas os soldados vitoriosos não comemoravam apenas a si mesmos, mas todos aqueles que tinham contribuído para a vitória. Em encontros com membros de outras unidades, eles repetiam: "Quem foi que venceu a guerra?". E a resposta incluía aqueles aos quais eles se dirigiam: "Nós e a unidade XY vencemos a guerra!".

Em 17 de fevereiro de 1919 as dúvidas chegam ao fim. Todas as unidades dos Harlem Hellfighters se reúnem na Madison Avenue em Manhattan, a norte da rua 23. Às onze horas chega a notícia de que os dignitários da cidade já tomaram seus assentos. As companhias se colocam em formação larga, quadrada, em forma de falange, como aprenderam com os franceses. Os oficiais se encontram cada qual a poucos passos de distância de suas unidades. À frente do cortejo está a banda militar de Jim Reese Europe. Quando ressoa a ordem "Avante! Marche!" a banda começa a executar uma canção. Mas nem mesmo os noventa instrumentistas do grupo musical são capazes de se sobrepor aos gritos de júbilo que ressoam em direção aos soldados em marcha por todas as ruas de Manhattan. Os nova-iorquinos prepararam uma recepção triunfante para os Hellfighters. Até mesmo um lanche para cada um dos soldados foi oferecido por nobres patrocinadores. Em 17 de novembro de 1919, nas palavras de Little, "Nova York não sabe o que é cor de pele".

Porém a parte mais comovente da parada começa no instante em que os Hellfighters alcançam seu bairro de origem, o Harlem. O comandante ordena que a formação seja mudada. Em vez de avançarem na impressionante falange, agora os soldados devem marchar em fileiras mais estreitas, para que cada um deles possa ser visto e festejado pelos seus parentes, amigos e vizinhos. A banda de Reese Europe agora entoa o ragtime "Here Comes my Daddy Now!" e, ao longo da última milha do percurso, a marcha se transforma em cantoria, em acenos, em risos e, por fim, em dança. A disciplina militar recua diante da alegria transbordante, enquanto mães reconhecem seus filhos e mulheres reconhecem seus maridos, correndo em meio às fileiras dos soldados em marcha e abraçando-os. Ao final da parada, quando a formação se dissolve numa confusão de cabeças, mãos, flores e beijos, muitos dos soldados carregam moças nos braços.

Num carro aberto Henry Johnson, o único herói afro-americano da Primeira Guerra Mundial, participa da parada. Seu corpo ainda está debilitado por causa dos muitos ferimentos sofridos em sua luta de um homem só contra uma unidade do Exército alemão. Os ossos de suas pernas e de seus pés estão tão danificados que os médicos não são capazes de dizer se um dia ele será capaz de andar novamente sem o uso de muletas. Mas Johnson várias vezes se ergue de seu assento e acena com entusiasmo para a multidão, como se a parada inteira fosse apenas em sua honra. Seu rosto brilha, como se ele quisesse gritar à multidão entusiasmada: Quem venceu a guerra? Henry Johnson venceu a guerra!

Harry Truman alcança o salvador porto de Nova York apenas em abril de 1919, depois de cruzar o Atlântico no navio *Zeppelin*, outrora pertencente à Alemanha. O prefeito da metrópole vai de barco ao encontro do navio que entra no porto transportando as tropas. A bordo, uma banda executa a canção "Home Sweet Home". Até mesmo os homens endurecidos pela guerra ficam com lágrimas nos olhos quando a conhecida melodia cruza a água e alcança seus ouvidos. Quando eles desembarcam no porto, os representantes das organizações de benemerência se acotovelam para receber os soldados com presentes.

"Os judeus nos deram lenços; a YMCA, chocolate; os Knights of Columbia, cigarros; a Cruz Vermelha, bolos feitos em casa e o Exército da Salvação — que Deus os abençoe — se oferecia para enviar telegramas gratuitos e nos deu ovos de Páscoa de chocolate de presente." Ainda no píer, um banquete é oferecido aos soldados e Truman, que durante a maior parte da travessia esteve mareado, come o suficiente para alimentar três homens. Em Camp Mills, para onde são levados Truman e seus homens, as celebrações prosseguem no mesmo estilo: os soldados podem se banhar, recebem roupas novas, são alimentados na cantina e depois se entopem com incontáveis bolas de sorvete de frutas servido de gigantescos barris.

Ainda na França, Harry S. Truman escreveu para sua amada Bess, dizendo que o fim da guerra não fazia bem à sua silhueta. Na longa e ociosa espera por embarcar, ele pensava o tempo todo nela. Só ao lado de sua amada ele era capaz de conceber aquele futuro que sempre voltava a imaginar nas cartas que lhe escrevia. Ele não queria ser rico nem pobre, pois aquele era o estado mais propício à felicidade de um homem. Ele teria a melhor de todas as mulheres, com a qual poderia compartilhar todos os problemas e todas as alegrias. Dirigiria um Ford, a bordo do qual poderia viajar pelos Estados Unidos e talvez também pela França. E, além disso, um pouco de política e, vez por outra, uma *dinner party*. Ele também pretendia adquirir, do Exército, um dos canhões com os quais atirara sobre os "hunos". Este, então, seria colocado no jardim diante da sua casa, onde enferrujaria em paz. Ele nunca mais dispararia: assim era seu sonho de uma paz inteiramente particular.

Truman muitas vezes sonhara com o instante em que se dirigiria ao altar, de mãos dadas com Bess, para então despertar, mais uma vez, num buraco na lama perto de Verdun. Truman escrevia a Bess sempre que suas obrigações lhe deixassem um minuto livre. Ele a cortejava, a adulava, suplicava que ela lhe escrevesse e se queixava quando ela não lhe respondia de maneira suficiente. Ela era o que lhe dava alguma segurança em sua incômoda situação transitória. No bolso esquerdo de seu uniforme estava sempre uma foto dela. Ao mesmo tempo, Truman temia que, nos últimos metros do longo caminho, Bess pudesse perder a paciência. Ou, pior ainda, que algo pudesse lhe acontecer depois que ele próprio tinha escapado da morte centenas de vezes. Truman ouvira falar das consequências catastróficas da gripe espanhola, que agora atingia também os Estados Unidos. Muitos de seus camaradas tinham perdido parentes e entes queridos, vítimas do vírus mortal. "Parece que a guerra e a pestilência caminham de mãos dadas. Quando não é a peste negra, é alguma outra coisa, igualmente fatal. Aqui, ouve-se dizer que os pobres russos morrem às centenas e que os malditos hunos se matam uns aos outros como forma de divertimento. Talvez ainda sejamos obrigados a esperar algum tempo até que a era dourada da saúde, da paz e da prosperidade comece, como era durante os dez anos que precederam 1914."

Quando, em certa ocasião, se passou um tempo considerável sem que ele recebesse notícias de Bess, Truman começou a se preocupar seriamente. Pois ela, que estava no centro de todos os seus sonhos de futuro, não lhe escrevera que em sua família haviam aparecido os primeiros casos de gripe? Cartas posteriores lhe trouxeram, então, a terrível consciência de que Bess se encontrava acamada, com febre. Mesmo depois, quando leu que seu estado de saúde melhorara, não era capaz de se tranquilizar. Durante aquelas semanas, Truman sentia como era frágil seu sonho de um pouco de felicidade. No momento de sua chegada a Nova York, a realização do seu sonho lhe parece estar ao alcance das mãos. Truman está convicto de que a economia norte-americana no pós-guerra, quando o dinheiro começasse a jorrar não para a indústria de armas, mas para o consumo, iria crescer enormemente. Com base nesse prognóstico otimista, Truman quer construir seu futuro. E como poderia ele adivinhar que a arrancada da economia tinha fundações de argila?

Em fevereiro de 1919, Rudolf Höss volta, depois de meses de errância, à sua Mannheim natal. Durante o serviço militar, pouco tempo depois de seu pai, também sua mãe morreu. Numa carta ela ainda o lembrou das instruções do falecido chefe de família, de que deveria se tornar sacerdote. Logo à sua chegada, seu tio, que fora nomeado seu tutor, e todos os demais parentes o lembraram de que ele teria que ir para um seminário de padres. Os bens da casa dos pais de Höss já tinham sido repartidos entre a família. Suas irmãs haviam sido internadas num colégio de freiras. "Foi então que senti a verdadeira perda de minha mãe. Eu não tinha mais um lar! Eu estava ali, abandonado, sem ter a quem recorrer."

O tio insiste que a vontade do pai tem que ser realizada. Recusa-se a entregar o dinheiro herdado por Höss a menos que ele siga aquela determinação. Mas durante a guerra Höss já estava em dúvida acerca de sua vocação para o sacerdócio e não quer, de maneira nenhuma, submeter-se à vontade de sua família. Por isso resolve renunciar à parte que lhe cabe na herança em favor de suas irmãs e registra em cartório a decisão. "Eu seria capaz de me arranjar sozinho."

Pouco tempo depois, Rudolf Höss viaja para o leste do Império Alemão, onde o tenente-coronel Gerhard Rossbach organizou uma Companhia de Artilharia Voluntária. Essa Freikorps se coloca, no início de 1919, sob as ordens do Exército Imperial Provisório e serve na segurança da fronteira oriental. Os combatentes dessa Freikorps consideram que a derrota da Alemanha tenha sido a consequência de uma traição e só toleram o novo governo por considerarem que se trata de um fenômeno transitório. Eles permanecem armados, prontos para o momento adequado para revidar.

Quando Höss se junta à corporação de Rossbach, subitamente lhe parece que todos os seus problemas se resolveram. Agora ele tem uma profissão e um soldo, uma figura paterna, uma crença política quase tão firme quanto uma religião e "um lar, um abrigo na camaradagem dos seus companheiros de armas. E, estranhamente, eu, um solitário, que sempre tinha sido forçado a me entender sozinho com minhas experiências íntimas e com minhas emoções, sempre me senti atraído pela camaradagem, na qual cada um pode confiar incondicionalmente no outro diante do perigo e da necessidade".

Para Virginia Woolf, 1919 começava com uma mandíbula dolorida e latejante. Um dente lhe fora arrancado. Em seguida, ela fora tomada por dores de cabeça fortíssimas, sentindo-se tão cansada que se viu obrigada a passar duas semanas acamada, "um caso difícil e demorado, que baixava e voltava a se erguer como a neblina num dia de janeiro". Quando, por fim, ela pôde se levantar, no fim de janeiro, Leonard lhe permitia apenas uma hora diária de trabalho na escrivaninha. Mas até mesmo durante esse tempo tão parcimoniosamente medido datilografar era algo que lhe parecia muito difícil, porque os músculos de sua mão direita se contraíam "como a mão de um serviçal". "Estranhamente, essa mesma rigidez me acomete quando tento criar frases", observava ela, resignada.

O tempo que ela passava escrevendo em seu diário não era contabilizado por Leonard como parte daquela hora diária de trabalho autoral. Além disso, às vezes ele se ausentava, de maneira que Virginia Woolf nem sempre era obrigada a observar rigorosamente suas determinações. Ao contrário do seu trabalho de escritora e de resenhista, que era feito na máquina de escrever, seus diários eram escritos à mão, com uma caneta-tinteiro. Ali não havia rigidez nem bloqueios, as frases corriam "num galope rápido e ousado". Mesmo quando, diante da rapidez de semelhante fluxo de letras, surgia alguma formulação desastrada, "que balança de maneira insuportável sobre o calçamento de pedras", ela considerava que a vantagem desse método era que, por meio dele, chegavam ao papel certos assuntos que, se a autora tivesse parado para pensar, jamais teriam passado pelo crivo de seu entendimento crítico. Essas observações livres de censura pareciam ter, para Virginia Woolf, um valor tão inestimável quanto não reconhecido — como "diamantes sob um monte de poeira".

Efetivamente não havia muito a ser descrito naquele inverno de 1918 e 1919, exceto os encontros com amigos e com conhecidos, a busca penosa por empregados adequados e as consequências de uma onda de greves que não parecia ter fim e que, aos olhos da escritora, representava para a Inglaterra de 1919 um fardo ainda maior do que fora a guerra antes. "Se eu fosse um pintor, me bastaria um pincel mergulhado em tinta cinzenta para representar o tom daqueles onze dias. Com ele eu percorreria uniformemente a tela, em sua totalidade. Mas aos pintores escapam pequenos detalhes. Havia pontos de luz, havia nuanças sob a superfície, que agora já não é mais possível desvelar."

Com efeito, havia movimentos sob a superfície de um inverno monótono, cinzento-amarronzado, na província inglesa. Naquele inverno após o fim da guerra, Virginia Woolf deu os primeiros passos num caminho cujo fim ela só intuía vagamente. Ela reflete sobre esses rumos no ensaio "Modern Novels", publicado em 1919 no suplemento literário do *Times*. Nesse ensaio, Woolf critica severamente os escritores ingleses de seu tempo, considerando-os "materialistas", apegados às aparências dos seus personagens e às convenções literárias tradicionais. "A vida é uma aura reluzente, um manto semitransparente, que nos envolve do início de nossa consciência até o seu fim. Acaso não é o dever do romancista transmitir esse espírito mutável, desconhecido e incompreensível, juntamente com todos os seus desvios, com toda a sua complexidade e com a adição de tão poucos aspectos externos e estranhos quanto possível?" O escritor deve seguir a consciência dos seus personagens através de seus caminhos bizarros e, ao fazê-lo, não deve temer perder-se em detalhes. James Joyce, a quem pouco tempo antes ela ainda desprezara como autor para sua editora, agora lhe parecia o único exemplo válido, na literatura de língua inglesa, de um escritor que capturou o fluxo da consciência humana.

Em seus contos "The Mark on the Wall" e "Kew Gardens", publicados em 1919 em sua própria editora, mostram-se os primeiros germes dessa nova colheita. Mas seriam seus brotos considerados interessantes por alguém? Faria alguma diferença o fato de ela realmente conseguir colocar a vida verdadeira entre duas capas de livro? O público tomaria conhecimento do romance de uma psiquiatra silenciosa que tomava notas enquanto seus pacientes, deitados sobre um divã, davam rédeas a seus pensamentos?

Num primeiro momento, Virginia Woolf não tinha outra maneira de ganhar a vida exceto continuando a escrever resenhas, obrigações que ela, quando se encontrava em boa forma, cumpria com a maior eficiência possível. Por meio de um amigo abriram-se para Virginia Woolf contatos com a respeitada revista *Athenaeum*. Em sua visita de apresentação, ela tomou chá com a redatora responsável pela seção de literatura, Mary Agnes Hamilton, que a instou a chamá-la de "Molly". Virginia sentiu-se claramente distanciada dessa senhora enérgica "assim como de sua capacidade de pensar como um homem & seu entendimento forte e confiável & sua vida independente e segura de si mesma". Porém, a conversa com a redatora, em cuja escrivaninha havia pilhas de manuscritos, cujo escritório ressoava com as fofocas do mundo literário e que a interrogava acerca de seus projetos, foi, ainda assim, uma oportunidade para que Virginia se sentisse "um pouco profissional".

Em março a escritora dava os últimos retoques no manuscrito do romance *Noite e dia*, no qual ela vinha trabalhando desde 1916. Tratava-se de "correções mesquinhas e aborrecedoras", antes de enviar o pacote à editora de Gerald Duckworth. Enquanto isso, a primavera tinha chegado: "Porém, é preciso admitir que, embora o céu esteja negro como água na qual alguém lavou as mãos, há um pássaro que canta de maneira romântica e generosa junto à janela. Em nosso passeio, hoje, passamos por amendoeiras no auge de suas florações. Os narcisos estão a ponto de se abrirem". Os meses que se passaram até a publicação do livro, cujo enredo gira em torno de dois casais e da afasia e do enrijecimento da sociedade britânica no período anterior à Primeira Guerra Mundial, foram tensos. Durante duas manhãs e duas tardes, enquanto Leonard lia os manuscritos, ininterruptamente, ela o rodeava, aflita, observando-o, temerosa, em busca de possíveis sinais de aprovação ou reprovação do marido.

Quando, então, tendo terminado a leitura, ele deu seu parecer elogioso, Virginia Woolf sentiu como se uma pedra tivesse sido tirada de cima de seu coração. Só agora ela era capaz de confessar a si mesma suas esperanças de que o livro realmente tivesse determinadas qualidades, de que tivesse algum sucesso e se destacasse da produção literária medíocre de sua época. Ao mesmo tempo, porém, ela se sentia impelida a refrear o próprio otimismo: "Eu certamente não tenho esperanças de que haja uma segunda edição".

Ao conversar com Leonard, ela se defendeu de sua observação de que o livro seria um tanto melancólico: "Quando se trata das pessoas de um modo geral & se quer dizer o que se pensa, como é possível escapar à melancolia? Ainda assim, eu não me deixo tomar pela desesperança — mas os acontecimentos são profundamente repugnantes & como as respostas comuns não bastam, somos obrigados a tatear em busca de novas, & o processo por meio do qual as velhas respostas são jogadas fora enquanto ainda não se tem nenhum tipo de certeza acerca do que virá em seu lugar é triste".

Virginia Woolf acreditava que a maior imposição da escrita era o fato de ela ser tão dependente dos elogios. "Sem receber elogios, tenho dificuldade em começar a escrever de manhã." Ela ansiava por libertar-se da instabilidade dos elogios, da duvidosa estima dos cumprimentos, do valor dos que os faziam e das suas possíveis intenções ocultas, de suas próprias tentativas de adivinhar o significado de um silêncio. Que bom seria se ela fosse capaz de se concentrar "no fato central", no "fato do meu próprio prazer na arte!".

À época de Pentecostes, em 1919, na volta de um passeio primaveril a Asham, Virginia e Leonard encontraram pilhas de cartas sobre a mesa do vestíbulo. Surpreso, o casal começa a abrir os envelopes. Trata-se de encomendas do conto de Virginia Woolf "Kew Gardens". São tantas as encomendas que elas cobrem todo o sofá e os dois são obrigados a fazer pausas em seu trabalho de abrir a pilha de envelopes. Uma resenha muito elogiosa, publicada no suplemento literário do *Times*, desencadeou aquela onda de interesse. A noite dos Woolf começa com uma alegre excitação e termina com uma briga, porque os dois estão "eletrizados pela excitação a partir de polos opostos". Parece até que Leonard está um pouco enciumado, enquanto Virginia, que "ainda dez dias antes" estava pronta a "enfrentar um completo fracasso", está eufórica e não quer deixar arrefecer a alegria por seu sucesso tão ansiosamente esperado. Mas isso não é fácil no meio de uma briga e da necessidade de imprimir manualmente noventa exemplares de "Kew Gardens".

Para tanto, é preciso "recortar as capas, imprimir os títulos, colar as lombadas &, por fim, despachar os livros". Ainda assim, "que sentimento maravilhoso me tomou durante estes dias!". Se ao menos esse sentimento pudesse perdurar, se surgisse mais frequentemente, mais regularmente, mais bem dosado, "em pequenos goles"! Pois "o nervo da alegria logo se torna obtuso" e "os amigos esmagam os botões das flores". Poderá ela tomar o próximo gole da excitante bebida do sucesso ou terá que provar do amargo cálice do desprezo?

Em março de 1919 Terence MacSwiney é libertado da prisão na Inglaterra. Ele ainda não cumpriu totalmente sua pena, mas os órgãos públicos levam em consideração o fato de que sua mulher, Muriel, foi contagiada com a gripe e se encontra em estado grave. Assim o combatente da resistência retorna à sua cidade natal, Cork. Durante sua ausência, ele foi honrado, ao menos nos círculos da resistência irlandesa contra o Império e em meio aos membros do recém-eleito Parlamento irlandês, o Dáil Éireann.

Logo depois de sua volta, MacSwiney viaja a Dublin para participar de sua primeira reunião como membro do Dáil, em 1º de abril de 1919. As reuniões se dão em meio a medidas rigorosas de segurança. O governo britânico continua a não reconhecer o Dáil. Apesar disso, os combatentes pela independência conseguem sentir seu sonho de um Estado irlandês autônomo mais próximo do que nunca.

Terence MacSwiney participa vivamente dos debates no Parlamento irlandês, mas engaja-se, sobretudo, nas questões financeiras da república fantasma da Irlanda. Seu "ministro das Finanças" chama-se Michael Collins. Juntos, eles trabalham no planejamento e na realização de uma imensa ação para obter donativos, de maneira a encher o caixa do futuro Estado. A ação não deve se concentrar apenas na Irlanda, mas deve também estender-se sobre a América do Norte, para onde, desde o século XIX, emigraram muitos irlandeses. Terence MacSwiney organiza seu território de arrecadação, Cork, de maneira tão firme quanto previdente. Só ele e seus colaboradores mais próximos conhecem os líderes dos cinco principais distritos da região, que não podem ter nenhum tipo de contato uns com os outros. O âmbito local da organização, que lhe é subalterno, está organizado da mesma maneira, de tal forma que se torna muito mais difícil para a polícia descobrir a rede inteira de um só golpe. Em Dublin é publicada uma brochura na qual são enumerados os potenciais financiadores das despesas ligadas ao interesse comum. O dinheiro deve ser empregado na criação de instituições de Estado, na contenção da emigração destrutiva, por meio do fornecimento de terras e de trabalho às pessoas, no reflorestamento da Irlanda, no fomento à indústria e à pesca de alto-mar, enfim, tudo o que seja capaz de fortalecer a Irlanda, moral e materialmente. Só depois que o solo foi preparado com argumentos desse tipo é que os emissários passam a bater de porta em porta para coletar dinheiro e objetos de valor.

A polícia está no encalço dos conspiradores e vai se aproximando perigosamente de MacSwiney e de seus camaradas. Várias vezes ele é submetido a revistas, porém sempre é cuidadoso o suficiente para não ter consigo qualquer material suspeito. Quando os MacSwiney se mudam para uma nova casa, na segunda metade de 1919, sua alegria dura pouco. "A atenção de 'velhos amigos' era tão avassaladora", escreve ele a um amigo, "que ainda antes do Natal tivemos que ser novamente evacuados. Os 'amigos' eram vistos com tanta frequência que alguns deles me seguiam até a nossa casa anterior, convidando-me para um novo período de 'férias' do outro lado do mar. Mas eu já passei tempo demais em férias desse tipo ao longo dos últimos cinco anos. Dessa vez, fui obrigado a recusar o convite."

Apesar de muitas dificuldades, a arrecadação de donativos acumulou, apenas no distrito de MacSwiney, mais de cinco mil libras em notas de dinheiro e em ouro, que foram despachadas para Dublin. A campanha, vista como um todo, foi tão bem-sucedida que o "ministro das Finanças" Michael Collins começou a pensar num sistema secreto de imposto sobre a renda irlandês. Assim, desenham-se no horizonte os contornos de uma nova existência comunitária irlandesa — mas também o front de uma guerra implacável, que logo alcançará seu apogeu sangrento.

O *Hartal*, isto é, a greve geral para a qual Gandhi convocou os indianos, começou em 30 de março de 1919. Primeiro o movimento paralisou Déli por um dia. Hinduístas e muçulmanos deixaram o trabalho, encontrando-se numa grande procissão no centro da cidade. "Aquilo era mais do que os responsáveis pela administração colonial poderiam suportar. A polícia deteve a procissão do *Hartal* no instante em que ela se aproximava da estação ferroviária, abriu fogo, deixando mortos e feridos, e o governo da opressão teve início em Déli." Os acontecimentos tomaram um rumo semelhante alguns dias depois, em Lahore e, de maneira ainda muito mais terrível, na cidade bengalesa de Amritsar. Lá, a classe superior britânica está convicta de que, diante da crescente mobilização, é preciso dar um exemplo aos indianos. Na Jallianwala Bagh, uma praça em Amritsar, aglomerou-se uma grande multidão de manifestantes, em 13 de abril de 1919. Quando foram vistos os primeiros sinais de distúrbios, o comandante britânico Reginald Dyer deu ordens a seus soldados para que disparassem contra a multidão. Como a praça é cercada por muralhas, não há como escapar e quatrocentos manifestantes morrem em meio à tempestade de balas.

Alguns dias antes, em Bombaim, o próprio Gandhi é testemunha do agravamento da situação. Em 6 de abril, uma grande multidão ocupa, primeiramente, a praia de Chowpatty, para então marchar em bloco numa procissão que se dirige à praça central da cidade, Madhaw Bagh. Numa mesquita nas redondezas, Gandhi faz um discurso. Num ato de desobediência civil, dois de seus livros que foram proibidos pela administração colonial são impressos e agora oferecidos à venda para o público. O próprio Gandhi caminha, à noite, pelas ruas de Bombaim vendendo a mercadoria proibida. Muitos passantes lhe dão somas maiores do que o preço do livro e todos os compradores recalcam, por um instante, o medo de serem presos. Os representantes do governo colonial não intervêm, mas, ao anoitecer do dia seguinte, surgem rumores de que Gandhi estaria prestes a ser preso. Ele se encontra a caminho de Déli e de Amritsar quando recebe uma notificação de que está proibido de ultrapassar a fronteira do Punjab. Na estação de trens seguinte, Gandhi é capturado pela polícia e levado de volta a Bombaim, por um caminho tortuoso. Ao chegar ali, ele vê que na região sul do centro da cidade há uma enorme aglomeração humana. Quando as pessoas reconhecem Gandhi, ecoam gritos de júbilo. Forma-se uma procissão que, no entanto, é contida por uma fileira de policiais a cavalo. Os cavaleiros galopam sobre a multidão. Só por pouco Gandhi escapa das lanças dos vigilantes da ordem, enquanto a multidão se dispersa, em pânico. "Alguns foram pisoteados, outros foram maltratados e gravemente feridos" e, ainda assim, os cavaleiros continuam no ataque, abrindo caminho em meio à densa massa humana. Por um instante parecia que o sonho de um movimento pacífico contra o governo colonial estava por realizar-se, mas ele não demorou a se transformar em pesadelo. É possível uma revolução sem violência e sem derramamento de sangue?

A ideia que George Grosz faz de uma noitada divertida parece bastante convencional para um artista de vanguarda, como uma fantasia masculina comum, proveniente de um sonho erótico. As condições necessárias para sua realização ficam por conta de um amigo, o fotógrafo Erwin Blumenfeld, que furtou dezesseis garrafas de vinho da adega dos pais. Grosz preparou um cartaz no qual se lê: "Formosas donzelas da sociedade, com talento para o cinema, são convidadas a se apresentarem numa festa no ateliê do pintor Grosz, às oito horas da noite. Trajes noturnos! Olivaerplatz 4". Com cartazes assim presos ao corpo, Grosz e Blumenfeld desfilam pelo Kurfürstendamm. A ação é um grande sucesso. À noite juntam-se aos onze convidados do sexo masculino, todos eles amigos artistas de Grosz, mais de cinquenta jovens excitadas — todas elas com a esperança de serem descobertas pela indústria do cinema. O afluxo de gente é tão grande que a entrada para os aposentos do ateliê logo tem que ser fechada. Para dar ímpeto à festa, Grosz dá uma ordem: todos os convidados devem se livrar de suas roupas. Os artistas do sexo masculino, porém, entrincheiram-se na cozinha e decidem permanecer vestidos. Quando voltam, as pretensas estrelas de cinema já estão despidas e a "orgia" tem início: "Todos se embebedavam, as garrafas vazias eram atiradas na rua através das vidraças da janela do ateliê, cacos, gritos, escarcéu. Enquanto todos batem palmas, extasiados, Grosz se estende sobre uma chaise longue no meio do estúdio, ao lado de Mascha Beethoven n Trippa", escreve, mais tarde, Blumenfeld. Dois dias depois da festa, Blumenfeld desperta, na banheira de Grosz, enregelado, privado de seu terno azul, que alguém deve ter furtado.

"Foram anos selvagens", é como George Grosz resume o pós-guerra em Berlim. Todos os tipos de grilhões pareciam ter sido relaxados. "Uma onda de pecado, pornografia e prostituição se abatera sobre o país inteiro. '*Je m'en fous*', diziam todos, 'quero, finalmente, me divertir um pouco.'" Efetivamente, porém, aquele era um tempo "cansado e monótono". A única coisa que parecia alegre, ao menos na superfície, era a espuma colorida da vida noturna e da vida artística. Mas abaixo dela estavam as correntes da fome, da destruição e da violência. Sensível, Grosz registra a agressividade escancarada de seus contemporâneos. Enquanto os clubes noturnos de Berlim são invadidos por saxofones e por banjos, enquanto os corpos têm convulsões eróticas no shimmy, cresce a tensão entre os polos políticos cada vez mais radicais: "Fora, um grupo de homens vestidos com camisas brancas canta: 'Alemanha, desperte! Judá, morra!'. Atrás deles vinha outro grupo, marchando em fileiras de quatro, que gritava, num coro ritmado: 'Heil Moscou! Heil Moscou!'. Depois, sempre havia gente caída, com a cabeça ferida, com o fêmur despedaçado e, ocasionalmente, com ferimentos à bala na barriga".

Agressões e violência são, desde sempre, temas da arte de Grosz. As circunstâncias lhe oferecem provas suficientes de que, nesse sentido, a república tampouco significou um novo início. Diante da derrota, das transformações, da infelicidade e da intranquilidade generalizada, ele realiza "meetings", junto com seus amigos artistas, em bares e em pequenos teatros. Os espectadores pagam um punhado de marcos como entrada para então ouvirem os atores, que lhes dizem "a verdade". A "verdade", via de regra, consiste em tiradas ofensivas, lançadas sobre os espectadores: "O senhor aí, seu monte de merda velha — sim, o senhor mesmo, com o guarda-chuva, seu jumento estúpido", ou: "Não ria, seu boi chifrudo...". Os espectadores se retorcem de rir diante da quebra de todos os tabus. No palco as pessoas também não observam as boas maneiras. O escândalo torna-se ainda maior quando alguns dos atores estão bêbados. "Nós éramos o niilismo completo, em sua forma pura. Nosso símbolo era o nada, o vácuo, o vazio. [...] Nós simplesmente ridicularizávamos tudo. Não havia nada que fosse sagrado para nós. Cuspíamos em cima de tudo e aquilo era o Dadá."

O formato das apresentações dadaístas variava conforme a ocasião, como por exemplo na apresentação de uma "corrida entre seis máquinas de escrever e seis máquinas de costura, concomitante a um torneio de insultos", que termina com uma pancadaria geral. A pergunta sobre o verdadeiro significado de "Dadá" é discutida de maneira acalorada pelos participantes do movimento. Os altos funcionários da nova corrente artística portam títulos bem sonoros, como "Dadá-Chefe" ou "Diplomata-Dadá" e passam muito tempo discutindo uma questão fundamental. Será "Dadá" "a arte (ou também a filosofia) da lata do lixo", tal como ela é proposta por Kurt Schwitters em suas colagens feitas a partir de refugos e de anúncios impressos, por ele denominadas "arte do rebotalho"? Até mesmo o "Dadacon", a bíblia do movimento, constituída por recortes de jornal colados uns aos outros, é incapaz de levar a uma conclusão definitiva. Pouco depois do levante do movimento Spartakus é fundada uma revista que pretende se tornar o órgão central do movimento dadaísta berlinense. *Jedermann sein eigener Fussball* [A cada um sua bola de futebol] é o título da publicação. A primeira edição estampa um poema de Walter Mehring cujo título é "O coito na casa das três donzelas". Essa obra tem sua culminação numa paródia do hino nacionalista "Die Wacht am Rein": "Um chamado ressoa, como um trovão/ Como o tilintar de espadas e o retumbar de ondas/ Uma mulher alemã e uma bebedeira alemã/ Ai, homem, desabotoa minha cintura!". Não demora para seu autor ser convocado a depor na Justiça e a publicação recém-fundada é proibida logo após a primeira edição.

Marcel Duchamp, que naquele mesmo ano voltou de Nova York para Paris, enriquece o movimento internacional do Dadá por meio dos seus "ready-mades". Ele cria esculturas a partir de objetos encontrados: um suporte para secar garrafas, um garfo de bicicleta, um urinol. Em Paris, por ocasião do quarto centenário da morte de Leonardo da Vinci, ele intervém numa reprodução de um dos mais importantes ícones das artes plásticas: a *Gioconda*. Desenhando sobre o rosto da dama com o sorriso enigmático um bigode e um cavanhaque, ele não só ironiza com esse gesto de vandalismo artístico o cânone artístico e seus ícones sagrados como também convida para uma brincadeira com os gêneros masculino e feminino. Com o mesmo propósito, ele adota o pseudônimo artístico Rose Sélavy, uma alusão a "L'Éros, c'est la vie" [Eros é a vida], representando a si mesmo como mulher. À Mona Lisa de bigodes ele dá o título *L.H.O.O.Q.*, possivelmente uma referência fonética à frase "*Elle a chaud au cul*" [Ela está com o traseiro em chamas]. Numa entrevista, o próprio Duchamp interpreta o título como "Há um fogo lá embaixo". Mas o dadaísmo não é apenas escárnio com a tradição e com os dogmas, não é apenas provocação à decência, aos bons costumes e à moral. Os dadaístas também parodiam as formas dos movimentos revolucionários de sua época. Ao mesmo tempo, sua maneira direta de se expressar contém um impulso libertário. E os dadaístas sabem bem do que desejam se libertar. Mas para que querem ser livres é uma pergunta difícil de responder: liberdade para os impulsos artísticos? Liberdade para os impulsos e o aspecto anárquico da natureza humana? Não teria sido possível estabelecer uma nova sociedade sobre tais fundamentos. Mas a reconquista do direito de autodeterminação e do desejo, depois de anos de submissão do indivíduo à inexorabilidade do poder da guerra, é um objetivo compensador para o dadaísmo.

Em 6 de fevereiro de 1919 seria o aniversário de Peter, o filho de Käthe Kollwitz, que teria completado 23 anos. Para a mãe, o dia e as lembranças já se anunciaram nos sonhos da noite anterior. Kollwitz apanha desenhos feitos por ela durante os anos de guerra para transformá-los em litografias. Nos desenhos a artista representa a si mesma, com seus filhos nos braços. Protegendo-os, a mãe cobre com seus braços Hans e Peter. A representação é simples, espartana e muito séria. Não há aqui nenhum rastro da atitude irônica do Dadá. Enquanto Käthe Kollwitz está trabalhando, uma nova onda de violência irrompe sobre a cidade e, mais uma vez, há pais e há filhos que morrem.

O ex-marinheiro Richard Stumpf retornou de Wilhelmshafen para sua cidade natal, Nuremberg, logo depois de sua dispensa. Porém, diante da difícil situação econômica do pós-guerra, ele não consegue emprego em sua antiga profissão de soldador, nem em nenhuma outra. Assim, depois de proclamada, em 7 de abril de 1919, uma República de Conselhos, Richard Stumpf sente-se na obrigação de se opor a ela. Suas experiências com a revolução alemã, que o privou de sua fama de soldado, foram, desde o início, ambivalentes demais. O novo regime tem muito pouco a oferecer a alguém como ele, que se sacrificou pela pátria.

Stumpf se integra a uma corporação de voluntários que marcha em direção a Munique para combater a República de Conselhos. Já nos primeiros dias de maio de 1919, os defensores da República são derrotados pelo Exército Imperial e por todas as corporações de voluntários que vêm de toda a Alemanha. Com seus próprios olhos, Stumpf vê como a vitoriosa contrarrevolução procede com os supostos e com os verdadeiros membros do movimento Spartakus. No dia 6 de maio de 1919, membros da Irmandade St. Joseph são apanhados por uma patrulha na sede de sua sociedade, na Maxvorstradt, um subúrbio de Munique, porque alguém os denunciou como membros do movimento Spartakus. Eles são enfileirados na rua. Em voz alta, eles alegam inocência. Mas o capitão Von Alt-Stutterheim os acusa de terem transgredido a proibição de reuniões. Sete dos presos são executados a tiros num pátio, sem nenhum processo judicial. Os demais são aprisionados num porão, onde são espancados com tamanha brutalidade por soldados embriagados que outros catorze morrem. Seus cadáveres são então saqueados e despidos. Dois soldados embriagados fazem uma dança da vitória junto aos corpos deformados. Depois de testemunhar os acontecimentos daquele dia, Stumpf se desliga da Corporação de Voluntários.

Durante a segunda semana de maio de 1919 Alma Mahler, acompanhada de sua filha Manon, chega a Berlim para visitar o marido, Walter Gropius. Trata-se de uma visita de despedida, ainda que o casal não esteja ciente disso. O início da viagem através da Tchecoslováquia, recém-independente, já é um desafio. A mãe e a filha mal chegam a Berlim e têm uma notícia terrível. Martin, o filho que nasceu em agosto de 1918 do relacionamento entre Alma Mahler e Franz Werfel, morreu num hospital de Viena. Por causa de uma hidrocefalia congênita, ele estava internado desde fevereiro. Sua morte já vinha sendo anunciada havia tempo, porém, dos três responsáveis pela criança de apenas nove meses, nenhum estava presente durante suas últimas horas de vida. Gropius transmite a Alma Mahler a triste notícia e acrescenta, em voz baixa, que teria preferido que ele mesmo tivesse morrido. Mas o luto e a compaixão dos adultos para com a criança doente evidentemente se mantinham dentro de certos limites, ainda que Franz Werfel acuse a si mesmo de ter desencadeado o parto prematuro da criança por meio de um ato sexual excessivamente impetuoso.

O casal Gropius logo é solicitado em Weimar, onde Walter há pouco tempo foi nomeado diretor na recém-fundada Bauhaus. Assim, obrigações sociais estão à espera de ambos, e eles as cumprem. Mas toda aquela sequência interminável de compromissos sociais lhes mostra a que ponto eles se tornaram estranhos um ao outro. A Bauhaus, com seus estudantes malvestidos, política e artisticamente radicais, não interessa a Alma. Os sonhos revolucionários de um novo mundo, que a arquitetura da Bauhaus quer criar, lhe parecem suspeitos, como lhe parece suspeito tudo o que é revolucionário.

O calor de seus primeiros encontros há tempos se transformou numa fria distância. "Por que o casamento com Walter Gropius não deu certo? Ele é um homem bonito em todos os sentidos, um artista com grandes dons, meu tipo, meu sangue. [...] Eu gostava tanto dele... estava apaixonada por ele... o amava muito." Será que, como Alma suspeita, a falta de compreensão musical dele e a falta de paixão por arquitetura dela são as causas? Ou terão a guerra e a longa separação impedido que seu relacionamento evoluísse?

Walter Gropius apresenta mais uma explicação numa carta que ele acrescenta aos documentos do divórcio. Pensando em Werfel, ele escreve: "Sua linda alma foi corrompida pelo espírito judaico. Algum dia você há de retornar à sua origem ariana e então vai compreender o que eu estou lhe escrevendo e vai vasculhar suas lembranças. Hoje eu lhe pareço estranho porque você foi atraída pelo outro polo do mundo". Ele sabe que, por meio desse pensamento, vai atingir Alma duramente. Ela mesma, antes do início do seu relacionamento, difamara Werfel, descrevendo-o como "judeu de pernas tortas".

Mesmo depois dessas experiências e dessas cartas, Alma Mahler hesita em dar os últimos passos em direção ao divórcio e busca uma solução de compromisso. Ela sofre de depressões, é torturada pela indecisão e tenta até mesmo persuadir Gropius a uma solução: ela passará a metade do ano com Werfel em Viena e a outra metade com Gropius em Weimar. Mas Gropius não quer ouvir falar nisso: "A doença do nosso casamento exige uma operação".

O estado de incerteza estende-se por meses a fio, justamente aqueles meses durante os quais Gropius estabelece os fundamentos de uma nova escola de construção, de criação e de arte, a Bauhaus. Em abril de 1919 ele recebe uma notícia pela qual aguardava ansiosamente: a transformação da antiga Escola Superior Grão-Ducal Saxã de Artes Plásticas numa instituição de ensino de novo molde foi reconhecida pelo Estado. Agora é preciso conseguir com a maior rapidez possível professores de reconhecido grau de excelência e acolher os primeiros alunos. O currículo baseia-se no princípio de que "as diferentes 'artes' devem ser libertadas de seu isolamento, novamente entrando em contato íntimo umas com as outras, sob a égide de uma só grande arte construtiva". Por esse motivo, cada um dos estudantes deve iniciar como aprendiz de um ofício, ao longo de três anos, nas oficinas da Bauhaus, e somente então dar início a estudos formais, como os de arquitetura. Gropius sente-se em seu elemento: a teoria e a prática artística, a educação de jovens e a visão de uma sociedade melhor devem ser postas em sintonia, ao mesmo tempo que muitas mesquinharias políticas devem ser administradas para que a Bauhaus possa se estabelecer no contexto da República de Weimar.

Enquanto isso, Alma Mahler sente-se dilacerada entre seus dois maridos. Werfel, que tenta persuadir sua amada a se divorciar, continua a ocupar o lugar de honra de favorito. Como para todos os seus homens, ela é, para ele, antes de qualquer outra coisa, uma Musa. Ela tenta criar as condições ideais para sua arte. Isso significa que também faz de tudo para que Werfel se abstenha de se masturbar. Ela está convicta de que, ao fazê-lo, ele não só desperdiça sua energia masculina como também sua energia artística, colocando sua saúde em perigo. O fato de que, depois das vivências da guerra, a imagem de corpos feridos domina a sexualidade de Werfel, porém, não a assusta. "Quanto mais significativo um homem, mais doentia sua sexualidade", constata ela, de forma pragmática. Ao que parece, as fantasias de Werfel são até mesmo contagiosas e, depois de um intenso sonho erótico, Alma se pergunta se não deveria "encontrar uma pessoa de uma perna só" para proporcionar a seu amado a realização de suas fantasias. Assim, a guerra avançou até mesmo sobre a vida íntima do casal Mahler-Werfel.

Ao mesmo tempo, Alma Mahler continua não querendo separar-se definitivamente de Gropius, enquanto antigos amantes emergem do esquecimento. Com verve, por exemplo, ressurge o pintor Oskar Kokoschka, com quem Alma teve um relacionamento intempestivo. Por meio de um intermediário, ele informa que seu desejo mais ardente é voltar para ela. Ela reage com indignação, ainda que, em seu íntimo, se sinta tentada: "Desde que recebi outra vez notícias de OK, me sinto cheia de saudades dele, anseio pela remoção de todos os impedimentos, que afinal de contas se encontram apenas dentro de mim mesma, para então passar ao lado dele o resto da minha vida". Ao mesmo tempo, ela sabe que, num segundo encontro, a paixão que eles têm um pelo outro logo vai se extinguir. Além disso, acumulam-se rumores de que Kokoschka estaria a ponto de perder a razão. Sua paixão por Alma, sua ânsia pelo seu afeto maternal, sensual e inspirador chega a tal ponto que ele manda fazer uma boneca em tamanho real, à imagem de Alma. É verdade que ele fica um tanto decepcionado com o resultado da encomenda, mas, ainda assim, a Alma de pano permanece por algum tempo sentada em seu sofá. Ele a veste com roupas caras e com lingeries trazidas de Paris e fica horas conversando com ela. Passado algum tempo, porém, Kokoschka se desespera ao dar-se conta de que a boneca é incapaz de substituir sua verdadeira amada e então tenta se livrar daquela paixão. No auge da embriaguez de uma festa fartamente regada a vinho, ele decapita a boneca. Na manhã seguinte é procurado pela polícia, que exige esclarecimentos acerca do cadáver no jardim. Ao final, os lixeiros se encarregam dos restos da boneca de Alma.

Há tempos que o compositor Arnold Schönberg é amigo de Alma Mahler, voltando sempre a visitá-la. Uma vez ele trouxe consigo a mulher e a filha, assim como alguns alunos, que se apresentam ao piano. Diante da evidente pobreza dos artistas, Alma Mahler se envergonha de sua prosperidade. Ela dá de presente à filha de Schönberg uma pulseira de platina com brilhantes e quer "presenteá-la mais, ainda muito mais".

Já em janeiro de 1917 Arnold Schönberg voltara, profundamente irritado, do serviço militar para seu apartamento na Gloriettegasse 43, em Viena. E, no entanto, ele considerara a irrupção da Primeira Guerra Mundial, em agosto de 1914, como um acontecimento esplêndido e grandioso. Diante da mobilização, ele fora tomado pelo desejo de "somar-se aos milhares de outros nas fileiras, e participar de verdadeiras batalhas". Ele se apresentara voluntariamente ao Exército Real e Imperial da Áustria-Hungria. Quando recebeu sua convocação, o músico juntou-se às tropas do Kaiser, feliz por deixar para trás os "insultos do público", os assovios estridentes, as críticas dolorosas e as observações maldosas a respeito da sua arte. De fato, um colega artista usara a pintura para ridicularizar seus experimentos de vanguarda, retratando-os como "pãezinhos de olhos verdes, com olhar astral".

Mas o entusiasmo que o compositor sentia ao trocar os sons da orquestra pelo ruído dos campos de batalha durou pouco. Sua solicitação de ser elevado ao cargo de oficial por causa de suas extraordinárias realizações como artista foi recusada. Já no ocasião em que recebeu sua farda, como soldado recém-incorporado, lágrimas de ódio lhe vieram aos olhos no momento em que o suboficial encarregado das vestimentas lhe entregou um quepe sujo, ainda manchado pelo sangue do proprietário anterior. Sua asma, cultivada por meio do amplo consumo de tabaco e de álcool, e sua idade avançada não permitiam um engajamento heroico no front. Em vez de atos heroicos pela glória da pátria, aguardava-o um entediante serviço num centro de formação de oficiais da reserva em Bruck, junto ao rio Leitha: "Aos 42 anos, sou aprendiz no Exército [...] e tenho que seguir as ordens de idiotas". Não era assim que ele imaginara a vida de soldado. Schönberg, que via a si mesmo como "artista, acima do povo", encontrava-se, novamente, na extremidade inferior da cadeia de comandos. Com boas intenções, seus superiores o encarregaram da instrumentação de marchas para a banda militar.

Mal tendo retornado a sua casa na Gloriettegasse, Schönberg imediatamente mergulhou naquela incessante produtividade, em todos os âmbitos da vida e da arte, que caracterizara sua existência desde sempre. Sua esposa, Mathilde, o viu desaparecer atrás da escrivaninha, onde ele se dedicava a escrever um texto que continha nada menos do que suas ideias para uma "paz perpétua". Três anos de guerra bastaram para persuadi-lo de que os seres humanos eram "terrivelmente maus", porém um pequeno grupo de "gente como nós", isto é, de pessoas cultas, portadoras de discernimento, conseguiu estabelecer, ao fim de uma semana, aquele acordo de paz que os governos e os diplomatas do mundo, não obstante a missão de paz tão amplamente divulgada do presidente norte-americano Woodrow Wilson, não tinham sido capazes de alcançar. Schönberg estava persuadido de que "a vontade enérgica da maior parte da humanidade" era "evitar guerras no futuro". Indo muito além dos limites de sua competência musical, Schönberg defendia a ideia de um tribunal de justiça internacional,

cujas decisões, em sua opinião, deveriam ser asseguradas mediante um "exército de vigilantes". Por meio dessa sua proposta ele, de fato, antecipava os princípios fundamentais das Nações Unidas. Seus contemporâneos, porém, não lhe deram atenção. A situação na terra natal combalida irritava ainda mais os nervos exaustos do compositor. Apesar da constante falta de dinheiro, durante aqueles anos antes e depois de 1918 ele trabalhou na escrita do texto e da música de uma obra que reflete como poucas da mesma época a percepção e os anseios dos anos de guerra e do pós-guerra: o oratório *Die Jakobsleiter* [A escada de Jacó] começa com uma sequência rápida e ininterrupta, implacável e obstinada de notas de contrabaixo. Com grande dinamismo, quase com violência, as cordas marcham adiante, sem se deixarem abalar pelas dolorosas dissonâncias das madeiras e dos metais. A voz transparente de tenor do arcanjo Gabriel dissolve a tensão das notas de abertura: "Se para a direita ou se para a esquerda, se para diante ou para trás, se morro acima ou morro abaixo — é preciso seguir adiante sem perguntar o que se encontra à nossa frente ou atrás de nós".
O serviço militar se reflete nessas palavras, assim como o ímpeto à resistência numa época difícil. A passagem, porém, termina no imperfeito, um sinal de que a situação de avanço incessante já é algo que pertence ao passado. Assim como na Bíblia, o anjo de Schönberg faz a ligação entre a terra e o céu. Ele aponta para as esferas mais elevadas de um mundo melhor, para o qual conduzem os degraus. Trata-se de uma imagem de esperança, de uma promessa, de uma redenção, do desejo de dissolução do sofrimento terreno em graça divina. "Eu quero", escreveu Schönberg em 1912, "[...] escrever um oratório cujo conteúdo seja: como o homem de hoje, que passou pelo materialismo, pelo socialismo e pela anarquia, que era ateu mas que preservou um resto de sua antiga crença (em forma de superstição), como esse homem moderno briga com Deus [...]

e por fim é capaz de encontrar Deus e de se tornar religioso. Como ele aprende a rezar!" Em sua sala de estar alugada com o dinheiro de benfeitores, Arnold Schönberg fora capaz de reencontrar a crença que era, para ele, o único meio "para a derrubada de tudo aquilo em que se acreditava antes". O oratório é a representação musical de ambos: o colapso de antigas construções de sentido e a esperança de que elas serão reerguidas. Em sua composição, além disso, escondem-se os primeiros passos vacilantes em direção a uma maneira inteiramente nova, matemática e abstrata de compreender a música: a técnica dodecafônica. Em sua substância, em vez de apontar para as promessas de salvação das grandes ideologias, ela aponta para Deus.

Alvin C. York cai de joelhos ao rever, em maio de 1919, a pequena cabana ao pé das montanhas, em Pall Mall. Um pouco distante do burburinho de sua família e de seus vizinhos, num lugar onde ninguém o vê, agradece a Deus por ter voltado para casa. Ele manteve a mão estendida sobre ele durante a guerra, protegendo-o de todo o mal. York não precisa dirigir palavras a seu criador para expressar sua gratidão. Precisa apenas sentir.

Quando chega de volta à sua tenda, correndo, seus cães de caça se aproximam dele. Correm em círculos, latem, agitam as caudas. Estão tão excitados em revê-lo que quase o derrubam. York se ajoelha diante de seus companheiros, bate nos seus flancos e acaricia suas cabeças enquanto eles lambem suas mãos. Logo ele estará novamente atravessando com eles as florestas do Tennessee, que não se transformaram nem um pouco durante a sua ausência. Os porcos-espinhos continuam a farejar o solo em busca dos frutos dos carvalhos, os sinos das vacas continuam a ressoar, as cornáceas continuam a florescer, como sempre, na primavera. York, porém, vê tudo com outros olhos. Pois enquanto ali tudo permanece idêntico, ele se tornou outro.

Viu o mundo, enfrentou uma luta de vida ou morte. Sua antiga existência agora lhe parece distante, no passado, como se pertencesse a uma outra era. York sente-se inquieto, perturbado por sonhos, por fantasmagorias. Os acontecimentos dos últimos meses têm que ter algum sentido: aquilo tudo não pode ter sido em vão. York se senta numa encosta e pensa no que ele, o sobrevivente da guerra mundial, vai fazer de sua vida.

Depois da grande parada dos Harlem Hellfighters parece quase insuportável a Arthur Little continuar a trajar seu uniforme. Por que deixar o Exército demora tanto tempo mais do que ser incorporado ao Exército? São inúmeros os exames e os relatórios. Para cada um dos homens é preciso que um atestado seja preparado e que uma carta de dispensa seja assinada. Tudo é acompanhado por uma sequência aparentemente interminável de discursos formais e de cerimônias.

Três dias após a parada finalmente o soldado Henry Johnson volta ao alojamento. Depois da marcha triunfal em Manhattan, ele foi obrigado a contar sua história uma infinidade de vezes aos nervosos repórteres. Ao anoitecer, quando o regimento foi novamente recolhido ao alojamento, Henry Johnson desapareceu. Quando enfim reaparece, Little tem o dever de puni-lo por deserção. Interrogado, Johnson explica que um grupo de senhores bem-vestidos o convidou para um passeio. Eles tinham sido generosos, levando-o aos clubes e restaurantes da Quinta Avenida. Ali, foram-lhe servidas iguarias e bebidas selecionadas. Os senhores enfiaram dinheiro nos bolsos do soldado. Depois da celebração, ele estava cansado e passou um bom tempo dormindo numa cama de hotel macia. Como ele poderia recusar um convite tão generoso sem ofender os princípios de cortesia do regimento? Para reforçar com provas sua alegação, ele mostra a Little um maço de dólares, ao todo, mais de seiscentos. O oficial fecha os olhos e despacha o desertor de volta para sua unidade.

Passados alguns dias, Little está sentado junto à sua escrivaninha, ocupado com uma papelada que parece não ter fim. Ouvem-se batidas à porta. É Johnson novamente. Dessa vez, ele tem em mãos sua carta de dispensa. "Vou para casa", diz Johnson. "Vou voltar à minha antiga profissão. Vim para me despedir do senhor." Little já sabe que o restante da tropa já foi despachado de trem para Nova York. Johnson, portanto, deve ter se separado, sorrateiramente, de seus camaradas, percorrendo a pé, com suas pernas aleijadas, a distância de quase dois quilômetros entre o alojamento e a estação de trens. Quando Arthur Little o olha nos olhos, sente um nó na garganta. Da janela, vê o alojamento deserto, abandonado sob o sol. Naquele instante fica claro para Little que Johnson, o carregador de malas da estação de trem de Albany, acaba de lhe dar uma lição de camaradagem. Little se ergue de sua cadeira e se aproxima de Johnson, que continua em posição de sentido junto à porta. Seus olhos estão marejados e seus lábios estremecem enquanto ele se despede de Johnson: "Até logo, Henry, não se esqueça de mim!". "Esquecer do senhor!", responde Johnson, "como eu poderia ser capaz disso! O senhor me transformou num homem!"

Harry S. Truman revê sua amada Bess em Kansas City. Primeiro ele apenas a avista de longe, pois o 129º Regimento de Artilharia de Campo precisa, primeiro, realizar uma parada em Kansas City. Três dias depois, em 6 de maio de 1919, os soldados são, então, oficialmente dispensados.

Depois do reencontro do casal, começa a primeira e última briga que Bess e Harry terão em suas vidas. A questão é se, depois do casamento, eles devem ir viver na casa da mãe de Bess, que não considera o noivo um bom partido. Harry se opõe, mas por fim Bess prevalece. Poucas semanas depois chega, finalmente, o momento pelo qual os dois estão esperando há tanto tempo. Em 28 de junho de 1919, o dia da assinatura do Tratado de Versalhes, faz tanto calor em Kansas City que as flores na igreja murcham. Nesse dia, Harry S. Truman e Bess Wallace estão diante do altar, para se casarem. Nas fotos de casamento, a expressão solene no rosto de Truman mal consegue esconder sua infinita felicidade. Depois do casamento, Harry S. Truman precisa tomar em suas mãos a condução de sua vida civil. Com seu camarada de guerra Edward Jacobson, ele tem um plano. Vende animais de sua fazenda e, além disso, toma um empréstimo. Os dois homens querem abrir uma loja de roupas no centro de Kansas City. A ideia do negócio é simples: há muitos homens que voltam agora da guerra e precisam de algo para vestir. Truman & Jacobson deve ser inaugurada no térreo do Hotel Muhlebach, um bom endereço. Os jovens empreendedores querem oferecer artigos finos de vestuário masculino: camisas, meias, gravatas, cintos, roupa de baixo e chapéus para agradar ao gosto das classes sociais elevadas. Ainda naquele mesmo ano, a loja é inaugurada. O nome da firma reluz em letras coloridas sobre a entrada, o piso de ladrilhos brilha, bem lustrado, e grandes ventiladores elétricos giram acima das vitrines. A loja abre às oito horas da manhã e fecha só às nove da noite. Truman e seu sócio dividem entre si as horas atrás do balcão. De início, os antigos camaradas vão ter ali. Parece até que sentem saudades da guerra, ou pelo menos da liderança de seu antigo comandante, a quem, como lembrança, deram de presente uma taça na qual está gravado seu nome. De fato, a "Battery D" continua a dar o tom da vida de Truman após o término da guerra. Um antigo camarada corta seus cabelos, como fazia sob uma árvore próxima a St. Mihiel.

Nem todos os sonhos daquela primavera de 1919 se tornam realidade com tanta facilidade e para alguns as imagens de um futuro melhor e mais pacífico recuam diante de terríveis pesadelos. É o que acontece a Soghomon Tehlirian, que — conforme ele declara, mais tarde, num tribunal — não é capaz de afastar de sua memória imagens insuportáveis: a longa fileira de deportados de sua cidade natal, Erzincan, no leste da Anatólia, os soldados turcos, que querem confiscar os objetos de valor dos que marcham e que raptam sua irmã, tiros, gritos, a mãe que cai por terra, o machado que parte em dois o crânio de seu irmão menor, o golpe, que o deixa inconsciente, o despertar sob o corpo morto de seu irmão mais velho. Quando essas imagens ressurgem em sua consciência, seu corpo é agitado por convulsões e ele desmaia. Tehlirian dirigiu-se, em fevereiro de 1919, de Tibilisi a Constantinopla, na esperança de encontrar ali membros de sua família. Na capital do Império Otomano, estraçalhado pela guerra mundial, ele publica anúncios em diversos jornais para chamar a atenção de amigos e parentes. Soghomon Tehlirian é armênio, e é um dos sobreviventes do massacre desse grupo populacional, vitimado às centenas de milhares pela violência de soldados e de civis turcos. Os anúncios de Tehlirian permanecem sem resposta. Terão todos sido assassinados nos massacres de 1915?

5.
Uma paz ilusória

O mundo dos sonhos do período do cessar-fogo, no qual cada um [...] podia imaginar o futuro, fantástico, pessimista ou heroico, acabou.

Ernst Troeltsch, *Spectator Briefe*
[*Cartas ao Spectator*], 26 de junho de 1919

Curt Herrmann, *Flamingo*, 1917

Em abril de 1919 Milan Štefánik volta a Paris. Como ansiou Louise Weiss pela chegada desse momento! "Mais pálido que um cadáver", seu amado entra em seu escritório de redação, deixa-se cair sobre uma cadeira, e os acontecimentos dos últimos meses começam a jorrar de sua boca. Na Sibéria ele foi capaz de salvar a própria vida e a de uma grande parte dos seus homens. Sob um frio de 35 graus negativos foi condecorado com a Legião de Honra francesa, durante uma cerimônia na qual as orelhas do general francês Maurice Janin congelaram e caíram. Em seguida, ele começou sua viagem através do Pacífico. Na cidade japonesa de Kobe, Milan Štefánik ficou sabendo do cessar-fogo. Em Tóquio, recebeu a notícia de que tinha sido nomeado para o cargo de ministro da Guerra no primeiro governo da República Tchecoslovaca. Tão mais urgente tornou-se seu desejo de retornar à Europa. Em seu novo posto, Milan Štefánik queria desempenhar um papel brilhante nas negociações internacionais de paz que já tinham começado, em Paris e no Palácio de Versalhes. Um dos temas das conversações era a independência tcheca. Mas, quando Štefánik finalmente chegou a Paris, as negociações já estavam em marcha; outros políticos, especialmente o novo primeiro-ministro tchecoslovaco Karel Kramář e o ministro das Relações Exteriores Edvard Beneš, já tinham tomado seus lugares, havia tempo, à mesa dos poderosos. Nem mesmo as tentativas de Štefánik de persuadir o general Foch a lançar uma missão de resgate dos seus camaradas que ainda se encontravam na Sibéria teve sucesso. Não era assim que, depois dos intermináveis perigos e esforços do último ano, imaginara sua volta à Europa! Em Paris ele nada pode. Mal chega e quer dirigir-se a Praga quanto antes, para pelo menos ali ser recebido como cabe a um herói de guerra. O melhor seria, sonha Štefánik, chegar a Praga a bordo de um avião, como se estivesse caindo do céu em sua terra natal.

Esses relatos e reflexões, até seus mínimos detalhes, despertam um interesse ardente em Louise Weiss. Sua paixão pela causa tchecoslovaca e por aquele homem que a encarna a seus olhos não arrefeceu em nada. Teria finalmente chegado o momento de lutar lado a lado com ele, levando ao sucesso a independência tchecoslovaca? Quando, durante uma visita ao apartamento de Milan na Rue Leclerc, ela cuidadosamente conduz a conversação do futuro político para seu futuro pessoal, o rosto de Milan se torna sombrio e ele a olha firmemente nos olhos. Louise Weiss sente que ele quer lhe fazer uma confissão. Depois de uma breve hesitação, ele lhe revela a dilacerante verdade: já em abril de 1918, no Congresso das Nações Oprimidas pela Áustria-Hungria, em Roma, ele conheceu uma jovem, a marquesa italiana Giuliana Benzoni, por quem se apaixonou. Pouco tempo depois ele a reviu e, logo em seguida, ela se tornou sua noiva.

Louise não quer acreditar nos próprios ouvidos: "E eu?", pergunta ela, que o considera como o homem de sua vida. "Você?", responde ele, dirigindo-se a ela, pela primeira vez, nesse tom íntimo. "Eu espero que você me diga que estou livre. Devo-lhe muito. Devo-lhe demais! Além disso, nunca poderei ser seu senhor e mestre." Louise está surda de dor enquanto os frios argumentos de Milan a atingem como uma sequência de socos: "Além disso, você não é inocente como esta pérola, que pretendo dar de presente à minha noiva". Ele abre um pequeno estojo e lhe mostra uma joia oriental, de cor roxa. Milan vê as lágrimas de Louise, porém não é capaz de encontrar palavras para consolá-la. "Sua experiência em assuntos políticos é incomparável e admirável", prossegue ele. "Você se comporta como um velho estadista [...]. Você pensa sem parar. Mas eu quero apresentar uma virgem a meu povo, com um corpo de virgem e, sobretudo, com uma alma de virgem. Alma! Você entende?" Faz-se um longo silêncio. Louise sente que, apesar de seus talentos, ela não possui nada que possa ser usado como argumento ao ser comparada com a outra. Ela nem sequer tenta fazê-lo: pois é óbvio que a bela e jovem aristocrata venceu a disputa há tempos e poderá, mais do que ela própria jamais pôde, contribuir com a lenda que é Štefánik — essa lenda que é tão importante para a jornalista quanto para ele mesmo. Mas Milan ainda não terminou com sua crueldade: "Vou falar de você a ela como de minha melhor amiga. Eu lhe aconselhei a procurá-la se alguma vez ela estiver em dificuldades. Você vai ajudá-la. Promete?". Louise está chorando. "Você é indispensável para mim", murmura Štefánik. Subitamente Louise sente o ódio brotar. "O senhor nunca vai se casar com Giuliana", ela dispara. "Nem ela nem ninguém. O senhor só pode pertencer a si mesmo." "Talvez, *ma chérie*", responde Milan em voz baixa e se despede. Pouco tempo depois, ele viaja para a Itália.

A primavera de 1919 não é apenas uma época de florescimento, mas também uma era de sonhos que se desfazem. Isso vale, especialmente, para as incontáveis esperanças dos países envolvidos nas negociações em Paris e em Versalhes: as fantasias de onipotência dos vencedores, os sonhos de libertação nacional e de independência, o sonho do despertar de uma nova ordem mundial pacífica e justa, a silenciosa esperança dos países derrotados, de que as consequências da guerra seriam menos drásticas do que se teme. O excesso de futuro se desgasta visivelmente à medida que, nos meses de verão de 1919, se aproxima o fim das negociações, aquele momento decisivo do pós-guerra. À medida que o espectro das possibilidades se torna cada vez mais estreito, as pessoas são obrigadas a olhar de frente para a verdade. Nos muitos casos em que os resultados das negociações são percebidos como frustração das esperanças, as expectativas se transformam em ódio. Assim, os acordos de paz que devem dar fim à guerra desencadeiam, em muitos casos, novas negociações.

O artista berlinense Curt Herrmann pintou em 1917 um flamingo com penas brancas e rosadas. Mas a esplêndida ave não caminha mais orgulhosamente sobre suas longas e elegantes pernas, e sim jaz morta, com a cabeça virada para trás, junto de sua tigela de comida vazia. Junto a seu bico formou-se uma poça de sangue vermelho-escuro. Pintado durante o terceiro ano da guerra, o quadro parece apontar, primeiramente, para o fim das esperanças de uma vitória gloriosa e, além disso, para o naufrágio da belle époque, para o fim do velho mundo, das velhas elites e de seus tempos luminosos. Porém a morte de uma bela criatura é também — muito além do contexto histórico mais específico — emblema da derrota de algo esplêndido, de algo gracioso, que é sutil demais para poder existir em meio à áspera realidade. Esse foi o destino de muitos sonhos na primavera e no verão de 1919.

Durante a guerra mundial foram feitos muitos sacrifícios e muitas promessas. A esses correspondiam grandes esperanças a partir do momento em que, em 19 de janeiro de 1919, na Sala dos Relógios do Ministério das Relações Exteriores da França, às margens do Sena, foram abertas as negociações. Em sua primeira fase, durante a qual, de início, apenas os inimigos ocidentais da Alemanha e seus aliados discutiam entre si, participaram, ainda assim, representantes de 32 países. A Grã-Bretanha, a França, a Itália e os Estados Unidos, que constituíam o Conselho dos Quatro, davam o tom das discussões. Para enfatizar o novo papel dos Estados Unidos no mundo o presidente norte-americano Woodrow Wilson já se dirigira a Paris em dezembro de 1918. Uma delegação norte-americana formada por mais de mil pessoas o acompanhou à capital francesa. Com os "Catorze Pontos" de janeiro de 1918, que refletiam, inteiramente, as convicções do presidente norte-americano, Wilson já estabelecera, quase um ano antes, os novos parâmetros da política internacional: o direito à autodeterminação dos povos deveria tornar-se o fundamento da política mundial e valer, inclusive, para os impérios coloniais, e todas as nações do mundo deveriam se unir numa sociedade das nações, a qual, no futuro, deveria encarregar-se de negociações internacionais pacíficas. A Primeira Guerra Mundial só se tornaria a guerra "que pôs fim a todas as guerras" se tais ensinamentos pudessem ser extraídos dela. Com semelhantes ideias, que foram veiculadas no mundo inteiro graças a uma campanha de imprensa maciça, Wilson tornou-se o epicentro das esperanças globais e quase uma figura messiânica. Louise Weiss teve a oportunidade de encontrar o presidente norte-americano e sua esposa em 14 de dezembro de 1918. O messias norte-americano provocou-lhe impressões confusas. Ele lhe parecia "um papa protestante", um "Savonarola sem passado", escreve a jornalista em suas memórias. "Ele atravessava o magma humano de acordo com normas que existiam apenas em sua filosofia, enquanto os pobres europeus, os ingleses inclusive, envolvidos em suas tradições, seus interesses, seus protegidos, seus vassalos, se empenhavam em apresentar soluções mais ou menos viáveis." O olhar francês, não só o de Louise Weiss, sobre a política de Wilson também permanece sóbrio durante o transcurso das negociações. Para a França exaurida pela guerra as questões relativas às indenizações são mais importantes do que os ideais elevados. E o fato de que os catorze pontos de Wilson despertem as esperanças das pessoas nas periferias dos impérios coloniais é um motivo de preocupação e de transformações para a terra-mãe do *Empire républicain*.

Nguyen Ai Quoc continua em Paris durante as negociações de paz e tenta ganhar a vida como fotógrafo. Numa edição da revista *Vie Ouvrière* ele publicou um anúncio: "Se você deseja uma lembrança viva de seus pais, mande retocar suas fotos com Nguyen Ai Quoc. Um belo retrato e uma bela moldura por 45 francos". A demanda, porém, é limitada. Nguyen continua a viver da mão para a boca.

As notícias que chegam diariamente a respeito dos desenvolvimentos da conferência de paz levam Nguyen e muitos outros imigrantes das colônias da França e da Grã-Bretanha a um estado febril. O vietnamita, assim como tantos outros opositores do sistema colonial, leu os escritos programáticos de Wilson com grande atenção. Em Versalhes e em Paris decide-se o futuro do mundo. Se, como Wilson anunciou, agora é chegada a hora da autodeterminação, então sua terra natal, a colônia francesa da Indochina, não pode ficar excluída. Nguyen vê essa primavera parisiense como uma oportunidade histórica, que de maneira nenhuma pode ser desperdiçada.

Com outros ativistas, ele escreve uma petição em nome do Grupo de Patriotas Vietnamitas. Com base nos catorze pontos de Wilson, essa petição contém oito exigências. Não há, porém, nenhuma referência à "autodeterminação" ou à independência. As exigências se referem apenas à concessão de mais direitos aos vietnamitas: uma justiça verdadeira, liberdade de imprensa, de educação e de reunião. Também se pede pela libertação dos presos políticos. Trata-se de demandas que deveriam ser consideradas evidentes para um pátria que se vê como a mãe dos direitos humanos. Porém, desde a grande revolução, a França privou os povos sob seu domínio em todas as partes do mundo justamente daquelas conquistas sobre as quais se baseiam seu orgulho e sua identidade. Agora, porém, o mundo é tomado por um choque que pode ser capaz de provocar o desmoronamento dos impérios coloniais, um terremoto de dimensões mundiais a partir do qual surgem novos Estados independentes e distúrbios em países muito afastados um do outro: o Egito, o Japão, a Índia, a Coreia, o México. Numa época assim, o império mundial francês também poderia sofrer abalos, e até mesmo ser precipitado num absimo.

Nguyen não só assina o documento com as exigências para seu país como também quer se empenhar pessoalmente para que ele chegue às mãos de seus destinatários. Assim, ele será visto nos corredores do Palácio de Versalhes, onde entrega em mãos o documento com as exigências nos escritórios de cada uma das delegações ali presentes. Ele até mesmo tenta conseguir uma audiência particular com Woodrow Wilson e, para tanto, pede um bom terno emprestado. Nguyen, porém, não consegue ir além da antessala do presidente. Cartas de resposta de diversas delegações comprovam, porém, que as exigências de uma moderação do domínio colonial na Indochina recebem toda a atenção dos negociadores. Em 18 de junho de 1919, além disso, Nguyen consegue publicar suas exigências relativas ao Vietnã no jornal *L'Humanité*, tornando-as assim acessíveis a um grande público de língua francesa.

Esse é o momento no qual a polícia francesa passa a prestar atenção naquele imigrante que vive na clandestinidade. Não é apenas do Palácio de Versalhes que Nguyen é expulso pelas forças de segurança. A partir desse momento, o serviço secreto francês está em seu encalço. Um espião é despachado para infiltrar-se nos círculos da resistência vietnamita em Paris e um posto de vigilância é instalado diante da porta da casa de Nguyen. As preocupações e as medidas da polícia, porém, encontram-se, em certa medida, em contradição com o desempenho da célula vietnamita: não se dá nenhuma importância ao destino da Indochina durante as negociações em Versalhes. A França, potência vitoriosa da Primeira Guerra Mundial, não se deixa desviar de seu interesse principal, que é punir severamente seu inimigo de séculos, a Alemanha, pelas belas ideias de Woodrow Wilson, que não estão isentas de interesses próprios, nem se deixa desviar de seu propósito de consolidar e ampliar seu poderio pelo mundo afora. Para o próprio Woodrow Wilson, a questão colonial não tem, de maneira nenhuma, uma importância central. Ele teme até mesmo que as atividades dos combatentes pela independência possam torpedear os esforços para a criação de uma nova ordem mundial. Na primeira versão do documento de fundação da Liga das Nações, que Wilson apresenta à conferência em 14 de fevereiro de 1919, a palavra "autodeterminação" nem sequer aparece.

"Atualmente todos parecem estar aqui", escreve Thomas E. Lawrence a sua mãe em janeiro de 1919. "Aqui", nesse caso, é Paris, onde as delegações se encontram para as grandes negociações de paz. Até mesmo o príncipe Faiçal, filho de Hussein I, rei de Hedjaz e companheiro de armas de Lawrence, se encontra na capital francesa. Lawrence o acompanha para remar pelo Sena, e assim escapar às hordas de repórteres que dirigem ansiosamente suas câmeras para o príncipe hachemita com suas ondulantes túnicas brancas. Já às seis horas da manhã os dois homens, que enfrentaram lado a lado tantos perigos nos campos de batalha do Oriente Médio, estão de pé. Saem do hotel, o Continental, na Rue de Rivoli, e se dirigem ao Bois de Boulogne, nos arredores de Paris, onde começam a remar.

A presença de Faiçal como representante do povo árabe nas negociações é uma conquista que Lawrence obteve dos ingleses. Ele se engajou, nos círculos íntimos tanto quanto em público, na causa árabe. Em 17 de novembro de 1918 escreveu ao editor do *Times*: "Os árabes entraram na guerra sem assinar um contrato conosco antes, e sempre foram capazes de resistir às tentações das ofertas das outras potências. Eles nunca tiveram um agente de imprensa, nem tentaram divulgar publicamente sua causa, porém lutaram com todas as suas forças (isso eu poderia jurar), tendo enfrentado três duras campanhas, nas quais sofreram baixas, mas obrigaram à rendição tropas que eram mais experientes do que eles". Tudo isso tinha apenas uma motivação: libertar a Arábia.

Dentre os britânicos, as palavras de Lawrence são recebidas com certa simpatia, mas os franceses veem com grande ceticismo a simples presença de Faiçal. O príncipe árabe é obrigado a explicar a um negociador francês: "Eu não vim aqui para regatear, e sim para mostrar ao mundo que nós, os árabes, não nos libertamos dos turcos para sermos escravizados por outros senhores, nem para sermos divididos. Informo-lhes que lutei para ser livre e soberano, e que nós estamos dispostos a morrer por esses princípios. Não estou disposto a entregar à Inglaterra nenhuma parte da minha terra!". A França, porém, insiste que o acordo franco-britânico de 1916 seja mantido, sem levar em consideração a guerra de independência dos árabes contra o Império Otomano. O assim chamado acordo Sykes-Picot prevê que o domínio sobre o Oriente Médio seja dividido entre a Inglaterra e a França. Lawrence e Faiçal, porém, esperam poder contar com o apoio norte-americano, para assim alcançar a autodeterminação dos povos árabes e a criação da Síria.

Efetivamente, o presidente Wilson assusta os franceses ao propor o envio de uma comissão à Síria para informar-se acerca dos desejos da população árabe local. A França aposta tudo na tentativa de impedir a realização dessa proposta. Lawrence consegue organizar um encontro entre Clemenceau e

Faiçal, na esperança de que assim as diferenças de opinião entre os dois possam ser discutidas. Lawrence leva tão a sério seu engajamento nessa causa que, mesmo tendo recebido um telegrama que o informa da morte do pai, ele não deixa Paris. É só quando tem certeza de que o encontro desejado vai se realizar que ele tira uma semana de férias para visitar a mãe e consolá-la.

O encontro entre Faiçal e Clemenceau ocorre em meados de abril, e não vale os esforços que Lawrence e Faiçal fizeram para que acontecesse. Clemenceau faz uma declaração confusa ao afirmar que está disposto a conceder a independência à Síria desde que Faiçal esteja disposto a reconhecer que a Síria independente permanecerá sob mandato francês. Mas estar submetido a um mandato não significa independência e as esperanças de sucesso de Faiçal são, assim, completamente frustradas. Ele deixa Paris, não sem antes escrever seu testamento, num avião da Força Aérea Francesa.

Pouco tempo depois, Thomas E. Lawrence embarca, por sua vez, num avião britânico para dirigir-se pessoalmente ao Cairo a fim de resgatar documentos do Arab Bureau, no qual ele serviu durante a guerra. Ele também está frustrado e escreve, em suas memórias: "A juventude foi capaz de vencer, porém não soube conservar a vitória, e mostrou-se lamentavelmente fraca diante da velhice. Nós pensávamos que tínhamos trabalhado em prol de um novo céu e de um novo mundo, e eles nos agradeceram gentilmente e fizeram seus próprios acordos de paz".

Durante uma escala em Roma, o piloto do avião no qual se encontra Lawrence é incapaz de frear na pista de pouso. Diante da situação, tenta arremeter, mas, ao alçar voo novamente, prende-se nos galhos de uma árvore. Com um estrondo, o avião cai por terra. O piloto tem morte instantânea, o copiloto morre poucos dias depois, vitimado por uma fratura craniana. Thomas E. Lawrence é salvo dos escombros fumarentos. Como que por milagre, ele apenas sofreu uma fratura na omoplata e alguns arranhões. Passados alguns dias, segue viagem em direção ao Cairo. Ao técnico Frederik J. Daw, que salvou sua vida, ele envia, em julho, uma carta junto com um cheque no valor de dez libras esterlinas. "Peço-lhe, por favor, para comprar alguma coisinha como recordação de nosso conturbado pouso comum em Roma. Não foi nada agradável para mim ficar dependurado nos escombros do avião. Eu lhe agradeço muito por ter me desenterrado!"

A situação no Oriente Médio, àquela altura, é tudo menos tranquila. A população árabe se torna cada vez mais ciente de que, nas negociações que estão sendo levadas a cabo em Paris, ninguém leva em consideração seus interesses. Multiplicam-se os ataques árabes não só contra as tropas britânicas, que continuam estacionadas na região, como também contra os colonos judeus na Palestina, ainda que, em Paris, Faiçal tenha expressado claramente sua posição diante dos sionistas e até assinado, com o líder Chaim Weizmann, um acordo que garantia aos judeus a criação de um Estado próprio na Palestina. Esse acordo, porém, não contava com o apoio do povo árabe e nunca se efetivou. Faiçal o condicionara ao reconhecimento internacional da independência árabe.

Durante a ausência de Lawrence e de Faiçal, as posições dos franceses, dos britânicos e dos norte-americanos começam a aproximar-se umas das outras. É forjada uma solução de transição que parece, ao lado árabe, ao menos um sucesso parcial: os britânicos recuam para a Palestina e a França adquire o controle sobre Beirute e sobre a costa síria, enquanto aos árabes é entregue o poder sobre o interior da Síria. A cidade de Damasco, libertada durante a guerra, pode tornar-se a capital de um novo Estado árabe. Quando chegam as notícias relativas a esse acordo, Lawrence mal pode acreditar e escreve uma carta de agradecimento ao primeiro-ministro britânico Lloyd George, na qual demonstra claramente sua surpresa: "Preciso confessar-lhe que na intimidade mais profunda de meu coração sempre estive convicto de que o senhor não abandonaria a causa árabe. Por isso, é-me muito difícil, agora, saber como devo lhe agradecer. Este é um assunto que me diz respeito pessoalmente, pois durante os anos de guerra eu assegurei a eles que nossa promessa seria mantida, e dei-lhes minha palavra de honra, qualquer que seja o seu valor. Agora, com seu acordo relativo à Síria, o senhor manteve todas as nossas promessas, talvez dando a eles até mais do que merecem, de maneira que meu alívio ao encerrar esse assunto com as mãos limpas é muito grande". Por um breve momento histórico, a independência árabe parecia estar ao alcance das mãos.

Gandhi se sente torturado pela acusação de ter cometido um erro "do tamanho do Himalaia" ao conclamar os hindus à desobediência civil contra o regime colonial. Tumulto, ações policiais e violência foram as consequências de sua campanha contra as leis de exceção. Gandhi sente-se também culpado pelas mortes ocorridas durante os distúrbios, pelo sofrimento dos seus familiares e — para o espanto e para o desagrado de seus seguidores em várias cidades indianas — admite tudo isso abertamente. Como é possível que seus seguidores atirem pedras, bloqueiem o caminho dos trens e até cheguem a ferir outras pessoas se ele os conclama a uma resistência livre de violência? Ao mesmo tempo, ele se sente torturado pela sensação de que, por meio de seu engajamento, levou os indianos a darem o segundo passo antes do primeiro. Pois, depois dos acontecimentos, ele está cada vez mais convicto de que, antes de uma retomada da resistência, é preciso passar por um processo de amadurecimento interno. Só quando as pessoas tiverem aprendido o significado da obediência e da autodisciplina, só quando estiverem dispostas a obedecer às leis da moral e do Estado é que ações específicas e bem planejadas de desobediência civil contra determinadas e bem escolhidas medidas do governo colonial poderão ser levadas a cabo. Gandhi acredita que somente assim será possível evitar que os protestos extravasem os limites adequados e deem à outra parte um pretexto para atos de violência. A crítica de Gandhi ao governo colonial é clara, porém, ao mesmo tempo, ele está ciente de que só será capaz de mudar o regime se o movimento e sua capacidade de mobilização política forem aperfeiçoados. Um passo em direção a esse objetivo é a formação de um grupo de ativistas maduros, que deverão ajudá-lo a educar as massas para o Satyagraha, para a resistência passiva. Ele também adota o caminho da palavra impressa e maciçamente divulgada, especialmente como editor da revista *Young India*.

Não é apenas Gandhi que se culpa pelas explosões de violência em 1919: também os representantes do governo colonial o responsabilizam pelos acontecimentos. Diante da Comissão Hunter, encarregada de esclarecer as circunstâncias nas quais se deu o massacre de Amritsar, o general de brigada Reginald Dyer considera Gandhi o principal culpado pelos acontecimentos — ainda que ele se encontrasse a centenas de quilômetros de distância. O homem que dera ordens de atirar sobre a população civil não apresentou nenhum sinal de arrependimento durante a audiência. Nem o fato de que os disparos prosseguiram até que a multidão tivesse se dispersado completamente, nem a decisão de não tomar medida alguma para socorrer os feridos ao fim do massacre, foram por ele considerados equivocados quando vistos em retrospecto. Afinal de contas, não era sua obrigação socorrer os feridos: para esse propósito existiam hospitais. Ao final, Dyer é declarado culpado da acusação de abuso de poder e dispensado do seu posto. Ainda assim, o movimento de independência não tem como se dar por satisfeito com os resultados da ação da Comissão Hunter, pois as vítimas nem sequer foram ouvidas. Gandhi colabora para divulgar uma outra versão dos acontecimentos. Passados alguns meses, num discurso diante de muçulmanos em Déli, Gandhi fará uso, pela primeira vez, do termo "non-cooperation". Ele sente a fúria e o medo da multidão. Ele sabe que seus ouvintes estão frustrados não apenas com a situação na Índia, mas também com os rumos que tomam as negociações de paz em Versalhes, que não apontam para nenhuma perspectiva de melhora na situação dos muçulmanos indianos. O termo "não cooperação" parece canalizar essas frustrações. Durante seu discurso, essa palavra ocorre a Gandhi antes que ele tenha uma ideia clara do que quer dizer com ela. Mas o termo parece inspirar seus ouvintes. Quando ele o pronuncia, ouvem-se aplausos. É só ao longo e depois do discurso que o conceito adquire contornos mais claros, de maneira a possibilitar uma forma mais precisa e mais disciplinada de resistência civil, da qual Gandhi sentiu falta anteriormente. Aspectos centrais da "não cooperação" são a recusa a cumprir ordens por parte dos funcionários indianos da administração colonial, assim como a renúncia a mercadorias inglesas em favor de produtos nacionais. Além disso, Gandhi se empenha na popularização de teares manuais, que deverão possibilitar a produção de tecidos indianos de maneira simples, proporcionando assim uma fonte de renda às classes inferiores da sociedade indiana. Tem início o movimento denominado Khadi.

Vista a partir de Déli, Paris parece ao mesmo tempo muito distante e muito próxima: Gandhi e outros representantes do movimento nacionalista indiano deveriam estar presentes na cerimônia de abertura das negociações de paz. Era o que tinha sido decidido numa reunião do Congresso Nacional Indiano, em dezembro de 1918. Efetivamente, porém, o governo colonial da Índia britânica enviara uma delegação a Paris, que lá deveria representar os interesses do Império, agindo para garantir à Índia um lugar na Liga das Nações. Essa delegação era liderada pelo secretário de Estado britânico Edwin Samuel Montagu. Havia, é verdade, um representante do Congresso Nacional indiano entre seus membros. Este, porém, pertencia à facção moderada, ainda que insistisse em enfatizar que, durante a guerra mundial, 1,2 milhão de indianos haviam lutado pelo Império e que, portanto, poderiam esperar por algum tipo de contrapartida.

Gandhi não foi à Europa talvez pela intuição de que lá ele seria capaz de realizar bem menos coisas do que nas lutas dentro da Índia. Ele não estava entre aqueles combatentes pela liberdade indiana que haviam se apropriado da retórica de Wilson a respeito da "autodeterminação". Em vez disso, tentava forjar seus próprios conceitos, por meio dos quais lhe fosse possível distanciar-se completamente das ideologias ocidentais. Independentemente de tais considerações táticas, talvez um outro motivo para a renúncia de Gandhi a uma viagem tenha sido o fato de que um de seus companheiros de luta de muitos anos, Bal Gangadhar Tilak, já se encontrava em Londres desde outubro de 1918, tentando influenciar, a partir dali, o rumo das negociações em Paris. Tilak já tinha 62 anos e era um político experiente, que havia décadas participava de maneira exemplar da formação do movimento para a autonomia indiana.

Em janeiro de 1919, Tilak dirigiu-se aos líderes dos aliados, a Lloyd George, a Clemenceau e, sobretudo, ao presidente norte-americano Wilson, cujas promessas já haviam repercutido positivamente na Índia: "A esperança de paz e de justiça no mundo repousa sobre o senhor, o anunciador dos grandiosos fundamentos da autodeterminação". Seu panfleto "Autodeterminação para a Índia" foi anexado à sua carta. A publicação era ilustrada com um desenho de um gigantesco transatlântico.

Pessoas de todos os continentes se encontram a bordo, viajando da "Autocracia para a Liberdade". O primeiro oficial tem os traços de Lloyd George. A Índia, representada como uma mulher vestida com um sári, quer embarcar também. Mas o oficial não tem nenhum bilhete de passagem para ela. Finalmente chega, do secretário particular de Wilson, uma carta de resposta, com palavras de agradecimento e com algumas concordâncias mornas. Até a sua volta à Índia, em novembro de 1919, Tilak nem sequer é capaz de obter um passaporte do governo britânico, que lhe teria possibilitado viajar de Londres a Paris. O objetivo da delegação indiana, obter um lugar para a Índia na Liga das Nações, ainda assim é alcançado. O resultado é paradoxal: representantes da Índia poderão tomar parte nas decisões que dizem respeito à independência de outros povos, sem que eles mesmos venham de um país independente.

No escritório de Louise Weiss as delegações que participam das conversações de Versalhes se revezam. Evidentemente os grandes nomes da política internacional não vêm pessoalmente. Ainda assim, atraídos pelo renome do jornal e pela fama de sua editora, hordas de conselheiros, colaboradores e especialistas a procuram em busca das últimas novidades e também para tentar influenciar a opinião pública por meio do jornal. Mapas lhe são mostrados, planos ousados lhe são revelados, ela é convidada para jantares em restaurantes silenciosos. Não há dúvida de que Louise Weiss é uma personalidade que adquiriu certo peso no cenário político parisiense, e uma das poucas mulheres que têm direito à palavra. Sua mãe, porém, tem certas dificuldades com a ascensão da filha: "Se ela apoiava minhas iniciativas, fazia-o, sempre, por convicção — nunca por estima a mim. Ela gostaria que eu tivesse passado a vida inteira ocupando um lugar determinado em alguma estrutura hierárquica e suportava mal o fato de que meu nome, que também era o dela, começasse a brilhar". Essa é a continuação de um relacionamento dramático entre uma mãe e uma filha que, no entanto, subitamente é eclipsado por outro, de dimensões consideravelmente maiores. Louise Weiss fica sabendo da terrível notícia através do jornal.

Em 4 de maio Milan Štefánik embarcou na Itália num avião que se dirigia à Tchecoslováquia. Ele já se encontrava além das fronteiras da Boêmia. Ao aterrissar, porém, o piloto perde o controle, o avião se despedaça e Milan morre em meio aos escombros. Apesar de sua amarga história de amor com ele, a morte do antigo companheiro significa para Louise o colapso de um mundo. Por quem ela fará agora o trabalho que parece não ter fim? Por quem passará noites na gráfica e os domingos em encontros políticos? Como haverá ela de existir sem a ideia de um amigo, ainda que ele a tenha desapontado tanto? Enquanto chora por Milan, Louise chora também por si mesma. Ela colocou sua vida a serviço dele, a serviço de sua obra. Onde haverá de encontrar, agora, sentido para sua existência? Seu primeiro impulso é agir à maneira de tantas das mulheres de seu tempo, preocupando-se apenas com sua felicidade particular. A ambição que a mobilizou ao longo de anos parece ter se extinguido. Subitamente ela perdeu todo o interesse pela política. Louise se sente degradada. Mas então haverá ela de confinar-se para sempre em sua tristeza e, "em vez de incorporar o mundo inteiro, passar a incorporar apenas a si mesma"? Se ela o fizesse, se tornaria outra pessoa. Adiante, então? Mas para quê? Em nome de quê? Louise dá um empurrão em si mesma e cria um mote: em nome da memória! "Decidida e infeliz, eu me comprometi com essa justificativa íntima."

Naquela noite Louise Weiss não consegue adormecer. Uma desconhecida se apresenta à sua frente. Uma mulher fina, com olhos negros e brilhantes, entra em sua sala, se lança nos seus braços e sussurra, num francês precário: "Eu sou Giuliana. Milan me disse para procurá-la se me encontrasse em dificuldades. Vim especialmente de Roma. Ah! Eu o amava". Louise Weiss sabe, imediatamente, quem é aquela mulher. Mas a imagem da jovem enlutada a comove e ela se oferece para abrigá-la, ouve-a. Giuliana lhe mostra presentes que Milan trouxe do Japão. A italiana afirma que jamais será capaz de consolar-se da morte dele.

Marina Yurlova conheceu, ao longo de sua viagem a bordo do trem transiberiano em direção ao Oriente, três jovens senhoras russas. Elas trajam vestidos elegantes, decotados, e se apresentam como alunas do refinado Instituto Smolny de São Petersburgo. Ainda durante a viagem de trem as supostas alunas dessa instituição de ensino da nobreza deixam-se sustentar, sem nenhum tipo de reserva, por um russo rico. E, tão logo chegam à cidade russo-chinesa de Harbin, interessam-se pelo mundo dos homens dali.

"Já são nove horas", exclama Katja certa noite e, como se estivessem obedecendo a um comando, as três se levantam e começam a trocar de roupa. Marina nunca viu roupas íntimas tão finas em toda a sua vida. Enquanto se transformam em sedutoras criaturas de luxo, elas proferem insultos russos nada finos. "Venha conosco", diz Nadia, "fomos convidadas para um jantar chinês. Vamos nos divertir muito." Marina não tem vontade de passar a noite inteira no austero alojamento onde se hospedou com suas novas amigas. Assim, ela também se levanta da cama e começa a se vestir. Mas sua única roupa é o uniforme de cossaco.

Através das ruas escuras da noite de Harbin, as quatro jovens alcançam um restaurante elegante. O porteiro as acompanha em direção a um salão finamente decorado, onde uma mesa já posta e decorada com flores as aguarda. Uma cortina se abre e cinco senhores chineses, elegantemente vestidos, adentram o recinto. Marina não se sente à vontade em seu pesado casaco militar. Um garçom lhes serve uma bebida forte e a conversação se dá em francês. Por fim, tem início o jantar, que consiste em uma sequência interminável de tigelinhas com especialidades da culinária chinesa e europeia. Marina não sabe falar francês. A fumaça dos cigarros enche seus pulmões e o álcool a deixa tonta. Aos poucos, sua cabeça cansada sucumbe, pousando-se sobre a mesa entre duas xícaras de chá.

Passado algum tempo, quando Marina abre os olhos novamente e se coloca sobre suas pernas vacilantes, a cena mudou radicalmente. Nadia está tocando um tango ao piano, os homens estão sentados em almofadas e encostados na parede e Katja está se despindo. Seus gestos acompanham o ritmo da música e, com sua lingerie cor-de-rosa, ela faz movimentos lascivos. Uma de suas meias de seda já está no chão e seus cabelos soltos esvoaçam em torno de seu rosto enrubescido pela dança, enquanto os homens a incitam, lançando-lhe notas de dinheiro.

Quando Sonia repara em Marina, aproxima-se dela, à maneira das pessoas muito embriagadas que se esforçam para se concentrar. Ela toma Marina pela mão, a leva em direção a um homem gordo e a empurra para o colo dele. O homem começa a apalpar Marina, dos ombros até os joelhos, enquanto uma marcha ressoa, vinda do piano. Um segundo homem se aproxima e começa a mexer num botão do uniforme de Marina. Ela vem há tanto tempo fazendo o papel de homem que não contava mais com a possibilidade de que um homem fosse capaz de olhá-la como mulher. Esse é o momento da nova metamorfose forçada, no qual a cossaca de repente se sente totalmente sóbria. "Eu não quero!", ela grita e se levanta com um salto. "Tirem-me daqui", sussurra ela a sua companheira de viagem. "Sua vagabunda! Você realmente não sabe o que é bom para você!", insulta-a Sonia. Mas ela se arrasta até uma saída, onde encontra um riquixá. Marina deixa a cidade às pressas, a bordo do primeiro trem para Vladivostok.

Depois de sua dispensa do Exército, começa para James Reese Europe um período de atividade febril. Ele sabe que precisa aproveitar o momento de fama nos meses que se seguem à desmobilização. Os Harlem Hellfighters ainda são ídolos tanto dos norte-americanos negros quanto dos brancos e sua banda ainda é considerada como a fanfarra da vitória. Em março de 1919, poucas semanas depois da parada da vitória em Nova York, tem início uma turnê da antiga banda do 369º Regimento pela Costa Leste e pelo Centro-Oeste dos Estados Unidos. O concerto inaugural realiza-se no respeitado palco da Hammerstein Opera House de Manhattan. O popular cantor Noble Sissle apresenta-se como solista em diversos números e o concerto é um grande sucesso. O público fica extasiado e pede um bis depois do outro. Os jornais transbordam de entusiasmo por aqueles "ecos da vida no campo de batalha". De Nova York eles seguem para Filadélfia, e de lá para Boston, onde a acolhida é igualmente entusiástica. Em seguida a banda viaja, a bordo de dois ônibus, em direção ao oeste para apresentar-se em cidades como Chicago, Buffalo, Cleveland e St. Louis, entre outras. Em toda parte na terra-mãe do jazz as composições repletas de truques, o som fanhoso dos metais entupidos e a notável habilidade e o prazer da música da big band desencadeiam ondas de entusiasmo. O repertório é amplo: de marchas francesas a canções populares norte-americanas até o hit de guerra composto por Reese, "On Patrol in No Man's Land", que retoma, por meio de efeitos de luz e de som, o trovejar das bombas e os estampidos das metralhadoras. Até mesmo versões sincopadas de composições clássicas, como a suíte *Peer Gynt*, de Edvard Grieg, são apresentadas ao público.

O *Chicago Defender* exulta: "O trabalho dos 'Hellfighters' pode ser comparado ao das melhores orquestras. Em muitos sentidos, eles superam todas elas: pois não há dúvida de que não existe nenhuma formação no mundo capaz de se comparar a eles na interpretação de blues, jazz e *negro folk*". Numa apresentação na localidade de Terre Haute, porém, alguns contratempos se imiscuem no enorme sucesso da turnê. O diretor da casa de ópera local insiste que — como é costume em seu estabelecimento — os espectadores negros e os espectadores brancos se acomodem em seções separadas. O público reage com fúria a essa determinação, que se encontra em flagrante contradição com a mensagem que a música de entretenimento apresentada pela banda militar deseja transmitir: a da emancipação dos negros norte-americanos. Na noite da apresentação, mulheres enfurecidas se aglomeram diante da casa de ópera e distribuem panfletos contra a "vergonha da discriminação racial". Ao final, James Reese Europe se apresenta com sua banda diante de duzentos espectadores brancos e duzentos espectadores negros, que são chamados pela imprensa de "traidores". O concerto de encerramento da turnê está marcado para o dia 10 de maio de 1919, no Harlem. James Reese Europe pode orgulhar-se de um enorme sucesso. Aos 39 anos, o compositor e líder da banda se encontra no auge da fama. Sua ascensão meteórica durante a guerra continua também em tempos de paz. Ainda assim, esse é o sucesso de um artista negro, não de um soldado negro, e muito menos o de um cidadão negro.

Henry Johnson, depois da volta e da grande parada em Nova York, também vê um tapete vermelho estendido diante de si. Os Estados Unidos querem ver "Black Death", o homem que ajudou o Exército norte-americano a conquistar a vitória nos campos de batalha. Um agente lhe oferece 10 mil dólares por uma série de conferências pelo país. Mas Johnson recusa o convite. Ele não confia num agente branco.

Ainda assim, a fama lhe agrada. Em março de 1919 ele acompanha o coronel Hayward, comandante de sua unidade, a um evento no qual são vendidos "Liberty Bonds". Pouco tempo depois, ele aceita um convite para apresentar-se em St. Louis, para o qual lhe oferecem 1500 dólares. Lá, diante de um público numeroso, deve ser comemorada a contribuição de negros norte-americanos para a vitória. Johnson primeiro vai receber seu cachê, enquanto no palco um pregador se dirige à multidão. Em seu discurso ele apresenta os atos de heroísmo dos soldados negros como um novo começo para os Estados Unidos como um todo, não apenas na guerra, mas também na paz. Ele traça os contornos de um futuro no qual norte-americanos negros e brancos viverão em harmonia, reconhecendo os méritos uns dos outros.

Quando Johnson, ostentando suas condecorações, sobe ao palco, é acolhido com júbilo frenético. Naquele instante ele parece ter se tornado um emblema da nova América. Ele se aproxima do microfone. Mas já nas primeiras frases fica claro para todos que Johnson não tem, de maneira nenhuma, a intenção de afinar seu discurso com o tom da harmonia racial. Ele quer falar abertamente da guerra. Assim, começa fazendo uma descrição de sua experiência, desde o momento da convocação: a formação ruim, a falta de equipamentos, o desprezo dos soldados brancos, que se recusam a ficar ao lado de negros nas trincheiras. No front não havia solidariedade entre brancos e negros. Os soldados do Harlem foram tratados como homens de segunda categoria, que prestavam apenas para funções subalternas, ou para serem carne de canhão. Eles só foram encarregados de missões consideradas perigosas demais para os soldados brancos: "Mande os pretos para o front, assim sobrarão menos deles em Nova York", teria ele ouvido um oficial branco dizer. A fúria represada, as humilhações e os traumas de toda a campanha irrompem. "Sim, vi mortos. Vi tantos cadáveres empilhados que, quando via alguém vivo, não era capaz de acreditar que fosse verdadeiro." Ele vê a si mesmo como um herói, mas não quer ser o falso herói dos brancos, e duvida que o país lhe agradecerá por seus sacrifícios: "Se eu fosse branco, agora já seria o governador do estado de Nova York", lança ele sobre a plateia. Quanto mais ele fala, mais cresce o desconforto do público. Primeiro ouvem-se murmúrios, depois interferências e apupos. Quando Johnson termina, o público expressa sua sonora indignação. Os dignitários da cidade ali reunidos e os sacerdotes tentam tranquilizar a multidão. Eles pedem desculpas pelo palestrante irado e procuram fazer o papel de conciliadores.

É só ao final do evento que vozes que antes, no interior da sala, mal podiam ser ouvidas se elevam. Na saída, Johnson é recebido com aplausos trovejantes e com júbilo. Mãos se estendem em sua direção, ele é erguido sobre os ombros dos presentes e carregado por toda a cidade como um troféu. Mulheres o cobrem de flores e de beijos. No interior do auditório, ele era um traidor, mas nas ruas de St. Louis ele é um herói. No dia seguinte, Johnson é acusado pela imprensa de ter desencadeado "distúrbios raciais" em St. Louis.

Aquela seria a última grande aparição pública de Henry Johnson. Depois dos apupos em St. Louis, ninguém mais quer convidá-lo ao palco. Ele vive de trabalhos esporádicos. Começa a sufocar com o álcool as dores que atormentam seu corpo arruinado e sua alma traumatizada. Em 1923, sua esposa o abandona. A partir daquele dia, Henry Johnson, o "Black Death", está a sós com suas lembranças e com seus ferimentos.

Um dos últimos concertos da turnê que levou James Reese Europe a todos os cantos dos Estados Unidos ocorre em 9 de maio em Boston. A chuva e o frio castigam a Costa Leste. Como a ópera de Boston já está ocupada, a banda é obrigada a apresentar-se no velho e mal vedado Mechanic's Hall, na Huntington Avenue. Já há alguns dias que James Reese Europe vem sentindo os primeiros sintomas de uma gripe. Mas ele está decidido a levar a cabo as últimas apresentações daquela grande turnê. A matinê é um sucesso, e Europe consegue se recuperar, novamente, para o concerto da noite.

O que ocorre naquela noite consta de um texto datilografado de autoria do tenor Noble Sissle: até o intervalo, o concerto transcorre conforme o planejado. Porém, enquanto os músicos estão deixando o palco, dois percussionistas, os gêmeos Steve e Herbert Wright, dirigem-se ao camarim de James Reese Europe. Eles estão furiosos e Europe tenta tranquilizá-los com as palavras certas. Faz-se silêncio e então Herbert explode: "Eu trabalho duro para o senhor. Veja as minhas mãos, elas estão inchadas porque eu dou tudo para manter o ritmo certo. Mas Steve não para de cometer erros, e o senhor nunca diz nada a ele". Graças a elogios, Herbert se acalma mas, pouco tempo depois, volta, completamente fora de si. Ele atira seu tambor num canto do camarim de Europe e grita: "Eu mato todos os que me maltratam, Jim Europe, eu vou matar você!". Como se estivessem paralisados, todos veem Herbert sacar um canivete. Europe mantém a calma e diz, num tom firme, ao percussionista enfurecido: "Herbert, fora daqui, já!". Nesse instante, Wright se precipita sobre Europe e esfaqueia seu pescoço.

O uniforme de James Europe se tinge de vermelho, o ferimento é precariamente envolto com um lenço e uma ambulância é chamada. O líder da banda ainda dá instruções para que o concerto continue até o fim, sob a direção de seu assistente: Sissle também deveria cuidar dos preparativos para que o concerto seguinte transcorresse sem surpresas. Até o início do espetáculo, no dia seguinte, ele estaria de volta.

Isso, porém, não aconteceria. Os médicos são incapazes de conter a hemorragia. Quando, ao término do concerto, Noble Sissle chega ao Hospital Municipal, ouve pedidos de que integrantes da banda doem sangue para o maestro. Mas, passados poucos minutos, constata-se que isso tampouco poderá ajudá--lo. James Reese Europe está morto.

No dia do seu casamento fica claro para Alvin York que ele também se tornou uma espécie de herói em sua terra natal nas montanhas. Mais de mil convidados se acomodam nas maiores mesas de festa jamais vistas na aldeia de Pall Mall. Gente de toda a região se empenhou para que as mesas se vergassem sob o peso de uma infinidade de cabritos, porcos e perus assados, ovos, broas de milho, leite, geleias e bolos.

Quando todos os convidados vão embora, Alvin York põe mãos à obra. Depois de muito pensar, ele sabe o que quer. Compreendeu que não foi o acaso que o levou à guerra e ao grande mundo, e que não é à toa que ele sobreviveu. O antigo pacifista está convencido de que havia um sentido para a guerra. Não, porém, o sentido que os políticos e os líderes militares tentam fazer parecer plausível, e sim um sentido estritamente pessoal: Deus o expôs ao perigo e o salvou para lhe transmitir uma missão. York tivera que ver a morte diante dos olhos para assim poder compreender o real valor da vida. Ele tivera que viajar pelo grande mundo para assim poder compreender quão limitado e estreito é o mundo do qual ele provém. Cabia-lhe compreender quão limitado era seu entendimento, disso derivando as consequências necessárias.

A primeira coisa que York faz é visitar a sede do Departamento Rodoviário do Estado do Tennessee para persuadir os responsáveis a construírem uma estrada até Pall Mall. Até então ele sempre pensara que as montanhas protegiam os moradores do vale dos perigos do mundo. Agora, tornava-se claro para ele de quantas influências importantes seus conterrâneos ficavam privados por essa circunstância. A estrada, cuja construção logo será iniciada, deverá significar o início de uma abertura.

Ainda mais difícil para Alvin York é ser obrigado a admitir como ele se encontrava perdido no instante em que deixou a estreiteza de seu lugar de nascimento. Durante a guerra, Alvin York reconheceu as dimensões de sua própria ignorância e de sua falta de cultura, e seu desejo é que os filhos de sua cidade não sejam assim. Ele arrecada dinheiro com vistas à construção de uma nova escola e à contratação de professores. Alguns meses depois, de fato novos edifícios, professores e material didático estão prontos. Alvin York convida as crianças da região à sua escola. Muitas delas são analfabetas. Mais tarde, ele quer, ainda, fundar uma escola profissional, construir um playground, montar uma biblioteca e assegurar cuidado médico à população. As crianças devem adquirir conhecimentos, devem aprender a ganhar a vida por meio de trabalho qualificado. Algum dia, elas transformariam a vida nas montanhas: com ruas, casas modernas, instalações sanitárias e luz elétrica. Elas haveriam de ter uma vida melhor do que a dele, que se sentira pequeno e tolo diante da imensidão da guerra, diante da multiplicidade das pessoas que ele encontrou, diante de Boston e de Paris e de Nova York. Assim, ele pretende transformar em ação os sinais divinos que lhe foram dados por meio da guerra.

Na Residência Imperial de Weimar, onde o governo da República alemã instalou sua sede, Matthias Erzberger consegue, enquanto isso, tornar-se ainda mais indesejável do que ele já era desde a assinatura do cessar-fogo em Compiègne. É verdade que, em janeiro de 1919, ele foi eleito para o cargo de membro da Assembleia Nacional, como representante de seu distrito eleitoral, na Suábia, e foi nomeado ministro no gabinete de Philipp Scheidemann. Porém, sua posição diante das negociações de paz em Paris desperta grande indignação, tanto nos círculos internos da política alemã quanto na opinião pública. As iniciativas de Erzberger estão marcadas por um realismo que é insuportável para alguns. Pelo menos desde seu encontro com Ferdinand Foch estava claro para ele que a Alemanha não poderia contar com nenhuma leniência nas negociações. E o que lhe é apresentado pelos representantes dos Estados Unidos em Paris confirma seus piores temores. Erzberger escreve em seu diário que as potências vitoriosas estão a caminho de impor à Alemanha a prestação de "trabalho escravo eterno".

Em maio de 1919 são apresentadas à delegação alemã em Paris as condições para um acordo de paz. Com esse documento na bagagem, que atribui à Alemanha toda a culpa pela guerra, os emissários viajam a Weimar: "Depois que as exigências para o acordo de paz do inimigo [...] se tornaram conhecidas, elas pareceram, num primeiro instante, paralisantes. Mas depois soou o grito da indignação diante do desrespeito às solenes promessas de estabelecer uma paz justa, com base nos princípios enunciados por Wilson". A pergunta de como a Alemanha deveria reagir à oferta de Paris provoca uma cisão no governo de Weimar. Um lado, ao qual também pertence o primeiro-ministro do Império Scheidemann, quer que seja feita uma declaração de que as condições são "inaceitáveis" para a Alemanha. Na Assembleia Nacional o chanceler se manifesta de maneira ainda menos diplomática: "Qual mão não haveria de ressecar, sujeita a semelhantes grilhões?".

Erzberger, por sua vez, declara que as condições são "insuportáveis e irrealizáveis". Ele percebe que a palavra "inaceitável" seria um grande "sucesso imediato" diante da opinião pública alemã, mas que o preço a ser pago ao cabo de poucas semanas poderia vir a ser elevado demais: por falta de alternativas políticas, uma assinatura forçosamente teria que ser aposta ao acordo.

Erzberger põe em ação toda a sua influência política e ameaça renunciar a seu cargo caso o acordo de paz não seja firmado. Num texto memorialístico ele expõe os motivos de seu empenho pela assinatura: a Alemanha não tinha a menor condição de retomar a guerra. Segundo Erzberger, com a assinatura a situação econômica melhoraria e a fome seria contida. Só se hoje a Alemanha se mostrasse compreensiva em Paris poderiam surgir, amanhã, novas oportunidades de negociações no que dizia respeito tanto às reparações quanto ao papel da Alemanha no mundo e na Liga das Nações. Durante os acalorados debates que se estendem por dias a fio na cúpula do governo Erzberger enfatiza a falta de alternativas diante da situação: "Se alguém me amarrasse os braços e encostasse um revólver no meu peito, e exigisse de mim a assinatura de um documento no qual eu teria que me comprometer a alcançar a lua dentro de 48 horas, eu, como qualquer pessoa sensata, o assinaria, para salvar minha própria vida, mas, ao mesmo tempo, diria abertamente que não sou capaz de satisfazer essa exigência".

Os responsáveis pelas decisões políticas no Castelo de Weimar se encontram sob violenta pressão, não apenas por parte da imprensa direitista. Na noite anterior à chegada da delegação de Paris, um grupo de presidiários escapa de uma prisão e tenta invadir o castelo. No último instante, o portão do castelo é protegido. Os fugitivos, então, põem-se a disparar tiros contra as janelas do castelo. Eles atingem os aposentos dos ministros Noske e Bauer, que se encontram imediatamente abaixo do apartamento reservado a Erzberger. Ao mesmo tempo, eles clamam pelo enforcamento de todos os ministros.

Em 19 de junho de 1919, Scheidemann dissolve o gabinete dividido por disputas internas e, sob o comando do antigo ministro do Trabalho, Gustav Bauer, forma-se um novo governo, do qual Erzberger participa como ministro das Finanças. Ele tem consciência de que está assumindo o cargo mais ingrato de toda a política alemã. Pois, nesse seu novo papel, caberá a ele exigir o dinheiro alemão destinado ao pagamento das reparações. Até o último instante, Erzberger ainda tem esperanças de que haja, pelo menos, pequenas concessões no acordo — assim como conseguiu obter algumas concessões no último minuto, em Compiègne. Mas, em meio à atmosfera tensa, surgem duas notícias demolidoras.

A primeira vem do norte da Europa, das ilhas Orkney, mais precisamente, de uma baía denominada Scapa Flow. É lá que a frota alemã, entregue em novembro de 1918, foi ancorada sob vigilância das potências vitoriosas. Em 21 de junho de 1919, às onze horas, o contra-almirante Ludwig von Reuter, que continua a comandar a frota, dá a seus oficiais ordens para que os navios sejam afundados. As válvulas subaquáticas são abertas e, em seguida, destruídas, as portas estanques são abertas e bloqueadas. Enquanto os navios vão a pique, os tripulantes se dirigem à praia a bordo dos botes salva-vidas. O comando arrogante e prepotente de Reuter é sua maneira de reagir às notícias acerca do conteúdo do acordo de paz e de sua iminente assinatura. Se a guerra recomeçar, os ingleses não terão como dispor da frota alemã. O momento escolhido não poderia ter sido pior.

A segunda notícia catastrófica, na opinião de Erzberger, vem de Berlim e se espalha com a rapidez do vento no mundo inteiro: como reação às notícias vindas de Versalhes, ocorre uma queima pública de bandeiras francesas que haviam sido tomadas durante a guerra franco-prussiana de 1870-1. Diante de tais notícias, as potências vitoriosas anunciam que o prazo concedido para reflexões se encerrou. A Alemanha teria que aceitar imediatamente o acordo ou a guerra seria imediatamente retomada.

Diante da ameaça de uma intervenção inimiga irrompe, no governo de Weimar, uma atividade febril. A primeira ação dos aliados seria partir para ataques aéreos a Berlim e a Weimar? Ao mesmo tempo, Erzberger recebe sinais, por parte do Corpo de Oficiais, de que o Exército não estaria disposto a proteger o governo caso aquele acordo fosse aceito. Restam menos de 24 horas para a decisão. Em 22 de junho, a Assembleia Nacional finalmente decide aceitar a paz. Pouco antes, uma granada de mão é lançada contra uma janela atrás da qual se supõe que estejam os aposentos de Erzberger. Por medida de segurança, o novo ministro das Finanças é levado para longe do caldeirão de bruxas de Weimar.

Depois da morte de Milan, Louise Weiss começa a elaborar a perda à sua maneira: lançando-se ao trabalho. Ela se dedica com a maior atenção à edição de *L'Europe Nouvelle*, que tem como tema o acordo de paz. Quer que a edição se torne exatamente como Milan desejava. Ele foi um dos homens que davam o tom à nova Europa que, efetivamente, parecia estar surgindo. "Meu trabalho será seu mais belo discurso fúnebre, ainda que secreto. Será que, por meio dele, um dia minhas feridas haverão de cicatrizar?" Louise Weiss, porém, não é ingênua. Enquanto, por um lado, ela se lança com todas as forças no projeto europeu, sabe, por outro, que os homens que discutem os termos do acordo não são santos. Eles lutam pelos interesses dos seus países, dos seus governos e, em troca do sucesso, estão dispostos a ignorar os ideais de um mundo melhor. Em seu jornal ela também inclui as tensões internas que se sobrepõem às negociações, desde o primeiro dia.

Louise Weiss quer presenciar, a qualquer custo, o momento em que o acordo de paz for assinado no salão de espelhos de Versalhes, no qual, cinquenta anos atrás, o rei prussiano Wilhelm I — num ato deliberado de humilhação — proclamou-se imperador após a vitória alemã na Guerra Franco-Prussiana. Em 28 de junho de 1919, Louise Weiss toma o trem que sai de Paris e se dirige a Versalhes, ao longo do Sena. O tempo está instável. No céu acima do Palácio de Luís XIV há nuvens brancas, uns poucos raios de luz e gotas de chuva. Em sinal de respeito aos derrotados, não se veem bandeiras. Ferdinand Foch não está presente na cerimônia. Ele não está satisfeito com alguns dos pontos centrais do acordo. Para ele o fato de que a França não fez do Reno sua fronteira oriental é imperdoável. A aparentemente infinita série de honrarias que lhe foram prodigadas depois do término da guerra não mudou nada em sua atitude diante da Alemanha. Como sinal de protesto, o engenheiro da vitória aliada não se apresenta em Versalhes, muito embora não falte, em absoluto, dureza em relação ao principal inimigo da França, a Alemanha, nos termos do contrato. O artigo 231 do acordo estabelece que o Império Alemão é o único culpado pelo início da guerra. Nas cláusulas seguintes, o contrato prevê a devolução da Alsácia e da Lorena à França, assim como a expansão da Polônia sobre os territórios da Prússia Oriental e de Posen. A região do Sarre, com suas reservas de carvão, é colocada sob a jurisdição da Liga das Nações, e a região do Reno permanece ocupada por tropas aliadas. O Exército profissional alemão teve seu número de soldados limitado a 100 mil. Reparações, em montantes ainda a serem determinados, deveriam ser pagas aos inimigos da Alemanha durante a guerra, para indenizá-los de suas perdas.

A Louise Weiss, o acordo de paz não parece ser um passo em direção a uma conciliação e sim uma continuação da guerra por outros meios. Afinal, o que há de novo nessa ordem mundial da qual tanto se fala? Acaso não foi conservada a antiga política de interesses, além do escambo de influências e colônias? Não são, como antes, as antigas potências mundiais que dão as cartas no suposto Conselho das Nações? Aquela construção lerda, desprovida de órgãos executivos, seria capaz de evitar uma nova guerra? "Os espelhos continuavam a desempenhar seu antigo papel, ao multiplicar e eternizar um momento. Nesse caso, os gestos efêmeros dos governantes do mundo." Os representantes do Império Alemão, aos quais cabe apor a primeira assinatura ao documento do acordo, lhe dão pena. Diante do crescimento do poderio econômico da Alemanha, esses "idiotas" não precisariam ter feito mais do que esperar para que a liderança da Europa acabasse em suas mãos, sem guerras. Mas o primeiro--ministro francês Clemenceau, que preside a cerimônia, também lhe dá dó. Apesar de seu triunfo, ele jamais haveria de se tornar presidente. Até Wilson a entristece. Durante a guerra, quando havia necessidade de soldados, todos lhe davam ouvidos. Mas agora ele, junto com seus planos altaneiros para a Inglaterra e a França, é ignorado. Por fim, o sentimento de pena de Louise Weiss se estende, também, ao premiê britânico David Lloyd George. Ele não está, naquele instante, separando sua ilha do continente em vez de fazer dela parte da nova Europa?

No "dó" que Louise Weiss sente reflete-se também a ambivalência do acordo de paz: a mal disfarçada política de interesses dos vencedores; o choque dos derrotados, aos quais agora, se é que isso não ocorreu antes, se torna evidente que a derrota terá para eles consequências fatais; as esperanças frustradas de todas as nações, que acreditaram no "direito à autodeterminação" de Wilson. Assim, parece-lhe que os vencedores da guerra são, em certo sentido, perdedores, até mesmo aqueles que receberam indenizações e são capazes de estabelecer, para si mesmos, uma situação de potências mundiais. Eles perderam a chance de, após o fim da guerra, se relacionar uns com os outros num novo e construtivo espírito de conciliação. O sonho de uma ordem mundial mais justa e mais pacífica foi imolado no altar das razões de Estado. Mesmo após a assinatura do Tratado de Versalhes, não há mecanismos fortes para a preservação da paz; ao contrário, há conflitos que continuam a arder, e a partir dos quais um dia haverão de surgir as chamas de uma nova guerra.

Fascinada, Virginia Woolf observa como mercadorias que, perto do fim da guerra, haviam desaparecido das vitrines das lojas reapareciam nos meses que se seguiram ao cessar-fogo: bolos confeitados, pães de passas e pilhas de doces. Mesmo assim, a oferta ainda é precária em comparação com a do tempo antes da guerra. Será que o acordo de paz marcará uma volta definitiva à normalidade? Woolf apenas menciona de passagem, em seu diário, os acontecimentos em Versalhes, e o faz com um certo atraso. As comemorações da paz tampouco inspiram muito a escritora. Ela duvida que sejam merecedoras do gesto "de apanhar uma nova pena". Ela contempla da sua janela o cortejo festivo em seu lugarejo, Richmond, enquanto a chuva tamborila, insistentemente, sobre o telhado de sua casa. Ela se sente "abandonada, empoeirada & desiludida". É só depois do jantar que ela se reanima e coloca um pouco o nariz para fora da porta de casa. No pub da esquina, casais embriagados cantam e dançam. Do alto de uma colina, Virginia e Leonard Woolf observam os fogos de artifício, ou melhor, o que restou deles por causa da chuva. "Esferas vermelhas & verdes & amarelas & azuis subiam, vagarosamente, em direção ao céu, explodiam, acendiam-se num oval de luzes, que voltavam a se precipitar em minúsculos pontos, apagando-se. [...] Erguendo-se, assim, acima do Tâmisa, em meio às árvores, esses projéteis eram bonitos de ver."

Virginia Woolf mantém-se afastada das solenidades em Londres. Assim, ela registra apenas a "bainha de lixo nos subúrbios", que fica para trás ao término das cerimônias. Fora isso, as empregadas domésticas lhe fazem relatos entusiasmados de suas experiências na Vauxhall Bridge, onde "generais & soldados & tanques de guerra & enfermeiras & bandas de música" se seguem, uns aos outros, ao longo de duas horas. "Foi o mais grandioso espetáculo da nossa vida", dizem elas. Virginia Woolf tem a impressão de que se trata de "uma festa de empregados domésticos, algo que foi organizado para satisfazer & apaziguar 'o povo' [...]. Essas comemorações da paz têm algo calculado & político & desonesto. Além disso, elas se desenvolvem sem um único instante de beleza & sem quase nenhuma espontaneidade. Bandeiras aqui & ali [...]. Ontem, em Londres, a habitual massa grudenta e disforme de gente, casualmente acumulada & obtusa, como uma colmeia cheia de abelhas molhadas, rastejava pela Trafalgar Square & se balançava de um lado para outro no asfalto das ruas das redondezas". A escritora sente-se mal com suas críticas mal-humoradas a um acontecimento de tanta importância. Mas, afinal, deve-se fazer uma cara bonita diante de um jogo feio, como numa "festa de aniversário de crianças"?

Enquanto isso, o antigo príncipe herdeiro da Prússia se distrai, durante os dias monótonos de seu exílio holandês, com trabalhos em metal. O ferreiro da aldeia, Jan Luijt, que o inicia em seu ofício, é uma das primeiras pessoas que ele conhece na ilha de Wieringen, onde o descendente da dinastia dos Hohenzollern já se encontra há mais de meio ano. Com a família de pastores, em cuja casa Wilhelm está abrigado, também começou a estabelecer-se um contato amigável. O príncipe herdeiro lê e escreve um pouco, toma banhos de mar e vez por outra lhe é permitido receber visitas. A distância rude com a qual, num primeiro momento, os moradores da ilha levaram o príncipe a confrontar-se aos poucos se atenua. O príncipe herdeiro tenta portar-se como um homem do povo, até mesmo usa *klompjes*, os tamancos holandeses, e sabe que, ao entrar numa casa, eles devem ficar diante da porta. O tédio, o pior inimigo de Wilhelm, só é interrompido pela preocupação de que talvez os aliados sejam capazes de exigir da Holanda que ele lhes seja entregue.

O fato de que o antigo herdeiro do trono alemão não é um banhista qualquer é comprovado pelo interesse dos caçadores de suvenires pelos resultados do trabalho em metal de Wilhelm. Primeiro, é um norte-americano, que oferece 25 libras por uma ferradura feita pelo príncipe, na qual está gravada a letra "W". O ferreiro imediatamente reconhece aí uma nova oportunidade de negócio. Logo ele se vê forjando, secretamente, na calada da noite, ferraduras do príncipe Wilhelm, para assim poder atender à crescente demanda. O príncipe herdeiro olha para aquilo e balança a cabeça. "As pessoas invariavelmente estão dispostas a nos sugerir a mania de grandeza — até mesmo quando estamos longe de suas quermesses, numa ilhota em meio às algas. Antes elas recolhiam as bitucas de cigarros que eu jogava no chão e agora um esnobe oferece uma quantia com a qual, na minha terra, seria possível ajudar uma pessoa pobre a se erguer da miséria. [...] Não me admira que, afinal, alguns tenham se tornado o que se tornaram diante de semelhante culto!" Mas o comércio de suvenires desperta, também, seus críticos: o mimado filho dos Hohenzollern, que passou a vida inteira refestelando-se às custas de seus súditos, ainda há de enriquecer desse jeito, depois de sua deposição? É só mais tarde que a opinião pública fica sabendo que o lucro obtido por meio das ferraduras é dividido entre o ferreiro e as famílias necessitadas de Wieringen.

No silêncio estival da ilha no mar do Norte as notícias da paz de Versalhes se precipitam como uma tempestade. Wilhelm está desesperado diante do "Ditado de Versalhes", diante dos termos do acordo, que são como uma "palmatória", que "nos foi imposta pelo desejo cego de vingança. [...] Exigências desmedidas, que mesmo com a melhor das boas vontades não podem ser satisfeitas, ameaças brutais de sufocar nossa vida a cada vez que nossas forças se desfalecem. E, além de tudo isso, uma estupidez nunca vista — um documento que eterniza a guerra, o ódio e a amargura". Se havia alguma esperança, essa era a de que o acordo de Versalhes pudesse ser a base para o tão ansiado retorno do exilado à sua terra. É verdade que o antigo príncipe se dirigira por sua própria vontade à Holanda em novembro de 1918, mas a decisão a respeito de sua volta dependia da boa vontade tanto dos holandeses quanto do novo governo alemão. Por quanto tempo ele ainda vai ficar confinado àquela ilha? E o que o aguarda na terra natal? Olhando de maneira realista, ele sabe que só será tolerado, sob a nova ordem, se se abstiver de desempenhar qualquer papel público.

Käthe Kollwitz está agradecida ao maio de 1919 pelos sinais da primavera, mas tem dúvidas sobre os sinais da paz: "As andorinhas estão aí! Voltando de uma reunião na academia, eu seguia pela alameda Unter den Linden. [...] Tudo era esplêndido, o céu cheio de luz, o verde ainda delicado, tudo parecia transfigurado. Então senti, novamente, Berlim como o meu lugar, a minha cidade, que eu amo. Há quanto tempo conheço tudo isso [...]. E agora, uma paz tão terrível nos ameaça. O castelo ainda não foi reparado, o terraço, de onde o Kaiser discursava antigamente, está semidestruído pelos tiros, os portais estão muito danificados. É um símbolo do brilho estilhaçado". As novidades vindas de Versalhes trazem novas inquietações a Berlim, onde a vida cotidiana se restabeleceu em certa medida. Em maio, há outra vez massas humanas no centro da cidade. A opinião púbica é tudo menos unânime. Há manifestações em favor e manifestações contrárias à aceitação das condições para a paz impostas pelos aliados e, diante dessa situação de divisão e de tensão emocional, os confrontos são inevitáveis.

A artista berlinense não participa das manifestações públicas. Ela tenta registrar, em sua arte, a sua experiência daquele momento: perdas, morte, luto e fome são seus temas. Mas o trabalho lhe parece indizivelmente difícil. Antes, ela era capaz de se concentrar por horas a fio e mergulhar inteiramente na atividade criativa. Agora sente inquietação, preocupação e cada um dos trabalhos que faz, antes mesmo que esteja concluído, lhe parece insuficiente.

Em 20 de junho de 1919 os jornais anunciam que o novo governo assinou o acordo de paz. Quão ansiado era esse dia, e como parece amargo agora. "Como eu imaginava esse dia, antigamente! Bandeiras em todas as janelas. Eu pensava sempre em qual bandeira estenderia de minha janela, e chegava à conclusão de que seria uma bandeira branca, sobre a qual estivesse escrito, em grandes letras vermelhas: Paz. E em torno do cabo e nas pontas, haveria guirlandas e flores. Pois eu imaginava que seria uma paz de entendimento e que o dia em que seria anunciada seria o dia do 'reconhecimento soluçante', das lágrimas de felicidade." Agora também se tem vontade de chorar, porém não de felicidade.

Mas o que resta senão seguir adiante? Seu marido precisa ocupar-se com o número crescente de pacientes, dos quais muitos sofrem mais de miséria do que de qualquer doença específica. Ela tem suas encomendas. A vida tem que continuar. Ela começa a retirar os objetos do quarto do filho morto, para que sua mãe, acometida de demência senil, possa ocupá-lo. "Este é um trabalho tão doloroso." No armário vermelho ela encontra o material de pintura de Peter, seus cadernos de esboços, testemunhos de sua vivacidade, de sua vitalidade, de seu talento. "Seu quarto era sagrado." Agora, ele se tornou profano.

Pelo menos desde a assinatura do acordo de paz, Matthias Erzberger tornou-se "o mais detestado de todos os políticos alemães", conforme um de seus contemporâneos, o teólogo e filósofo Ernst Troeltsch, escreve. O colecionador de arte Harry Graf Kessler relata que, durante uma viagem de trem, um senhor idoso se pôs a bradar insultos a Erzberger, ameaçando colocar "algumas granadas de mão debaixo de seu vagão". Os ataques mais violentos, porém, vêm de um representante do Partido Nacional Popular Alemão chamado Karl Helfferich, que publicou uma longa série de artigos no diário conservador *Kreuzzeitung*. Ali, ele não só discute as decisões políticas dos últimos anos nas quais Erzberger esteve envolvido como também o acusa de ter enriquecido pessoalmente enquanto político, ocupando cargos elevados. Erzberger, que, como ministro das Finanças, é obrigado a concentrar todas as suas energias na maior de todas as reformas econômicas da história alemã, defende-se como pode da alegação de Helfferich, que aponta para ele como o principal responsável pela "paz da vergonha" e o caracteriza como o emblema de todos os males da nova república. Ele é até mesmo chamado de "destruidor do Império" e "câncer". Em agosto de 1919 as tiradas de Helfferich são publicadas numa brochura que leva o título *Fora Erzberger!*.

Pouco tempo depois da assinatura do acordo de paz, chega às mãos de Arnold Schönberg, em seu apartamento no bairro vienense de Mödling, uma carta de um certo Monsieur Fromaigeat, da cidade suíça de Winterthur, na qual ele convida o compositor vienense a juntar-se a um movimento artístico que está surgindo em Paris. O objetivo desse movimento seria a restauração daquela "Internacional do espírito" que tinha sido destruída pelas mobilizações artísticas e intelectuais da guerra. A resposta de Schönberg é detalhada e marcada por aquele tom acerbo e cínico que se manifesta em todos os seus escritos acerca de algo que lhe é avesso — ou seja, com muita frequência. Num tom aparentemente amistoso, Schönberg expressa, em sua resposta, a sua satisfação ao ver que a iniciativa do movimento de reconciliação vem de Paris, pois "justamente de lá, assim como os mais agressivos movimentos, desde o início da guerra até o seu fim, tudo tinha sido feito no sentido de destruir, na medida em que ela dizia respeito à Alemanha, esta Internacional". Não era possível agir como se nada tivesse acontecido e simplesmente formular um convite "que quase se parece à famosa 'admissão' na Liga das Nações. Pois ocorreu algo! Ocorreu [...] que Saint-Saens e Lalo se manifestaram diante da música alemã de maneira incompreensível, que alguém como Claudel continuou a falar dos *'boches'** mesmo após o término da guerra". Schönberg admite que também na Alemanha tinham sido cometidos "pecados". "Mas nunca e em nenhum lugar chegou-se perto" do que se passou em Paris. Ele somente estaria disposto a participar da iniciativa de intelectuais que se distanciassem claramente dos erros cometidos no passado recente. Todos os demais teriam que ser excluídos "de uma comunidade na qual só pode haver um tipo de guerra, a guerra contra a maldade, e onde só pode haver um método de combate, o afastamento". Depois disso, Arnold Schönberg nunca mais ouviu falar de Monsieur Fromaigeat.

Quando, em seguida à assinatura do acordo de paz, Louise Weiss observa o Salão dos Espelhos vazio e a desordem das cadeiras, já vazias, fica claro para ela que algo se acabou, não apenas para o mundo como também para ela mesma. Depois desse final decepcionante de uma primavera cheia de esperanças, ela subitamente não é mais capaz de imaginar-se passando

---

* Nome pejorativo dado ao alemão durante a Primeira Guerra. [N.T.]

o resto de seus dias nas salas estreitas de uma redação. Ela quer deixar Paris para ver com os próprios olhos o continente europeu, a respeito do qual ela tanto escreveu. Quer compreender o mundo e trabalhar para aquela paz na qual ela acredita, e na qual Milan acreditou.

Louise Weiss praticamente não tem economias, mas isso não deverá significar um impedimento para seus planos de viagem. Ela é uma jornalista respeitada e dispõe de bons contatos. O jornal *Le Petit Parisien* vende, diariamente, uma edição de mais de 1 milhão de exemplares e seu apoio a um político pode ser decisivo numa eleição. Louise Weiss se apresenta ao redator-chefe Élie Joseph Bois, a quem ela tinha sido recomendada pelo novo ministro das Relações Exteriores da Tchecoslováquia, Edvard Beneš. Só com má vontade Bois ergue os olhos de sua escrivaninha coalhada de papéis: "Em que posso servir-lhe?". Louise Weiss se dá conta de que não terá muito tempo à sua disposição e vai diretamente ao assunto: "Faça de mim sua correspondente em Praga e o *Le Petit Parisien*, que já é o mais importante jornal aqui, o será também lá". Bois se levanta da cadeira e põe-se a andar de um lado para outro. E então ele a agarra pelos ombros: "Isso está fora de cogitação!". Ele não tem como enviar um repórter de saias a uma região em guerra. "Mas eu tenho talento", insiste Louise Weiss. Isso é algo que o redator-chefe é obrigado a admitir. Então que ela vá, em nome de Deus! "Mas não tenho como lhe prometer nada. Mande-me alguns artigos. Se eles agradarem ao chefe, eu os publico."

A grande parada da vitória de 14 de julho de 1919 é uma das últimas impressões da capital francesa que Louise Weiss leva consigo em sua viagem. As tropas aliadas desfilam ao longo dos Champs-Élysées, vindas do Arco do Triunfo em direção ao Louvre. É a apoteose dos marechais Joffre e Foch. Louise Weiss, porém, sente vergonha diante dos soldados negros das colônias, diante das tropas indianas que foram chamadas à

Europa, para matar e para morrer em nome de uma causa que não era a deles. Ela não sabe como, mas sabe que tudo isso terá de mudar. Conter a guerra, "codificá-la, delimitá-la, cuidar dos feridos, relembrar os mortos, 'humanizar' a guerra — que comédia! A guerra é inaceitável e precisa ser abolida".

Numa tarde quente de agosto Louise Weiss embarca na Gare de l'Est, em Paris, num trem em direção a Praga. Uma parte dos vagões ainda é blindada. A jornalista está armada apenas com "1500 francos de economias, 26 anos de idade e suas convicções". Ninguém a acompanha à estação ferroviária, nem mesmo seus pais vieram para lhe desejar uma boa viagem.

Em 21 de outubro de 1919 Virginia Woolf encontra na sua caixa de correio seis exemplares de *Noite e dia*. "Estou nervosa? Surpreendentemente pouco. Mais excitada e orgulhosa do que nervosa. Em primeiro lugar, agora o livro está aí, publicado & basta. Depois, li algumas páginas, e gostei. Além disso, tenho certa confiança de que pessoas cuja opinião significa alguma coisa para mim provavelmente gostarão também, o que é reforçado pela consciência de que, mesmo que isso não seja assim, eu recomeçarei e escreverei uma nova história."

As primeiras reações que chegam a Virginia Woolf por carta lhe despertam esperanças. "Não há dúvidas de que se trata de uma obra da mais alta genialidade", escreve seu cunhado Clive Bell. "Eu confesso que estou contente, ainda que não convicta de que as coisas sejam como ele diz. Ainda assim, isso é um sinal de que eu estou certa em não ter medo." Que sua estrela se encontra no início de um movimento de ascensão nos círculos internos do mundo literário é algo que Virginia Woolf também percebe porque não cessam de lhe chegar encomendas de resenhas. Ela datilografa a toque de caixa, às vezes dá conta de um romance inteiro num só dia, enquanto suas mãos doem como se ela estivesse com reumatismo. As primeiras resenhas sobre seu livro são publicadas. Algumas são muito elogiosas, outras são demolidoras, e a acusam de não escrever de acordo com suas próprias exigências literárias. Será que algum dia ela poderá deixar de lado aquele ganha-pão das resenhas? Enquanto Leonard se recupera de uma crise de malária, doença com a qual ele fora contagiado no Ceilão anos antes, e Virginia Woolf torna a ver claramente "como todo meu peso se sustenta sobre ele", a escritora acompanha passo a passo, em suas anotações, e com pitadas de ironia e de incerteza acerca do próprio valor, sua própria ascensão. Mais tarde, ela fará sua "primeira apresentação como pequena celebridade", na casa de Lord e Lady Cecil. Dentre os presentes encontram-se, além do filho dos anfitriões, o príncipe Antoine Bibesco e sua esposa, Elizabeth, filha do ex-primeiro-ministro Herbert Henry Asquith. Eles desejam conhecer pessoalmente a escritora, a respeito da qual tanto se lê. Essa filha de uma família da alta sociedade sente-se bastante nervosa enquanto se recolhe a uma varanda envidraçada para conversar com Virginia Woolf. Ela não se esforça em fazer observações particularmente inteligentes, ainda que disponha de um discernimento altamente escolado, e ainda que uma de suas tias também seja escritora. Ela não ousa contradizer Virginia Woolf, como se não quisesse desperdiçar com essa "intelectual" as suas habilidades. Virginia Woolf não tem como evitar o gratificante sentimento de superioridade. Isso deve ser o sucesso.

No mesmo outono de 1919 Rudolf Höss, juntamente com cerca de mil combatentes, põe-se a caminho do Báltico, ainda que o governo alemão tenha proibido expressamente, em outubro, que novas tropas alemãs participassem dos conflitos ao sul do mar Báltico. Noske, o ministro da Defesa alemão, até mesmo ameaçou executar sumariamente todos aqueles que fossem apanhados cruzando a fronteira da região do Báltico.

Ainda assim, tropas ilegais ignoram sistematicamente essa determinação. Quando eles alcançam a fronteira oriental da Alemanha, apontam suas metralhadoras para os guardas de fronteira e estes os saúdam e dão passagem aos soldados. Gestos de autonomia como esses levam, mais tarde, à dissolução da Corporação de Voluntários Rossbach, que, a partir de então, continua a existir na clandestinidade.

No Báltico, os membros da Corporação de Voluntários se juntam às tropas do Exército de Libertação da Rússia Ocidental, composto de tropas russas, báltico-alemãs e alemãs, que lutam contra a recém-fundada República da Letônia e pretendem combater a Revolução Russa. Höss lembra-se das batalhas no Báltico até o fim de sua vida pela crueldade com as populações civis, a qual, evidentemente, ele atribui apenas aos inimigos. As batalhas teriam sido de "uma selvageria e de uma fúria como eu nunca vira antes, durante a guerra mundial, nem depois, em nenhum dos combates dos quais participou a Corporação de Voluntários. Na verdade, não havia um front propriamente dito. O inimigo estava em toda parte. E onde quer que houvesse um confronto, seguia-se um massacre que se estendia até a destruição completa". Höss vê como casas são incendiadas e seus moradores queimados vivos. A imagem de casebres incinerados e de corpos carbonizados perseguirá Rudolf Höss até o fim da sua vida. "Àquela época, eu ainda era capaz de rezar, e era o que eu fazia."

6.
O fim do começo

Sofríamos da doença da Alemanha. Sentíamos as transformações como se fossem uma dor física... Encontrávamo-nos, sempre, sob a luz das faíscas das descargas elétricas, estávamos sempre presentes quando aconteciam as queimas [...]. E assim, colocados a meio caminho entre duas ordens, entre a velha, que ajudávamos a destruir, e a nova, que ajudávamos a construir [...] nos tornamos irrequietos, privados de um lar, portadores malditos de forças terríveis, fortes graças à disposição para a culpabilidade.

Ernst von Salomon, *Die Geächteten*
[*Os desprezados*], 1930

Walter Gropius, *Memorial para as "Vítimas de março"*, 1922

Em 26 de janeiro de 1920, perto das 14h30, Matthias Erzberger deixa o Primeiro Tribunal Nacional, no Palácio da Justiça, no bairro berlinense de Moabit, onde, em meio à grande atenção do público, se trata das acusações feitas contra ele por Karl Helfferich. Erzberger se recosta no assento traseiro de seu automóvel quando um jovem sobe no estribo do carro e dispara dois tiros à queima-roupa. Um dos projéteis atinge o ombro de Erzberger, o outro é desviado pela corrente de seu relógio. Depois de um instante de pavor, pessoas que estão ali à volta derrubam o perpetrador e o agarram. O ministro das Finanças, sangrando copiosamente, é levado ao hospital. Ele sobrevive ao ataque, porém não será mais capaz de se livrar do trauma e da consciência de sua própria vulnerabilidade.

Em 12 de março de 1920, no Primeiro Tribunal Nacional, no bairro berlinense de Moabit, é proferido o veredito no processo de injúria e difamação que Matthias Erzberger moveu contra Karl Helfferich. Por divulgar falsas acusações e por difamar Erzberger, Helfferich é condenado a pagar uma multa no valor de trezentos marcos. O verdadeiro perdedor do processo, porém, é Erzberger, pois o Tribunal descobre que as acusações objetivas que Helfferich faz contra o ministro das Finanças têm, em sua maior parte, fundamentos reais. Assim, agora Erzberger se vê acusado de ser um político que se aproveitou de sua posição para obter vantagens para si mesmo e para empreendimentos com os quais tinha ligações. Erzberger decide renunciar a seu cargo até que as alegações possam ser examinadas por meio de novas investigações. Sua renúncia provisória é uma festa para a imprensa direitista. Käthe Kollwitz também acredita que "Erzberger parece desmascarar-se como um corrupto".

Ao passarmos do verão de 1919 para o início de 1920, deixamos para trás o "mundo dos sonhos do período do cessar-fogo" de Troeltsch, deixamos para trás o coração do cometa sob cuja incandescência surgiram visões e também se dissolveram visões. Em muitos diários, correspondências e memórias a atmosfera se transforma depois da assinatura dos acordos de paz em Versalhes. Aos poucos restabelece-se algo que se parece a um cotidiano. Porém, especialmente nos países nos quais o fim da guerra trouxe consigo transformações profundas, trata-se de um cotidiano sob circunstâncias incertas e mesmo perigosas. É como se os tempos difíceis nunca mais fossem acabar.

Agora, esperanças sombrias — visões destrutivas, repletas de ódio, cuja concretização depende de sempre renovados atos de violência — surgem de maneira cada vez mais clara. As ideologias totalitárias que se ameaçam mutuamente com a destruição tomam suas posições fatais no front. A era dos extremos se anuncia.

"Revolta — Mortos... Barulho e medo." Em março de 1920 Alma Mahler visita Walter Gropius, que ainda é seu marido, em Weimar. Ela se hospeda no Hotel Elephant, de cuja janela é obrigada a contemplar, no dia 13 daquele mês, cenas inquietantes. "À minha frente, a Praça do Mercado, crepúsculo, uma movimentação assustadora. Operários cospem nos jovens com capacetes de ponta de lança do partido de Kapp. Eles permanecem imóveis. A multidão urra." Em Weimar, a sede da Assembleia Nacional alemã, ela observa de perto a tentativa de golpe contra a jovem República Alemã. Não só lá como também em Berlim, corporações de voluntários assumiram o controle da cidade. A brigada da Marinha Ehrhardt marchou sobre a antiga capital e muitos dos soldados pintaram uma cruz gamada branca sobre seus capacetes. O governo de Ebert decide fugir da capital ao mesmo tempo que convoca a uma greve geral. Um dos líderes do golpe, o funcionário administrativo Wolfgang Kapp, é declarado primeiro-ministro pelos golpistas.

Da janela do Elephant, Alma Mahler vê também a tentativa malograda de um emissário do governo de conciliar os golpistas de direita e os manifestantes de esquerda. Cai a noite. "Nenhuma luz brilha. Em meio à escuridão, a massa é ainda mais assustadora do que de dia. Aqui e ali vê-se a luz de um fósforo que acende um cigarro. [...] O medo de saques se instala em nossa garganta. Mal ousamos falar em voz alta."

Evidentemente não é só nas ruas que as opiniões se manifestam. Alma Mahler é obrigada a ouvir insultos do pintor russo no exílio, Vassíli Kandinski, que pouco depois será nomeado professor da Bauhaus, por causa de seu "amor pelo judeu" Franz Werfel. Kandinski e sua esposa "me acusaram de ser uma serva de judeus, e assim por diante". É paradoxal que isso ocorra justamente com ela que — assim como Walter Gropius — não faz segredo de sua antipatia pelo judaísmo, ao mesmo tempo que não só tem amizade com muitos judeus como também foi casada, ao longo de sua vida, com dois judeus, Gustav Mahler e depois Franz Werfel.

Já no dia seguinte começam a se fazer sentir os efeitos da greve geral, a maior de toda a história alemã. "Os canais não são esvaziados, um cheiro pavoroso paira sobre as ruas. É preciso trazer água de lugares distantes. Mas o pior de tudo é que os operários impedem que os mortos sejam sepultados. Estudantes que, na calada da noite, se dirigem secretamente ao muro do cemitério, onde os cadáveres foram simplesmente descarregados, foram expulsos pelo grande número de operários que ali permaneciam em vigília. Assim, por dias a fio, os cadáveres ficam expostos. Hoje foi o sepultamento dos operários que morreram durante os combates. O cortejo fúnebre passou sob a minha janela. Uma fila interminável de emblemas com inscrições: Viva Rosa Luxemburgo! Viva Liebknecht! A Bauhaus estava presente, em sua totalidade, e Walter Gropius, que viu alguns ministros passando no cortejo, lamentou muito por ter se deixado convencer por mim a não participar. Eu só queria evitar que ele se envolvesse com a política. Os oficiais mortos foram lançados em covas rasas como cães vadios. Afinal, eles eram apenas escravos remunerados. Sim, o mundo está repleto de 'justiça'." Passados cinco dias, e Wolfgang Kapp já tendo fugido para a Suécia, o golpe desmorona. Não só lhe faltou sustentação popular como também, e principalmente, sustentação por parte do aparelho de Estado. Mas os dias de março na Alemanha mostraram que não é só a esquerda que sonha com uma revolução. A energia revolucionária, o efeito avassalador, a força de um movimento bem coordenado, a mobilização das massas, a vontade de derrubar o poder constituído — tudo isso se encontra presente em ambos os polos do espectro político, assim como a persuasão de que a violência implacável é um meio legítimo para alcançar a destruição dos opositores. Ainda assim, a República de Weimar resistiu a uma nova tentativa de dilaceramento. Essa, porém, não seria a última.

Käthe Kollwitz vivencia o golpe contra a República de Weimar em Berlim: "Agora teve início a contrarrevolução. Hoje cedo, tropas leais ao rei com bandeiras pretas, brancas e vermelhas chegaram de Döbritz. O governo está foragido e os edifícios públicos ocupados. Os jornais *Vorwärts* e *Freiheit* foram proibidos de circular. Nas ruas, a gente se acumula em hordas e todos parecem tontos. O que será? É novamente março, o mês da intranquilidade!". A artista vive em meio a temores de novos "conflitos fratricidas". "Quando eu ouvi o que estava acontecendo, foi como se uma carga de chumbo tivesse sido depositada sobre meu coração, terrivelmente difícil." Poucos dias depois ela conversa com Helene, uma jovem de seu círculo de amizades. Poucas vezes ela teve a oportunidade de falar com tanta clareza e tão abertamente com uma pessoa mais jovem sobre as rupturas no mundo em que vivia. Helene não é uma daquelas jovens que se deixaram levar pelo entusiasmo quando o antigo Império caiu, em meio à guerra e à revolução. Ela lamenta não ter marido nem filhos em meio àqueles tempos incertos. Reage de maneira fatalista, quer deixar-se levar, talvez viajar, entregar-se à correnteza de sua época. "Poucas vezes uma jovem dessa geração me tocou como ela", anota Kollwitz em seu diário. "Cada um de nós busca, separadamente, encontrar o caminho através da complicada e embaraçada vida atual." Para ela, como mulher idosa, as coisas não são diferentes, mas ela pensa que, ao menos, tem lembranças de uma vida melhor. A guerra fez de Käthe uma pacifista. O início da revolução despertou nela a esperança de uma Alemanha socialista, republicana e humana em iguais medidas, e também de uma Alemanha mais justa. Porém agora nada disso resta. Só o que permanece é a saudade do passado.

Para o antigo príncipe Wilhelm a notícia do golpe de Kapp significa a destruição de todas as esperanças de um breve retorno à terra-mãe. No início de 1920 a política alemã parecia ter se tranquilizado suficientemente para que sua presença em território alemão, na qualidade de pessoa comum, fosse considerada admissível. Porém, diante das novidades do golpe esse sonho vai por água abaixo. Trata-se de uma enorme decepção, ainda que o príncipe já pudesse ter antevisto o que o esperava. Pois, para a direita na Alemanha, ele continua a ser um símbolo. Como seria possível explicar de outro modo que os articuladores do golpe de Kapp tenham entrado em contato com ele muito antes da tentativa de derrubada do governo? Eles foram sondá-lo para saber se, depois do sucesso do golpe, ele estaria disposto a assumir a liderança de uma monarquia alemã restaurada. Wilhelm estava convicto — assim como os golpistas — de que a república não era a forma de governo adequada para a Alemanha. Ele acreditava na necessidade de um fulcro de estabilidade acima das disputas partidárias, isto é, um rei ou um imperador. Além disso, ele, mais que seu pai, considerava-se apto a dar ao novo Estado monárquico um novo rosto e uma nova legitimidade. Porém, ao mesmo tempo, depois da experiência da guerra e da revolução, ele estava ciente de que uma nova monarquia não poderia ser criada à revelia da vontade popular. Assim, ele formulara uma resposta clara aos conspiradores e também pensara, em segredo, que o plano deles não haveria de se tornar realidade.

Os aliados e os anfitriões holandeses de Wilhelm avaliam que o risco político representado pelo príncipe não é nada desprezível. Seu retorno à Alemanha é visto como um perigo concreto, pois correm rumores a respeito de um plano de fuga, por navio, submarino ou avião. Enquanto a notícia do golpe de Kapp se espalha pela Europa, um barco torpedeiro é estacionado diante da costa de Wieringen. Efetivamente os tripulantes do torpedeiro disparam contra um avião que se aproxima e o derrubam. Por fim, porém, descobre-se que se tratava de um avião holandês, vitimado por "fogo amigo". A pulverização das esperanças de uma volta em breve é sentida pelo príncipe como "a mais dura época de provação de toda a minha vida".

Depois que foi informado sobre o golpe de Kapp, o antigo herdeiro do trono vê com outros olhos o pequeno jardim diante da porta de seu lar no exílio. Até então, ele nunca tinha se interessado por aquele pequeno quadrado de terra, deixando que todos os tipos de pragas crescessem ali. Assim, os primeiros raios de sol da primavera se derramam sobre canteiros negligenciados e sobre o mato. Agora, porém, que ele sabe que talvez ainda tenha que passar anos ali, Wilhelm sente a necessidade de cuidar do jardim. Ele apanha uma enxada e com ela golpeia o solo, "até que me doessem as costas".

Em 20 de março de 1920 Terence MacSwiney fica sabendo que um de seus companheiros de armas mais próximo, seu amigo de muitos anos Tomás MacCurtain, foi executado pelas forças de segurança. Na madrugada, homens mascarados haviam penetrado em sua casa. Eles agarraram a mulher de MacCurtain enquanto disparavam, justamente no dia de seu 36º aniversário, sobre o procurado. Perfurado pelas balas, o Lord Mayor de Cork caiu morto, escada abaixo.

MacSwiney será seu sucessor. Ele sabe que, com isso, estará ainda mais exposto a ameaças e que também terá que participar das ações de represália que estão sendo planejadas pelo movimento independentista contra os assassinos de MacCurtain. Como Michael Collins constata mais tarde, aquilo é o começo de "um círculo vicioso, de uma competição assassina", durante a qual os combatentes pela independência da Irlanda passam a enfrentar não só os britânicos como também os irlandeses fiéis à Inglaterra.

No dia 10 de abril de 1920 Virginia Woolf anota em seu diário: "Pretendo começar a escrever *O quarto de Jacob*". Finalmente deve surgir o romance que corresponde aos padrões elevados estabelecidos por ela mesma para a "moderna arte do romance" — um romance que, realmente, é capaz de englobar a vida. Num novo caderno de anotações, iniciado especificamente com esse propósito, ela anuncia: "Penso que a principal questão é a necessidade de liberdade". Abaixo dessa frase ela escreve um rascunho da primeira cena do romance, na qual

O leitor fica conhecendo o protagonista, Jacob, ainda na infância. Jacob encontra-se com sua mãe e com seu irmão num balneário. A criança quer conhecer a areia e o mar, as conchas e os caranguejos, para o desagrado da mãe, que se põe a procurá-lo, preocupada e indignada com seu desaparecimento, juntamente com o irmão. Já em meio ao idílio da praia surgem sinais ameaçadores, ondas espumantes, rochedos negros, o crânio alvo de uma ovelha morta. Ao longo da narrativa, a vida de Jacob se desenrola como uma sequência interminável de cerceamentos por parte da família, das instituições de ensino e do Exército. Por fim, em 1914, durante a guerra mundial, perdem-se as pistas do jovem cujo sobrenome, não por acaso, é Flanders. Na cena final do romance, sua mãe está enlutada em meio ao quarto vazio e já sem móveis do filho, onde só um par de sapatos dá testemunha da existência de Jacob. Durante toda a sua vida, faltou-lhe espaço, faltou-lhe um lugar, faltou-lhe um refúgio, e os diferentes "espaços" que ele habitou durante sua breve existência foram exíguas prisões. Ao final, estas sobrevivem a ele.

Em 7 de março de 1920 Faiçal I é coroado em Damasco como rei da Síria, depois que o Congresso Nacional Sírio proclamou a independência da Monarquia Árabe. Porém, a essa altura, os observadores informados já sabem que a janela de esperança para a independência síria, que se abriu brevemente depois dos acordos de Paris, já começa a se fechar.

Logo depois de escrever sua entusiasmada carta ao premiê britânico, Thomas E. Lawrence se deu conta de que suas esperanças eram ilusórias. Depois de partir de Paris ele passa a maior parte do tempo em sua Oxford natal. Sua mãe, porém, com quem mora, preocupa-se com ele. Depois dos esforços da guerra e de uma paz incerta, Lawrence sucumbe com frequência cada vez maior a uma disposição de espírito melancólica. Após o café da manhã, ele permanece imóvel, sempre no mesmo lugar, com o rosto paralisado. No All Souls College volta sempre a ler um extenso poema de Charles Montagu Doughty, cujo título é "Adam Cast Forth". Trata-se da expulsão de Adão e Eva do Jardim do Éden.

Contribui para a instabilidade de Lawrence, além disso, o fato de que, depois da morte do pai, sua mãe lhe revelou um bem guardado segredo de família. É assim que ele fica sabendo de algo de que já suspeitava havia tempo: seu pai não era quem aparentava ser. O nome verdadeiro dele era Thomas Robert Tighe Chapman. Os Chapman eram uma família da nobreza anglo-irlandesa e proprietários de vastas extensões de terra situadas a pouca distância de Dublin. Como chefe de clã, Thomas Robert, quando jovem, vislumbrava diante de si um futuro em meio à prosperidade. Ele se casou com Edith Sarah Hamilton, que, por sua vez, vinha de uma boa família, e teve com ela quatro filhas. O casamento, porém, não foi feliz. Enquanto a esposa, com seu fervor religioso, mantinha a casa sob controle, Chapman começou a se voltar para o álcool. O pai da família tornava-se cada vez mais sombrio e seu rosto somente se iluminava quando a babá escocesa da família, Sarah Lawrence, adentrava o recinto. Os dois começaram um caso de amor e em 1885 a empregada engravidou. Chapman tentou ocultar os acontecimentos, alugando um quarto para Sarah e para o recém-nascido, onde ele sempre voltava para visitá-la. Porém, quando sua esposa ficou sabendo da traição e do filho ilegítimo, ela obrigou Chapman a escolher. Não foi fácil para ele decidir, porém, ao final, deixou sua casa confortável e começou uma vida simples com a antiga empregada doméstica, originária da classe baixa. Os dois nunca se casaram, viveram, desconhecidos e modestamente, em diferentes lugares, e tiveram nove filhos, dos quais seis alcançaram a vida adulta. Um deles era Thomas E. Lawrence, que em 1919 finalmente foi capaz de compreender por que seu pai quase nunca trabalhara, gostava de caçar, falava francês fluentemente e tinha uma ampla cultura. Agora Lawrence entendia qual era a origem de suas tensões internas: o fato de que ele era, ao mesmo tempo, um bastardo e o descendente de uma família nobre.

É nessa disposição de espírito que ele recebe as notícias chocantes que vêm do Oriente Médio. O destino do Reino da Síria é selado em abril de 1920, durante a conferência de San Remo, na qual a futura estrutura de poder da região em torno do Mediterrâneo oriental é determinada. O instrumento para implementá-la é o chamado "sistema do mandato", concebido pela recém-fundada Liga das Nações. Esse sistema é uma solução de compromisso entre as exigências de autodeterminação nacional formuladas por Wilson (e adotadas por muitos povos) e as exigências de poder das grandes potências. Por um lado, evita-se, assim, a simples divisão das colônias dos impérios desmoronados entre os vencedores da Primeira Guerra Mundial. Por outro lado, essas colônias não conquistam a independência. O que se propõe é que, sob a tutela da Liga das Nações, elas aos poucos desenvolvam a "maturidade" para uma existência autônoma. Para exercer o controle sobre os territórios em questão, a Liga das Nações distribui "mandatos", que serão exercidos por diferentes Estados: o mandato sobre a Síria e o Líbano é atribuído à França. A Grã-Bretanha, por sua vez, recebe a responsabilidade pela Palestina e pela Mesopotâmia, o futuro Iraque. A França não faz segredo em torno da maneira como pretende exercer seu papel de protetora. Logo depois da decisão em San Remo, ela intervém na Síria e lança um ataque sobre o recém-criado Estado árabe, que é ilegítimo de acordo com o ponto de vista da comunidade internacional. Durante a batalha de Maysalun a França obtém sua vitória decisiva. O rei Faiçal, que acabara de ser coroado, é deposto do trono e foge para o exílio na Grã-Bretanha. Esse é um episódio decisivo para o futuro do Oriente Médio, para aquela constelação de esperanças e de desejos contraditórios que continua a existir até hoje. Se é que Thomas E. Lawrence ainda nutria esperanças na realização do sonho árabe, estas se dissolvem nesse instante.

O verão chegou à ilha holandesa de Wieringen. Wilhelm da Prússia permanece como um prisioneiro na ilha e como um eremita em sua cabana. Na indolência dos dias de calor, chega mais uma notícia amarga de sua Potsdam natal: o irmão mais jovem de Wilhelm, Joachim, suicidou-se na Villa Liegnitz, no parque do Castelo Sanssouci. Depois do malogro do golpe de Kapp, o príncipe, que já tinha uma forte tendência depressiva, perdera todas as esperanças de uma volta ao poder da dinastia dos Hohenzollern e, com isso, passara a ver o futuro como indigno de ser vivido. No dia 18 de junho de 1920, com seu revólver ele infligiu a si mesmo um ferimento grave, que o levaria à morte pouco tempo depois. Wilhelm, porém, mesmo diante dessa notícia terrível, deve ter sentido que queria viver. Mesmo uma vida sob as condições dos novos tempos ainda é melhor do que jogar tudo para o ar. Mesmo depois do surgimento da república, nem tudo o que os Hohenzollern um dia possuíram foi perdido. Restam à família parcelas consideráveis de suas antigas propriedades, e no fundo de seu coração brilha ainda uma faísca de esperança pelos novos tempos. Talvez a revolução de 1918 não tenha sido a última.

Em agosto de 1920 os confidentes mais próximos de Terence MacSwiney se dão conta de que as forças do novo Lord Mayor de Cork estão chegando ao fim. O trabalho pelo Parlamento Independente da Irlanda, o engajamento simultâneo em sua região natal e o temor permanente de aprisionamento e de atentados à sua vida o exauriram. Há meses que ele não passa uma única noite em sua cama. O IRA coloca uma tropa de proteção diante de seu escritório. Para sua filha Máire ele é, sobretudo, uma voz ao telefone: a pequena corre alegremente para o aparelho quando ele soa. A ameaça, porém, se torna cada vez mais próxima. Por fim, chegam aos ouvidos de MacSwiney rumores acerca de sua própria morte. Seus médicos lhe recomendam um período de descanso.

Mas isso não vai mais acontecer. Em 12 de agosto de 1920 unidades do Exército, que somam várias centenas de homens, cercam o Paço Municipal de Cork, em cujo interior também se encontra o escritório de MacSwiney. Ele tenta escapar por uma saída nos fundos do prédio, mas é capturado ao deixar o edifício e levado à caserna Victoria. Lá seus objetos pessoais lhe são tirados. Supostamente um código de deciframento da polícia local é encontrado em seu poder. Este é considerado como prova de suas atividades ilegais. Pouco tempo depois, Muriel MacSwiney vê o marido no compartimento de carga de um caminhão do Exército, que o leva em direção a uma audiência diante de um tribunal de guerra. Combatentes libertos do IRA revelam a Muriel que, logo depois de ter sido capturado, seu marido exortou seus companheiros de cativeiro a uma greve de fome. Ela o conhece bem o bastante para saber que, desde aquele instante — e independentemente do fato de os demais terem atendido a seu pedido —, ele se recusou a ingerir qualquer alimento. É terrível, para ela, ver seu rosto esquálido e não poder ajudá-lo. Ainda que ela lhe lançasse um pedaço de pão, ele não o comeria. "Desde que ouvi que meu marido estava em greve de fome, acreditei que ele fosse morrer."

Em 16 de agosto de 1920 começa, em meio a grande atenção da imprensa irlandesa e britânica, o processo contra Terence MacSwiney, que se tornou uma figura proeminente. Durante as pausas no tribunal, Muriel tem a oportunidade de trocar algumas palavras em irlandês com ele. Ainda que, depois de cinco dias de greve de fome, ele já se encontre visivelmente debilitado, sua vontade permanece inquebrantável. Quando ele se ergue de sua cadeira para reagir às acusações, dirige-se sem temores a seus juízes e deixa claro que considera todo o processo contra ele ilegal. "A República da Irlanda existe", repete ele, ao término de cada uma de suas declarações, e por esse motivo os representantes do antigo regime irlandês não podem arrogar-se o direito de mover um processo contra autoridades do novo governo.

Quando a sentença, dois anos de prisão, é proferida, MacSwiney volta a erguer sua voz: "Seja qual for a decisão do seu governo, dentro de um mês estarei livre". Ele mesmo estabeleceu as condições de sua prisão ao iniciar uma greve de fome cinco dias antes, determinando assim, também, o prazo de seu aprisionamento.

Em 18 de agosto de 1920 Moina Michael vê no jornal *The Atlanta Constitution* uma notícia que vai transformar sua vida. Desde a sua despedida de Nova York e desde os primeiros sucessos de seu engajamento na causa das *Remembrance Poppies* já se passaram dezoito meses. Porém, apesar de seus esforços infatigáveis e das iniciativas do designer Lee Keedick, que investiu muito dinheiro numa campanha nacional, as papoulas não floresceram. Moina Michael está a ponto de perder a coragem e de passar a dedicar-se apenas a sua profissão, deixando de lado a causa dos veteranos de guerra.

A notícia de jornal, porém, lhe traz um novo ânimo. Até então, ela ignorava que, ainda em solo francês, os veteranos norte-americanos tinham começado a se organizar, formando a American Legion. Moina Michael fica sabendo que a Divisão Geórgia da Legião deverá reunir-se na cidade de Augusta, a cerca de 170 quilômetros de distância de sua cidade, Athens. Uma faísca de esperança acende-se no horizonte! Ela não hesita por um instante sequer e apanha uma caixa com flores de papoula de pano, assim como os poemas ilustrados de John

McCrae, que tinham sido sua fonte de inspiração, e toma o caminho para Atlanta, justamente onde três representantes da American Legion se encontram em meio aos preparativos para a viagem. Ela consegue persuadir um deles a incluir na pauta da reunião que está por realizar-se a resolução por ela preparada.

Os dias que se seguem são muito tensos para Moina Michael, até que, por fim, lhe chegam as notícias entusiasmantes de Augusta: a Divisão Geórgia da American Legion aceitou a flor de papoula como seu símbolo oficial para relembrar as vítimas da Primeira Guerra Mundial. Além disso, a assembleia decidiu que, na próxima reunião do congresso nacional da American Legion, será feita uma solicitação para fazer da *Poppy* o símbolo de suas atividades em todo o país. Ao mesmo tempo, ligações com o mundo inteiro são estabelecidas. Pois presente à reunião está a francesa Anna Guérin, fundadora da Liga para a Infância Franco-Americana. Anna Guérin reconheceu o potencial da papoula. Ela mobiliza crianças francesas para que façam bótons com a flor vermelha, que depois são vendidos nos Estados Unidos. Os recursos assim obtidos destinam-se aos necessitados na França.

Anna Guérin faz da campanha das flores de papoula um sucesso global. No ano seguinte, ela envia mulheres francesas para uma ação de venda em Londres. Além disso, convence Douglas Haig, o presidente da Royal British Legion, a fazer com que a flor caia no gosto dos britânicos. Por meio de emissários, por fim, ela consegue mobilizar os territórios da Commonwealth britânica, primeiramente o Canadá, a Austrália e a Nova Zelândia, em favor da flor dos campos de Flandres. Logo a maior parte do mundo de língua inglesa se encontra reunida em torno do símbolo da flor de papoula — pelo menos no âmbito das celebrações de novembro, que, desde 1921, realizam-se anualmente. Torna-se realidade o que Moina Michael vislumbrou em novembro de 1918. O cortejo da vitória da *Remembrance Poppy* começou.

Através do País de Gales e de Londres, Terence MacSwiney é levado à Brixton Prison, onde é internado numa estação de tratamento médico, sob o número 6794. Após uma semana de greve de fome e ingerindo apenas água, MacSwiney tem uma viagem difícil. Pouco tempo depois de sua chegada, um jornal informa que não se sabe se ele será capaz de sobreviver por mais uma noite. Os funcionários do presídio levam, regularmente, alimentos apetitosos até o seu leito. Mas Terence MacSwiney não toca em nada. O prisioneiro passa a maior parte do tempo em seu leito, para preservar suas forças. Ele quer sobreviver o máximo de tempo possível. Pois existe a possibilidade de uma volta atrás por parte do governo britânico, e, por outro lado, ele espera que a atenção das mídias e do público ao seu caso se mantenha por mais tempo.

A fome, porém, começa a fazer suas exigências. A pele de MacSwiney tornou-se tão delicada que começa a abrir-se em determinados lugares. Ele sente dores nas articulações, que se inflamam, enquanto seu organismo começa a transformar em alimento sua massa muscular. Um padre é chamado para orar com MacSwiney e para ungir seu corpo enfraquecido.

O irlandês, porém, mostra-se muito mais resistente do que os médicos imaginavam. Quatro semanas depois de sua captura, ele continua vivo e cada dia leva novas manchetes à imprensa irlandesa, inglesa e norte-americana. A partir de Dublin, Michael Collins começa a despachar combatentes do IRA através do mar, dando início aos preparativos de uma ação de libertação. Nesse momento, testemunhas oculares relatam que o corpo de Terence MacSwiney já se encontra totalmente paralisado. Ele fala apenas o estritamente necessário, para poupar forças, e luta por cada dia de vida. Às mãos do rei George V chegam petições cujos autores o exortam a fazer uso de seu direito de conceder indultos. Mas o governo britânico não quer ouvir falar de semelhantes medidas. Aquela não é a primeira greve de fome de um combatente pela libertação irlandesa e, ao voltar atrás, a Grã-Bretanha estaria dando mostras de que cede a pressões. Pois MacSwiney deixou claro que sua greve de fome somente seria interrompida sob uma única condição: sua imediata libertação. Ainda assim, o governo está preocupado — menos com o bem-estar de um homem que dedicou sua vida à luta contra o Império do que com a situação na Irlanda. As autoridades temem que, diante da morte de MacSwiney, o sul da Irlanda seja levado a uma revolta aberta e que o Mayor de Cork se torne o mártir desse movimento. No início de setembro já se formou um cortejo de 4 mil trabalhadores dublinenses, para participarem de uma missa de ação de graças ao Lord Mayor de Cork. Por outro lado, há também temores de que, no caso de uma libertação, as forças da ordem leais à Inglaterra na Irlanda percam a antiga confiança e interrompam seu trabalho em prol da coroa e do Império, quem sabe também aderindo a protestos violentos. Por fim, em meados de setembro, Terence MacSwiney se encontra num estado tão crítico que nem mesmo por meio de alimentação forçada, como já tinha sido feito em casos anteriores de greve de fome, teria sido possível mantê-lo vivo.

Em 11 de outubro de 1920, depois de torturantes anos de separação e ao término de negociações entre advogados que se estendem por meses a fio, a separação de Walter Gropius e Alma Mahler finalmente é oficializada. Para fornecer ao tribunal argumentos capazes de fundamentar uma decisão livre de ambiguidades e para possibilitar um transcurso rápido do processo, uma traição é construída. Em oposição diametral ao que efetivamente aconteceu, um detetive particular, contratado especialmente com essa finalidade, alega ter flagrado Walter Gropius com uma amante num quarto de hotel. Os juízes deixam-se enganar e assim o casamento conflituoso dos dois, que existiu sobretudo no papel, chega ao fim.

O divórcio, que significa para Walter Gropius abrir mão da guarda da filha do casal, Manon, deixa marcas sobre ele. Embora ele tenha iniciado um relacionamento à distância com uma jovem artista casada, ele se sente sozinho e sofre de severas oscilações de humor. Em cartas ele repetidamente se refere a si mesmo como uma "estrela cadente": "Novamente descrevi uma grande trajetória pelo éter e me elevei em alguns éons. É assim que levo minha vida, ao sabor do acaso, esta vida cujo percurso está sempre registrado num mapa e que se desfaz em meio à dinamite. Já explodi dez vezes, mas os retalhos da alma continuam vivos, na verdade, até se fortalecem. Divorciei-me de minha mulher, com todo o amor. [...] Agora sou o mais nômade dos corpos celestes e me encontro em outra geração, sem limites".

Ao mesmo tempo, a Bauhaus exige toda a atenção de Gropius. Ele viaja por todos os cantos da república para arrecadar donativos para a construção do campus. Já a fase de fundação da nova escola de artes é marcada por fortes tensões internas. O pintor suíço Johannes Itten, por exemplo, convidado para tornar-se professor na Bauhaus, reúne à sua volta um círculo de alunos devotados. Ele se porta como um líder carismático e deixa que os ensinamentos de Zaratustra se insinuem no trabalho artístico. A seus alunos ele prescreve um estilo de vida rigorosamente controlado, do qual fazem parte uma dieta de alho, meditação e eurritmia. Eles devem raspar os cabelos e trajar um hábito monástico por ele concebido. Com seu séquito de jovens, ele tenta tornar-se a figura central da Bauhaus, em detrimento dos demais professores, o que gera conflitos. Gropius tem que exercer o papel de conciliador: "O grupo judaico-espirituoso Singer-Adler tornou-se opulento demais e infelizmente acabou por influenciar também Itten. Por meio dessa alavanca, eles querem dominar completamente a Bauhaus. Compreensivelmente, os arianos se indignaram". "Judeus" contra "arianos" — e isso dentro da progressista Bauhaus! Dessa vez, Gropius consegue uma conciliação.

No início de outubro de 1920, depois que Terence MacSwiney sobreviveu a seis semanas de greve de fome, seus apoiadores estão prontos para acreditar num milagre. Os opositores suspeitam que ele esteja sendo alimentado secretamente. Mas seu penico, conforme constatam os médicos, está sempre vazio. É verdade que seu estado é terminal, porém ele continua vivo, ainda é capaz de se mexer um pouco, e seu espírito está totalmente desperto. Assim, ele está plenamente consciente enquanto seu corpo se despede deste mundo. Em suas costas formaram-se edemas. Seu coração bate mais fraco. MacSwiney se queixa de picadas e de formigamentos nos braços. Além disso, os médicos constatam uma tuberculose.

Em 17 de outubro de 1920, depois de 66 dias sem se alimentar, Terence MacSwiney recebe a notícia de que um dos homens que foi capturado com ele e que também iniciara uma greve de fome morreu. Na Irlanda multiplicam-se os confrontos violentos entre os combatentes pela independência e a polícia, que provocam um número crescente de mortes em ambos os lados.

Terence MacSwiney tem frequentes fases de delírio, em que os médicos do presídio aproveitam para lhe instilar caldo de galinha. Na noite de 24 de outubro de 1920, no 73º dia da greve de fome, é dada a seu irmão Seán e a seu padre a permissão de passarem a noite no presídio. Quando, cedo na manhã seguinte, eles se aproximam da cama de MacSwiney, ele se encontra imóvel e inconsciente, com os olhos arregalados. O padre sussurra preces em seus ouvidos. Os médicos tentam reanimá-lo com uma injeção de estricnina. Porém seu corpo esquálido já não apresenta mais reações e, passados alguns minutos, sua fraca respiração cessa completamente. A última frase que MacSwiney é capaz de dizer é: "Os senhores terão que testemunhar que eu morri como soldado da república. Deus proteja a Irlanda!".

A morte do Lord Mayor de Cork gera repercussões no mundo inteiro. Em vários estados norte-americanos, em Paris e em Belfast realizam-se paradas em sua homenagem. Em 1º de novembro de 1920, na presença de um grande número de seguidores, ele é sepultado no cemitério de Saint Finbarr, em Cork. Seus camaradas em Cork dão seguimento à greve de fome.

Nguyen Ai Quoc também está chocado com a morte do Mayor de Cork e, ao mesmo tempo, cheio de admiração pelo caráter irrevogável de suas convicções. Mas o caminho de Nguyen como combatente pela independência ainda é, a essa altura, outro. Depois do malogro em Versalhes, ele confia cada vez mais nas certezas da ideologia marxista-leninista e declara, já como membro do Partido Socialista, que o colonialismo é uma forma de exploração capitalista. Seu raio de ação em Paris é limitado, pois o serviço secreto francês está constantemente em seu encalço. Seu passaporte foi confiscado, de maneira que ele está impedido de deixar o país. E nos círculos da resistência vietnamita insinuaram-se também uma série de espiões. Assim, uma parte de cada uma das edições de impressos revolucionários que são publicados por Nguyen e por seus camaradas cai nas mãos do serviço secreto. Vigiado dessa maneira, isolado e afastado do seu lar, pelo qual ele se engaja, Nguyen deposita todas as suas esperanças no alvorecer daquela revolução mundial da qual se fala na Rússia revolucionária e também nos círculos da esquerda francesa. Quando os oprimidos de todo o mundo se erguerem, assim acredita ele, também o Vietnã conquistará sua liberdade.

No início de dezembro de 1920 Soghomon Tehlirian chega a Berlim, depois de ter vivido em Paris por algum tempo e de ter passado uma temporada em Genebra. Conforme declara mais tarde num tribunal, ele se aloja na casa de um compatriota que vive na Augsburgerstrasse 51, e, depois, quando vai fazer seu registro de residente na delegacia de polícia, alega que veio à antiga capital do Império Alemão para se dedicar a estudos de mecânica.

Em fevereiro de 1921, ao sair do Jardim Zoológico, subitamente ele ouve vozes que falam em turco. O nome "Pascha" é pronunciado. No instante em que Tehlirian se volta, reconhece o antigo ministro do Interior do Império Otomano, o homem que é considerado o responsável pelo massacre dos armênios. Ele segue o grupo ao longo de um trecho, até que alcançam um cinema. Quando entra no cinema, Tehlirian se sente mal e as imagens do massacre surgem diante de seu olho interior. Ele é obrigado a sair dali. Ainda assim, as convulsões, que já o acometeram antes, dessa vez não se manifestam. Ele consegue permanecer de pé. Desde que, há algumas semanas, ele desmaiou no meio da rua, está sendo tratado pelo professor Cassirer.

Nos primeiros dias de março de 1921, Tehlirian é novamente tomado por suas lembranças, com uma urgência até ali desconhecida. Ele se sente pior do que nunca. "E as imagens do massacre surgiam novamente diante dos meus olhos. Eu vi minha mãe morta. Seu corpo se reergueu, aproximou-se de mim e disse: você viu que Talaat está aqui e no entanto permanece totalmente indiferente? Você não é mais meu filho!" Nesse instante, conforme Tehlirian declara mais tarde num depoimento à Justiça, ele teria se decidido a matar Talaat Pascha, segundo ele o responsável pelo extermínio de sua família. Ele se muda para um quarto na Hardenbergstrasse 37, exatamente diante do lugar onde reside Talaat Pascha. Porém, agora que tem sua vítima bem diante dos olhos, ele se vê tomado por dúvidas: "Eu me senti inseguro. Eu me perguntei: como pode você matar uma pessoa? [...] Eu disse para mim mesmo: não sou capaz de matar um ser humano". Assim, ele deixa de lado a ideia de assassinato e volta-se, outra vez, às suas atividades cotidianas: aulas de alemão com Fräulein Beilenson, às vezes uma ida ao teatro ou ao cinema, leitura de jornais.

Depois de sua chegada a Praga, Louise Weiss encontrou abrigo com um antiquário judeu. O novo regime coloca um oficial à sua disposição, que deve lhe servir como guia e como guarda. Ele é um homem da belle époque, galantes beijos na mão incluídos, e decidido a aproximar a parisiense de todas as belezas naturais de sua terra-mãe. Porém, passadas algumas semanas de visitas a florestas e a castelos de caça, Louise Weiss está farta de ser conduzida. Ela quer finalmente fazer aquilo que a trouxe a Praga: escrever sobre o alvorecer da Tchecoslováquia.

Como protegida do antigo governo tcheco no exílio e como amada de Milan Štefánik, que, depois de morto, já não é mais capaz de impedir ninguém de nada, a correspondente de Paris vê as portas do novo governo abrirem-se para ela. O presidente Masaryk a recebe em sua residência oficial, o castelo de Koloděje, cujas paredes estão recém-pintadas, e de onde todas as decorações dos Habsburgo foram retiradas. Para Louise Weiss, o antigo palácio agora se parece a um "convento democrático". Masaryk permanece ali como a encarnação da austeridade dos novos valores. Ele é ainda o mesmo professor que, em 1916, se exilou em Paris. Mas a condução de um novo Estado é tudo menos uma tarefa acadêmica e nos seus dias no exílio Masaryk mal imaginava a abrangência de tal atividade. "Ele conhecia sua Tchecoslováquia de forma apenas teórica." Agora é preciso conseguir uma visão de conjunto sobre todos os dados, estatísticas e fatos. Um exército de novos funcionários precisa ser contratado, um orçamento nacional precisa ser calculado, e tudo isso em regiões do Estado muito diversas umas das outras: na Boêmia, fortemente influenciada pela Alemanha, na Morávia, na Eslováquia eslava e na Rutênia, que outrora pertencera à Hungria. Principalmente neste último território vivem camponeses paupérrimos, assim como judeus e "ciganos", que só com dificuldade poderão ser integrados à nova república. À época do cessar-fogo, conforme o relato que o presidente faz à jornalista, uma onda de fome se abateu sobre a Rutênia. Ele despachou trens com mantimentos para o leste, inclusive cacau em pó norte-americano. Os camponeses da região, em sua ignorância, usaram o pó marrom para pintar suas choupanas. E, em toda parte, ele se confrontava com a oposição da velha burocracia, que parecia descender diretamente da Idade Média. Louise Weiss tinha outras visões sobre o alvorecer da Tchecoslováquia.

Os artigos que a jornalista envia de Praga estão na boca de todos em Paris. Philouze deseja, de qualquer maneira, que ela volte a *L'Europe Nouvelle*. Ele está disposto a esquecer os antigos conflitos. Louise Weiss também está disposta a voltar atrás, mas sob determinadas condições: Philouze terá que lhe pagar, finalmente, o salário que lhe fora prometido, ela exige um lugar no Conselho de Administração, quer ter o título de redatora-chefe, controlar as assinaturas e ter acesso aos livros contábeis. Além disso, seu pai terá que se tornar presidente do Conselho. Philouze, que num primeiro momento empalideceu, reanima-se diante desta última exigência. Paul Louis Weiss é um homem rico. Ele seria capaz de ajudar o jornal combalido com seus recursos privados, tirando-o de sua situação complicada. Desde o término das negociações de Versalhes, *L'Europe Nouvelle* perdeu uma parcela significativa de seus leitores.

Assim, Louise Weiss retorna a seu escritório azul, firmemente decidida a não deixar mais ninguém privá-la do que lhe é de direito. Ela assume a redação com mão de ferro, organiza os arquivos caóticos, cujo conteúdo está espalhado por toda parte, inteira-se da desoladora situação financeira, organiza a contabilidade e impõe disciplina à equipe de redação, que se habituou a permanecer tão pouco quanto possível no escritório. Logo fica claro para ela que o dinheiro da redação está escoando por canais obscuros. Nos bastidores, Philouze ainda tenta manter o controle. Mas dessa vez Louise Weiss está firmemente decidida a não se deixar derrubar pelas suas pequenas intrigas. Quando a guerrilha na redação volta a se intensificar, ela perde a paciência. Ela sabe exatamente que o futuro do jornal depende de patrocinadores, dentre os quais está o seu pai, e que ela tem como se defender do antigo fundador do jornal, que a conduziu pela mão por tanto tempo. Dessa vez é ela quem está em posição de vantagem, e assim, numa cena digna de um filme, Louise Weiss põe Philouze no olho da rua.

Mais tarde, Louise viaja novamente a Praga, e de lá para Budapeste. Em seguida, visita Viena e Bucareste. O efeito, porém, é o mesmo em toda parte: aquilo que, em Paris, Louise Weiss imaginara como o alvorecer de nações novas e livres para um futuro melhor revela-se, quando visto de perto, como uma farsa — ou até mesmo como uma tragédia. Não são brilhantes novos Estados que surgem, e sim construções frágeis, assoladas por crises. O entusiasmo que ela espalhou por meio de seus artigos sobre o cessar-fogo recua, a partir do outono de 1919, diante de um realismo amargo, às vezes até cínico.

Soghomon Tehlirian sente-se dilacerado entre a voz autoritária da mãe, que ele sempre volta a ouvir em suas divagações, e a voz de sua consciência. Em 15 de março de 1921 ele está caminhando de um lado para outro, em seu quarto, com um livro em mãos, quando vê o antigo ministro do Interior do Império Otomano sair do edifício do outro lado da rua. No mesmo instante, tudo surge novamente diante do seu olho interior: a fileira, os tiros, a irmã, o machado, por fim a imagem da mãe e suas palavras de advertência, que já são quase uma ameaça. Já em 1919, em Tibilisi, Tehlirian comprou um revólver, supostamente para defender-se de eventuais novos ataques de turcos. Em Berlim, ele apanha o revólver, que estava escondido dentro de sua mala, em meio às suas roupas. Com o revólver no bolso, ele se lança escada abaixo em direção à rua, onde viu Talaat Pascha desaparecer a caminho do Jardim Zoológico. Ele segue pelo outro lado da rua até que, pouco antes da esquina da Knesebeckstrasse, se encontra à mesma altura de sua vítima. Então ele cruza a pista da Hardenbergstrasse e se aproxima de Talaat Pascha pelas costas. Encosta a ponta de sua pistola na parte posterior do crânio de sua vítima e atira. Com o tiro, a parte superior do crânio do homem se abre e ele tomba para a frente. O sangue corre sobre seu rosto. Enquanto as pessoas acorrem e se agrupam na calçada, Tehlirian lança a pistola para longe e tenta escapar, como se estivesse em transe. Mas não vai muito longe. Na Fasanenstrasse ele é detido por uma testemunha. Logo se vê cercado por uma multidão, que o aprisiona. Um golpeia sua cabeça com uma chave, outro revista seus bolsos em busca de outras armas. Tenta-se fazê-lo falar. Ele apenas é capaz de dizer: "Eu armênio, ele turco, não dano para Alemanha!". Mais tarde, levado ao posto de polícia no Jardim Zoológico, ele acende um cigarro. A essa altura, já retomou a compostura. Reconhece o que acabou de fazer e sente "uma satisfação no coração". Seu sonho era a vingança. E ele o realizou.

Em junho de 1921 Arnold Schönberg viaja para um veraneio no lugarejo austríaco de Mattsee. Ainda que ocasionalmente ele visite os entornos em seus passeios, o que o compositor busca é, sobretudo, aquela tranquilidade de que necessita para poder trabalhar, e que lhe falta na capital austríaca. Schönberg parece estar desfrutando de seu veraneio, segundo relatos de hóspedes.

O que a essa altura ele ainda parece não saber é que Mattsee é um daqueles lugares de férias austríacos que divulgam, em sua propaganda, que não aceitam veranistas judeus. Durante a temporada de 1920 Mattsee promulgou, pela primeira vez, restrições à aceitação de hóspedes. Ficou estabelecido que, dali para diante, apenas "alemães arianos" seriam aceitos como veranistas. A publicação mensal *Salzburger Chronik* de julho de 1921 aponta para o sucesso dessa determinação, graças à qual Mattsee pode ser mantida "livre de judeus, ainda que, em decorrência do seu conhecido caráter invasivo, tenha custado esforço mantê-los afastados". Talvez o próprio Schönberg tenha ouvido falar dessas restrições, mas tenha acreditado que elas não lhe dizem respeito, pois ele se converteu ao cristianismo muito tempo atrás. Seja como for, seu alojamento foi reservado por sua cunhada, cujo pai foi prefeito de Salzburgo.

O veraneio dos Schönberg e de seus hóspedes é uma afronta para alguns dos dignitários de Mattsee. Evidentemente eles não dispõem de meios legais para expulsar os vienenses indesejáveis da localidade. Assim, recorrem à pressão pública e espalham cartazes com um relato sobre uma reunião de uma comissão comunitária cujo tema eram os veranistas judeus: "A representação comunitária assim estabelecida portanto insta veementemente toda a população de Mattsee a [...] obedecer de boa vontade à decisão, para que nossa bela Mattsee seja poupada das consequências de um eventual afluxo de judeus, e para que locatários e locadores sejam poupados de agressões por parte da população alemã ariana".

O cartaz deixa Arnold Schönberg chocado. Ele decide deixar o lugar imediatamente. Sua decisão é reforçada quando lhe entregam uma solicitação escrita exigindo que ele prove não ser judeu. Schönberg deseja partir de imediato, porém sem chamar atenção. O público não deve ficar sabendo nada a respeito desse incidente. O compositor só não concretiza logo essa decisão por causa de uma interferência do pai de sua cunhada, que apazigua os ânimos, pelo menos por um curto período de tempo. Parece até que os Schönberg poderão permanecer ali pelo prazo originalmente previsto. Mas então o jornal *Neue Freie Presse*, de Viena, publica um artigo a respeito do incidente, no qual se fala também da possível partida de Schönberg. O jornal, porém, toma o partido do compositor e se pergunta como é possível que um lugarejo de veraneio desobedeça às leis austríacas. E então a imprensa direitista também começa a discutir o assunto. O jornal *Volksruf*, de Salzburgo, publica um artigo que tem como título "A colônia judaica de Mattsee", no qual os veranistas judeus do balneário são praticamente ameaçados de atos de violência. Outras publicações no mesmo tom seguem-se e, em 5 de julho, Schönberg recebe um cartão-postal endereçado "ao célebre compositor A. Schönberg, neste momento em Mattsee — lamentavelmente".

Diante de tais circunstâncias, Arnold Schönberg e seus familiares não têm mais como permanecer em Mattsee, escolhida como lugar de recolhimento e de sossego. Como a família havia se preparado para uma temporada de vários meses, há muitas malas a fazer. Em 14 de julho, as famílias Schönberg e Schüler, que viajam juntas, chegam a Traunkirchen, onde o compositor permanece até a chegada do outono e tenta se refazer do choque causado por sua expulsão de Mattsee.

Matthias Erzberger também faz uma viagem durante o verão de 1921. Com a mulher e a filha Gabriele ele quer mais uma vez respirar com tranquilidade antes de retornar à política, depois de um prolongado período de abstinência. Após o processo contra Helfferich e uma retirada temporária das responsabilidades políticas, ele lutou encarniçadamente por sua reabilitação. Numa série de investigações levadas a cabo pela Justiça, muitas das acusações contra ele mostraram-se sem fundamento. Agora ele ousa novamente desempenhar um papel importante na política alemã. Mas, antes disso, quer passar algumas semanas tranquilas ao lado de sua família.

No pequeno balneário de Bad Griesbach, na Floresta Negra, os Erzberger se hospedam num pensionato católico, de onde saem em longas caminhadas para conhecer a região. Em 26 de agosto de 1921 recebem a visita de Carl Diez, um amigo do partido, de Constança. A família Erzberger está tomando seu café da manhã quando o hóspede chega. Já é a véspera do dia da viagem de volta e Frau Erzberger começa a preparar as malas enquanto os dois senhores saem para fazer um passeio, apesar do mau tempo. Na estrada que leva a Kniebis, dois jovens bem-vestidos, que os seguem, caminhando em sua direção, e depois os ultrapassam sem saudar, chamam a atenção de Diez.

Os dois políticos não suspeitam que os jovens são membros da rede clandestina de direita Organisation Consul, que atribui a si mesma a missão de "combater tudo o que é internacional, antinacional, o judaísmo, a social-democracia e os partidos radicais de esquerda". Depois do golpe de Kapp, as Corporações de Voluntários, às quais os dois jovens, chamados Heinrich Tillessen e Heinrich Schulz, haviam pertencido até então, tinham sido dissolvidas. Assim como muitos outros antigos combatentes, ambos tinham se juntado a grupos clandestinos de direita. Desde então eles eram funcionários de uma empresa-fantasma em Munique, supostamente uma madeireira. Estavam convictos de que Erzberger não só era o modelo consumado do "asqueroso traidor da pátria" e do "político da obediência" (por causa da sua aceitação dos termos do cessar-fogo e, posteriormente, do Tratado de Versalhes) como também tinha sido "atrelado à carroça de Judas" pela "Maçonaria liderada pelos judeus". Certo dia uma carta lhes tinha sido entregue por seu superior, o capitão-tenente Manfred von Killinger. De memória, Tillessen reconstruiria, depois, seu conteúdo: "Em cumprimento ao resultado de um sorteio realizado pela chefia, o senhor foi [...] designado para eliminar o ministro das Finanças Erzberger. A forma pela qual deve ser realizada essa eliminação fica a seu critério. A realização da tarefa não deve ser informada. [...] Irmãos, podem estar seguros do apoio da Ordem em caso de descoberta".

Quando Erzberger e Diez dão meia-volta, Tillessen e Schulz fazem o mesmo, passam novamente por eles, voltam-se e se colocam frente a frente com os dois políticos. Um dos homens saca um revólver de seu paletó, mira a testa de Erzberger e dispara imediatamente. Um segundo tiro atinge Erzberger no peito. O homem corpulento se curva e cai no chão. Diez ataca o atirador com seu guarda-chuva, de maneira que agora este lhe dirige sua arma. Atingido, Diez também cai por terra. Deitado, ele ainda ouve mais tiros, que soam abafados, como se o cano do revólver estivesse voltado para um tecido. Depois não se ouve mais nada. Diez foi atingido no braço, um osso foi despedaçado e a bala alojou-se em seu pulmão, perto da coluna vertebral. Quando Diez consegue levantar a cabeça, ele não encontra mais Erzberger. Com muito esforço se ergue e vê que um largo rastro de sangue se estende por cerca de trinta metros, passando pela encosta e descendo em direção a um pinheiro. Lá Erzberger jaz com o rosto coberto de sangue, e já não mais respira.

Diez se arrasta pela estrada até chegar de volta à aldeia. No caminho, encontra uma mulher, a quem relata o acontecido, e a quem ele pede ajuda. Mas ela reage de forma negativa: "Como é que o senhor ousa passear com Erzberger?". Reunindo suas últimas forças, Diez chega a Bad Griesbach e informa um amigo da família Erzberger da trágica notícia, para que este possa transmiti-la com todo o cuidado à esposa do falecido. Só depois disso Diez vai à procura de um médico.

O funeral de Erzberger realiza-se em sua cidade natal, Biberach, mas, ao mesmo tempo, são realizadas manifestações nas quais milhares de pessoas mostram sua solidariedade e protestam contra o terrorismo político. Apesar de todas as críticas, muitos reconhecem que Erzberger tentou, de maneira realista, e como um negociador honesto e parceiro confiável, representar os interesses alemães no mundo. Ainda mais forte do que o luto dos seguidores é o ódio dos inimigos de Erzberger que, mesmo diante de sua morte violenta, não escondem do público sua satisfação. No *Oletzkoer Zeitung* lê-se: "Erzberger, que intermediou a ignominiosa Paz de Versalhes para a Alemanha, recebeu a recompensa que merecia como traidor da pátria".

Os meses que se seguem à inauguração da loja de roupas masculinas de Harry S. Truman trazem bons lucros. Ao receber uma oferta pela venda do florescente negócio, ele agradece e recusa. Mas em janeiro de 1920 a breve escalada que impulsionou a economia norte-americana depois do cessar-fogo começa a ceder. Agora passam a se fazer sentir os efeitos da volta de uma grande massa de homens aptos ao trabalho, que serviram nos campos de batalha na Europa e para os quais não há empregos suficientes, assim como do término abrupto da demanda de bens gerada pela guerra. Ao longo de dezoito meses de turbulência, os Estados Unidos são assolados por uma severa crise econômica. O Produto Interno Bruto encolhe de maneira ameaçadora. Enquanto muitos países europeus se veem confrontados com altas taxas de inflação, os Estados Unidos se encontram diante de uma deflação gradual, que desencadeia uma queda de preços de mais de 30%. Para um comerciante isolado como Truman isso significa ser obrigado a vender suas mercadorias por um preço abaixo do custo. Os velhos amigos dos tempos de guerra continuam a visitar sua loja para conversar com ele, mas ninguém mais se dá ao luxo de comprar uma camisa de seda, ou mesmo uma gravata. E, quando algum deles adquire uma peça, dá prejuízo a Truman.

Harry S. Truman tenta manter sua clientela fiel por meio de contatos pessoais e de publicidade. Com muito empenho ele também consegue participar da fundação da organização de veteranos de guerra American Legion. Em novembro de 1921 contribui na organização de uma gigantesca cerimônia na qual um monumento em memória à guerra é inaugurado em Kansas City. Até mesmo Ferdinand Foch, que se encontra numa turnê pela América do Norte, está presente. Centenas de milhares de pessoas se reúnem em Kansas City para assistir à Marcha dos Veteranos. A Harry S. Truman cabe a honra de apresentar aos comandantes aliados que vieram do exterior as bandeiras da American Legion.

Os piores meses da crise econômica já passaram. Ainda assim, Truman & Jacobson veem-se obrigados a encerrar seu negócio em setembro de 1922. Agora Truman é um herói de guerra com 12 mil dólares de dívidas. Mas se recusa a pedir falência. Em vez disso, ele se empenha, mês a mês, em obter créditos a juros exorbitantes junto a diferentes credores. Levará mais de dez anos para saldar todas as suas dívidas. O sonho da felicidade particular, com família, lar e viagens num Ford próprio, foi, por enquanto, por água abaixo.

As visitas a Praga e a Budapeste trazem de volta à realidade a idealista Louise Weiss, que tanto acreditava na liberdade e na autodeterminação dos países da antiga Monarquia Habsburga e que é agora obrigada a reconhecer as dificuldades do seu alvorecer. Mas em nenhum lugar sua decepção é tão amarga quanto em Moscou, que ela visita em 1921. Na "cidade torturada", regida pela desconfiança, ela perde, definitivamente, sua crença antes tão poderosa na revolução. A partir da embaixada tcheca em Moscou a jornalista parisiense tenta construir uma imagem da situação da cidade. Apesar de todas as advertências, ela está convicta de que a Tcheká, a polícia secreta, não teria interesse nela.

Certa noite ela vai fazer uma visita a uma certa Vera B., que conheceu na viagem de trem de Riga a Moscou. Vera vive num quarto austero, dividido em duas partes por uma cortina. Por trás da cortina ouve-se o choro de uma criança. "Coitado", explica Vera, "ele não consegue se acostumar com a alimentação de Moscou. Veja!" Vera ergue uma tigela que contém um líquido morno, cheirando a repolho. Elas se sentam junto a uma chaleira e Vera diz que está à espera de amigos. Já é tarde, mas tem certeza de que eles virão, pois sabem que Vera trouxe alimentos da Letônia. Logo o quarto começa a se encher de gente. "São camaradas", explica Vera, bons comunistas, dentre os quais alguns que Louise Weiss conhece de Paris.

De um momento para outro, porém, a atmosfera se transforma. A conversação não gira mais em torno de questões de caráter geral, e sim da estadia de Louise Weiss em Moscou. Subitamente ela tem a sensação de estar diante de um tribunal e compreende que nem sua presença ali nem a dos demais são casuais. Uma tensão paira no ar e Louise sente, pela primeira vez desde sua chegada a Moscou, que sua liberdade talvez esteja em risco.

"Camarada!", dirige-se a ela uma mulher a quem já conhece de Paris. "Eu não sou sua camarada, madame!", responde Louise Weiss, agressiva. "Por favor, fale comigo no mesmo tom que em Paris." Então ela se dirige a um certo Moghilevski, que ela conhece da embaixada russa em Riga: "Por favor diga a verdade a essas pessoas. O senhor viu meu passaporte em Riga. Nós conversamos sobre o meu trabalho. O senhor sabe quem eu sou". Moghilevski lhe diz para apresentar-se. "Bom, se é isto que o senhor me aconselha. Minhas senhoras, meus senhores, diante de seus olhos está uma burguesa que, além disso, é representante de um importante jornal burguês, o *Petit Parisien*. Os senhores conhecem esse jornal, pois os senhores sabem francês." "Então a senhora é nossa inimiga!", diz uma mulher, em tom agressivo. "Ainda assim, eu respeito sua ideologia e a infelicidade da Rússia demais para ser capaz de mentir." Louise Weiss se levanta, retira, de maneira conspícua, um batom vermelho vivo da bolsa e começa a pintar os lábios. "Para mentir, madame", Louise Weiss se volta novamente em direção à sua conhecida, "como a senhora." Ainda que tivesse acabado de voltar de Paris, ela estava espalhando rumores de que a França e outros países da Europa se encontravam na iminência de uma revolução. Por que não dizia a verdade, que na França a burguesia saíra vitoriosa da guerra mundial e que não havia quaisquer sinais de que abriria mão dessa vitória? É perigoso divulgar outra versão da história aqui em Moscou e com isso enfraquecer a esperança de que, em breve, a metade do mundo se anexará à Rússia.

Louise Weiss, que apenas se encontrava sob suspeita de ser uma espiã, põe o dedo numa ferida dos ativistas comunistas. Cadeiras são arrastadas, olhares significativos são trocados e então tem início entre os presentes uma discussão a respeito de se e como a Rússia poderá pôr em marcha uma revolução de dimensões mundiais. Pois a Revolução Russa, de acordo com as teorias de Lênin, só alcançaria seu objetivo se o proletariado subisse ao poder no mundo inteiro. A defesa antecipada de Louise Weiss é ousada porém eficiente. De acusada ela se torna acusadora. Assim, é capaz de desviar a atenção que se voltou sobre ela. Por fim, um "camarada" se oferece para levá-la para casa. No caminho de volta ela passa por mais um susto, pois o motorista se detém por algum tempo diante de um edifício que ela conhece muito bem: a sede da Tcheká. "Aqui termina nosso passeio", diz ele, com uma careta sádica. O motorista se deleita com o medo dela antes de voltar a pisar no acelerador.

Depois de sua volta a Paris, Louise Weiss se encontra com um colaborador na Latinville, uma famosa confeitaria no bairro

Saint-Augustin. Sentada diante de uma xícara de chocolate quente, ela se lembra de momentos de sua viagem pelo Leste europeu. Essas imagens lhe parecem insuportáveis e Louise Weiss é tomada pelas lágrimas. Os outros clientes do estabelecimento estão certos de que aquela jovem sofre com um coração partido, e estão certos: "Eu vi homens inesquecíveis lutando contra uma miséria terrível, um povo maravilhoso, que eu amava por sua coragem e por sua grandeza, uma doutrina cujos ideais criaram uma nostalgia incurável...". Louise Weiss chora por seus sonhos revolucionários, por seus sonhos de uma nova Europa, de um novo mundo de paz e de liberdade, dos quais a realidade deixou sobrar tão pouco. Diante disso, o fato de que Élie Joseph Bois publica diariamente na primeira página de *Le Petit Parisien* os artigos que a jornalista enviou a Paris é apenas um pequeno consolo.

Em 8 de fevereiro de 1922 chegam a Gandhi, que a essa altura se encontra em Bardoli, notícias que lhe provocam dores na alma e no corpo: na cidade interiorana de Chauri Chaura o movimento de não cooperação tinha, de início, muitos seguidores. O movimento convocou uma nova marcha de protesto contra a detenção de ativistas. Diante do presídio municipal, uma multidão se reúne e exige a libertação dos presos políticos. Em seguida, a multidão marcha pelo centro da cidade, proferindo palavras de protesto contra o governo. As forças de segurança locais perdem a paciência e começam a atirar contra os manifestantes. Estes, porém, não se deixam intimidar pelo pequeno pelotão, partem para o ataque e obrigam os policiais a recuar para o interior da delegacia. O edifício, então, é incendiado e 23 homens morrem em meio às chamas. Novamente Gandhi se desespera ao ver que sua estratégia de não cooperação tem consequências tão catastróficas. Novamente ele se pergunta se o povo indiano de fato já está maduro para uma forma tão difícil de resistência. Ele mesmo manifesta sua desaprovação por meio de um jejum de seis dias. Pouco tempo depois, o Congresso Nacional Indiano decide interromper o movimento de não cooperação. O governo colonial decreta estado de exceção em Chauri Chaura e, um mês depois, Gandhi é detido e condenado a seis anos de prisão por divulgar textos conclamando a um levante. A realização de seu sonho de tornar-se o líder de um movimento pacífico de resistência ao regime colonial britânico recua para bem longe.

Em 1º de maio de 1922, no Cemitério Histórico de Weimar, é descerrado o monumento que Walter Gropius criou para as vítimas do golpe de Estado de Kapp. O propósito do monumento é relembrar os dez operários que perderam a vida em Weimar na luta contra a Corporação de Voluntários. A denominação "Vítimas de março" alude, ao mesmo tempo, a um acontecimento da Revolução de 1848, quando rebeldes foram abatidos a tiros por tropas reais. Muitos dos que veem o monumento associam sua forma à de um raio. Mas a explicação de Gropius para a linha em zigue-zague é outra. A escultura monumental não representa algo que vem de cima para baixo, e sim algo que parte do solo em direção aos céus. A obra deve simbolizar a busca do ser humano pelo que é mais elevado. Todas as tentativas dos esquerdistas de ver aqui um símbolo da dinâmica do socialismo são desmentidas por Gropius. Ele quer que a escultura seja um monumento a pessoas e não a ideologias. No inverno de 1918 ele ainda ardia de entusiasmo pela revolução na política, na sociedade, na arquitetura e na arte. Depois de amargas experiências pessoais, profissionais e políticas, restou-lhe a esperança na busca do homem pelo bem — e na busca de novas formas para uma nova sociedade.

No verão de 1922 George Grosz viaja à União Soviética. Ele acompanha o escritor dinamarquês Martin Andersen-Nexø, que tem como tarefa escrever um livro entusiástico sobre a Rússia soviética. A Grosz, que tem a fama de ser um espírito revolucionário, cabe fazer ilustrações para a obra. Dessa maneira, a arte é levada a participar do conflito que começa a se constelar entre a União Soviética e o mundo ocidental — por ambas as partes. Antes disso, nos Estados Unidos, o filme *The New Moon* chegou às telas dos cinemas. Nele é narrada a história, baseada em rumores provenientes da Rússia, da princesa Maria Pavlovna, que, em meio ao turbilhão da revolução, luta por sua liberdade e pela de milhares de mulheres russas obrigadas a se registrar como "propriedade do Estado", tornando-se obedientes concubinas dos membros da Nomenklatura.

Os dois artistas escolhidos para louvar a revolução se encontram na Dinamarca e de lá partem em direção ao extremo norte da Noruega: para Vardø. O escritor Nexø combinou com o novo governo russo que um barco a motor deve vir apanhar os dois artistas, levando-os à cidade de Murmansk, no norte da Rússia. Os dois, porém, aguardam durante várias semanas às bordas da Europa sem que se veja sinal de uma embarcação russa. Em algum momento, fartam-se de esperar e resolvem atravessar para a Rússia por conta própria. Eles pagam a um pescador, que parte em direção ao leste e se mostra disposto não só a levá-los como passageiros como também a fazer um desvio em sua rota para que eles possam desembarcar. Abastecidos de chocolate, pão sueco e aguardente, eles partem.

O barco de pesca chega ao fiorde de Kola no meio da noite. Ancora no porto de Murmansk, onde, primeiramente, não se encontra vivalma que se interesse pelos artistas. Quando amanhece, eles se dão conta de que chegaram a um lugar irreal. A construção de um novo porto foi interrompida na metade. "Havia barcos seminaufragados, ou com a quilha virada para cima, era possível reconhecer um píer, cuja construção tinha sido interrompida. Em toda parte apareciam sacos de cimento petrificado e vergalhões enferrujados. Uma boia com um sino estava caída, assim como o guindaste que deveria tê-la colocado na água. Mais ao fundo, vimos um submarino, também com a quilha virada para cima, como se fosse um grande peixe, com o casco cheio de conchas, coberto de algas, com a pintura descascada. Navios de madeira seminaufragados, encalhados na água pútrida, carregados de pedras, tambores de petróleo vazios, empilhados, fileiras inteiras de vagões de trem, sem rodas, mas habitados. Era como um grande amontoado de lixo."

Trata-se de um palco irreal para um espetáculo igualmente irreal que começa logo ao nascer do sol. Subitamente muitas pessoas se reúnem em torno do barco de pesca a bordo do qual chegaram os dois artistas e no qual passaram a noite de maneira nada confortável. Mas, agora, aparecem dois homens vestidos com casacos de couro novos em folha, calçados com botas, que portam boinas militares com o emblema da foice e do martelo. Os dois são acompanhados por um marinheiro que dirige aos artistas olhares selvagens e lhes aponta um revólver.

Ambos os comissários falam com os pescadores e então se retiram, encarregando o marinheiro de vigiar os dois sujeitos suspeitos do exterior. Os documentos de viagem foram levados pelos comissários. Por muito tempo, nada acontece, pois "na Rússia sempre é preciso esperar muito". Mais tarde vem uma intérprete que, no entanto, não lhes dá muitas esperanças. O exame dos documentos pode se estender por vários dias. Efetivamente, passadas algumas horas chega a notícia de que o Soviete local os aguarda. "Admito", escreve Grosz em suas memórias, "que, àquela época, era difícil encontrar coisas positivas na Rússia. Em 1922 tudo parecia como se tivéssemos acabado de sair de uma longa guerra. O país inteiro, aonde quer que se fosse, encontrava-se num estado de decadência terrível para os padrões europeus." Eles viajam de trem através de florestas de pinheiros, abetos e cedros.

Em Leningrado Grosz é mais bem recebido. Ele deve juntar-se a um grupo internacional de artistas que está criando uma revista destinada a divulgar a superioridade da arte soviética em todos os quadrantes da Europa. Numa visita a um restaurante, Grosz vê o luxo em meio ao qual vivem os funcionários do regime e que se distingue de maneira radical das condições de vida das pessoas simples que ele encontrou em seu caminho até lá.

Em Leningrado Grosz também fica conhecendo Vladimir Tatlin, um dos líderes da arte construtivista soviética. Ele lhe mostra uma maquete com cinco metros de altura de uma torre: o *Monumento da Terceira Internacional*. Aquilo deverá ser uma construção mais alta do que a Torre Eiffel e mais alta do que o Woolworth Building de Nova York, então o mais alto edifício do mundo. Como monumento da revolução, aquela torre deverá girar e mover-se, para expressar a energia da mudança. Só Trótski, o mais querido dos líderes da revolução, não se deixa convencer por aquele projeto monumental. Ao ver a maquete, em vez de mostrar-se entusiasmado, ele faz perguntas incisivas: "Para que aquela coisa precisava girar e por que sempre em círculos em torno de si mesma, sem sair do lugar?". Como poderia uma construção semelhante simbolizar a revolução que sempre avança? Assim, o gigantesco projeto, juntamente com Tatlin e com suas visões megalomaníacas para a arte soviética, naufraga no esquecimento.

Se alguma experiência se fazia necessária para obscurecer ainda mais a imagem que Grosz tinha da jovem União Soviética, essa experiência era a recepção no Kremlin, para a qual ele é convidado na qualidade de artista estrangeiro. Lênin em pessoa está ali e saúda todos os presentes de maneira informal. Seu discurso é proferido em alemão, mas Grosz percebe sussurros em volta. Ele não entende o que está acontecendo, até que um jornalista lhe explica que o grande líder revolucionário nos últimos tempos anda debilitado e com falhas de memória. Por isso os homens de seu círculo se acostumaram a lhe sussurrar palavras-chave de seu discurso sempre que ele está na iminência de perder o fio da meada.

"Minha viagem à União Soviética não foi um sucesso", diz Grosz ao resumir suas experiências na Rússia. Ele não se refere apenas ao fato de que o livro que ele pretendia fazer com Nexø nunca veio a ser escrito. Para ele, suas experiências na União Soviética foram um malogro, assim como é um malogro a União Soviética em si mesma. Quando o jornalista norte-americano Lincoln Steffens viajou pela Rússia no ano de 1921, ele relatou, entusiasmado: "Eu vi o futuro e ele funciona". Grosz também viu o futuro, mas este era constituído de um cemitério de navios abandonados, de comissários ameaçadores, de um restaurante de luxo para os altos funcionários do regime, de um projeto de uma construção megalomaníaca e de um ditador doente. Para ele, o futuro soviético não funcionava. Nem o futuro soviético nem, se visto com cuidado, o futuro de um modo geral. Mas o que se pode esperar de um dadaísta? Teria ele, realmente, algum dia acreditado na revolução?

Em outubro de 1922, o romance *O quarto de Jacob*, de Virginia Woolf, é publicado em sua própria editora, a Hogarth Press. Nervosa, a escritora aguarda as primeiras reações do público. "E quais são meus prognósticos para as vendas de *Jacob*? Acho que vamos vender quinhentos exemplares. Depois, as vendas continuarão em ritmo mais lento & até junho teremos vendido oitocentos. Em alguns lugares o livro será louvado de maneira exagerada por sua 'beleza' enquanto aqueles que buscam caracteres humanos o menosprezarão. [...] Não posso suportar quando as pessoas veem como sou humilhada publicamente.

[...] Mas permaneço firme em meu objetivo de não me deixar abalar. Nada vai me demover de meu propósito de continuar nem vai mudar nada em meu prazer, aconteça o que acontecer. Ainda que a superfície se agite, o centro permanece protegido." As vendas foram subestimadas, as repercussões na imprensa, porém, são de caráter mais homogêneo. Há uma tempestade de críticas demolidoras, ainda que o julgamento dos amigos literários seja claramente positivo. Os membros do círculo da vanguarda literária enfatizam que, com *O quarto de Jacob*, ela conseguiu fazer uma revolução. Dessa forma, a sociedade londrina disputa Virginia Woolf encarniçadamente.

Assim como seu sucesso literário, um encontro logo vai transformar sua vida. "Florescente, barbuda, multicolorida, com toda a destreza e liberdade aristocráticas, mas sem espírito artístico": assim ela descreve a escritora Vita Sackville-West após seu primeiro encontro num jantar, depois do qual ela está "embriagada demais" para "compreender qualquer coisa". Diante da força dessa mulher — "um soldado de infantaria, dura, bonita, masculina, com uma tendência a ter um queixo duplo" — Virginia se sente "virginal, tímida & como uma menina de escola". Esse encontro é uma nova revolução, é mais um passo em direção a novas esferas dado pela artista e pela renovadora do romance, um passo em direção a uma paixão que se distingue em todos os sentidos daquilo que ela sente por Leonard Woolf. A relação entre as duas mulheres passará por altos e baixos extremos, vai se estender por muitos anos e, à medida que se envolve com ela, Virginia Woolf abandona definitivamente os "espaços" do que é socialmente aceito, e que, até aquele momento, ainda delimitavam sua vida.

Nguyen Ai Quoc chega à União Soviética em junho de 1923. Não foi fácil escapar à vigilância da polícia secreta francesa. Foi só graças às redes internacionais da esquerda que ele conseguiu abandonar sorrateiramente Paris, tomando um trem para a Alemanha e depois um navio que atravessou o mar Báltico. Ele deixou cartas de despedida a amigos e camaradas, a partir das quais fica claro que ele não pretende voltar. Aos filhos de um amigo, seus "sobrinhos" e suas "sobrinhas", aos quais se sente ligado por uma profunda afeição, escreve: "Por muito tempo vocês não voltarão a ver o tio Nguyen. Agora vocês não podem mais sentar no meu colo ou montar nas minhas costas como sempre fizeram, e vai se passar muito tempo antes que eu possa voltar a ver minha Alice e meu Paul. Quando voltarmos a nos ver, provavelmente já vou estar velho e vocês estarão do tamanho da sua mamãe e do seu papai [...]. E quando vocês estiverem grandes, deverão lutar por seu país, assim como seus pais, assim como o tio Nguyen e muitos outros tios".

O combatente pela liberdade imaginava de outra maneira sua chegada à Rússia da revolução. Ele é detido pelos bolcheviques no primeiro momento. As investigações a respeito de sua pessoa se estendem por várias semanas. Só quando ele ganha a confiança deles é que recebe permissão para seguir viagem até Moscou. Na verdade, ele pretendia passar apenas alguns meses na capital da Revolução Russa. Mas acaba permanecendo ali por mais de um ano. Um ano durante o qual aprende a resistir às disputas duras, às vezes fatais, do Partido Comunista, e durante o qual seu posicionamento ideológico se cristaliza ainda mais. Ele ganha destaque nos círculos internos do partido e também fica conhecendo bem Lênin. Nguyen não se cansa de lembrar a seus companheiros de partido de que o povo vietnamita se encontra sob um jugo duplo: primeiro, como um povo de trabalhadores que têm de enfrentar o que todos os trabalhadores do mundo têm de enfrentar, mas, em segundo lugar, também por causa de sua raça, que é considerada inferior pelos brancos. A luta pela independência dos vietnamitas — e de todos os povos colonizados — é, para ele, parte de uma revolução comunista mundial, à qual, necessariamente, deve seguir-se a revolução dos povos. Em 1924 Nguyen finalmente consegue persuadir o partido a enviá-lo numa missão à China. Com uma passagem para o trem transiberiano em mãos e com um pouco de dinheiro ele se põe a caminho de Guangzhou.

Arnold Schönberg recebe, em abril de 1923, um convite do pintor Vassíli Kandinski, que se mudou de Moscou para Weimar, para se candidatar ao posto que em breve se encontrará vago de diretor da Faculdade de Música de Weimar. Mas ele fica sabendo — por meio de Alma Mahler e de seu aluno Erwin Ratz — que a escola estaria cercada por preconceito antissemita e que até o próprio Kandinski fizera declarações desrespeitosas sobre os judeus. Desde o episódio em Mattsee, Schönberg nunca se manifestou por escrito a respeito de suas experiências com o antissemitismo, porém agora ele explode e parte para o contra-ataque. Assim, em 23 de abril de 1923 ele escreve a Kandinski: "Agora, finalmente, consegui compreender aquilo que fui obrigado a aprender durante o último ano, e não voltarei a esquecê-lo: não sou um alemão, não sou um europeu, talvez nem sequer seja um ser humano (ao menos os europeus preferem os piores de sua raça a mim), e sim sou um judeu. [...] ouvi dizer que um certo Kandinski também só vê o mal em tudo o que os judeus fazem, e em tudo o que eles fazem de mau, só vê o judaísmo, e portanto renuncio ao sonho do entendimento. Isto era apenas uma ilusão. Somos pessoas diferentes. Definitivamente!".

Kandinski responde imediatamente, mostra-se "chocado" e tenta apaziguá-lo. Sua carta comprova, porém, que Schönberg não estava enganado ao acusá-lo de antissemitismo. Pois Kandinski se refere ao "problema judaico" e descreve os judeus como uma "nação possuída" pelo demônio. "Isto é uma doença que também pode ser curada. Manifestam-se, nessa doença, duas características terríveis: a força negativa (destrutiva) e a mentira, cujos efeitos são igualmente destrutivos." Kandinski afirma que gostaria de conversar com Schönberg a respeito. Diz, também, que ele deveria ter lhe escrito imediatamente quando ouviu falar de "manifestações" de Weimar. Além disso, nada daquilo que se pensa e se fala a respeito do judaísmo de um modo geral aplica-se à figura excepcional do compositor vienense, do seu amigo Arnold Schönberg.

Schönberg volta a responder, acusando o colega artista de maneira ainda mais agressiva: "Como pode um Kandinski [...] deixar de combater uma visão de mundo cujo objetivo são novas Noites de São Bartolomeu!". Como poderia Kandinski ousar fazer uso do pior de todos os argumentos, qual seja, o de que ele menospreza Schönberg enquanto judeu, mas, ao mesmo tempo, o isenta de seus preconceitos com relação aos judeus pelo fato de ele ser um artista extraordinário? "A que levará o antissemitismo, senão a atos de violência? É tão difícil imaginar isso? Talvez eles se deem por satisfeitos em privar os judeus de seus direitos. Então Einstein, Mahler, eu e vários outros seremos expulsos." Schönberg não irá a Weimar. Sua experiência da guerra e do fim da guerra, que o conduziu a uma nova forma de religiosidade, agora desemboca na experiência da exclusão, como suposto membro de uma comunidade religiosa da qual, na verdade, ele se afastou há muito tempo.

No mesmo ano de 1923, ao recusar o convite recebido da nova capital alemã, Schönberg publica um livro que vai marcar época: *Método de composição em doze tons relativos apenas um ao outro*. Nessa obra, ele fundamenta sua variante da música dodecafônica, que já se prenuncia em *A escada de Jacó* e que ele aplica de maneira mais evidente em suas *Cinco peças para piano*. É uma tentativa de livrar a música atonal da acusação de aleatoriedade. As séries dodecafônicas e suas mutações sistemáticas ao longo da peça ancoram a música de Schönberg, que desafia os ouvidos, num conceito composicional que torna cada compasso e cada nota passíveis de serem analisados. Schönberg está convencido de que criou algo revolucionário e de que estabeleceu novas bases para a composição. Já em julho de 1921 ele escreve a seu aluno Josef Rufer sobre a composição dodecafônica: "Hoje descobri algo que assegurará a supremacia da música alemã pelos próximos cem anos".

Na noite de 31 de maio de 1923 Rudolf Höss está de passagem por Parchim, na região de Mecklemburgo, no norte da Alemanha, com seus camaradas. Os homens da Comunidade de Trabalho Rossbach estão embriagados e em fúria. Poucos dias antes um dos seus, Albert Leo Schlageter, foi condenado à morte e executado pelo exército de ocupação francês da região do Reno. Ele foi acusado de atos de sabotagem, especialmente de atentados com explosivos, contra o regime de ocupação. Os homens da Corporação de Voluntários estão convictos de que encontraram o responsável pela delação de Schlageter aos franceses: trata-se de um dos camaradas da Comunidade de Trabalho cujo nome é Walther Kadow, que não é muito estimado pelos demais e é considerado um espião. A recém-fundada República e as forças da ordem inspiram aos antigos combatentes apenas desprezo. Eles têm certeza de que o novo governo, que colabora com os franceses, não tem nenhum interesse em esclarecer as circunstâncias do caso Schlageter. Assim, partem para "fazer justiça com as próprias mãos, de acordo com os modelos tradicionais alemães".

Kadow está sentado com alguns de seus amigos, bebendo numa estalagem de Parchim — o momento propício para Höss e seus camaradas darem ao traidor o que ele merece. Quando chegam à estalagem, Kadow já está estendido sobre um sofá, completamente embriagado. Höss está armado com um revólver, os demais com socos-ingleses e com cassetetes de borracha. Eles apanham o ébrio e o jogam em seu automóvel. Pela estrada, seguem em direção a uma floresta, onde Kadow é empurrado para fora do automóvel. Ele tenta fugir, mas com um tiro de advertência Höss o detém. Agora os homens se lançam sobre Kadow. Höss até chega a arrancar uma árvore ainda pequena e com ela põe-se a golpear a cabeça da vítima. O que fazer com o homem ensanguentado e meio morto? Será que ele deve ser limpo e levado a um hospital? Höss tem outra ideia e dá ordens para que Kadow seja enterrado em meio à floresta. Envolto em sua pelerine, a vítima é colocada sobre o bagageiro do automóvel, que se dirige às profundezas da floresta. Quando chegam a um lugar considerado adequado, o corpo é posto no chão. Um dos homens corta sua jugular com uma faca. Kadow continua a se mexer e Rudolf Höss o abate com um tiro na cabeça. Os perpetradores cobrem o cadáver precariamente e limpam o carro. Na manhã seguinte, retornam ao lugar do crime para sepultar o corpo no solo da floresta e apagar os rastros de sua atividade noturna. Em suas memórias escritas na prisão depois de 1945, Rudolf Höss justifica seu ato e explica seu motivo: "Àquela época eu estava convicto, e continuo convicto até hoje, de que esse traidor merecia a morte. Como é mais do que provável que nenhum tribunal alemão o teria condenado, nós o executamos, obedecendo a uma lei não escrita que nós mesmos tínhamos estabelecido, em decorrência das necessidades do momento".

Epílogo
A cauda do cometa

A morte não é parte da vida.
Pois a morte não se vivencia.

Ludwig Wittgenstein, *Tractatus logico-philosophicus*, 1918

George Grosz, *Hitler, o salvador*, 1923

No outono de 1919 Marina Yurlova finalmente escapa da guerra civil russa, que a União Soviética somente será capaz de encerrar em 1922. Do convés de um navio, ela contempla os telhados de Vladivostok, a estação final da Ferrovia Transiberiana, a leste, cujos telhados desaparecem no horizonte. O destino de sua viagem é o Japão, aonde ela chega um pouco depois. É também no Japão que Marina finalmente deixa de ser um soldado e volta a ser uma jovem mulher, que trabalha nas profissões femininas clássicas: primeiro ela consegue trabalho como babá, mais tarde trabalha como secretária e, por fim, por meio de aulas particulares, descobre sua vocação: como bailarina ela encontra reconhecimento, primeiramente em noitadas particulares; como bailarina obtém um visto para os Estados Unidos e também como bailarina adquire certa fama em San Fancisco e em Nova York. Morre em 1984.

Terence MacSwiney é apenas uma entre os milhares de vítimas da guerra de independência da Irlanda. Pois, enquanto o partido Sinn Feín lança os fundamentos de um novo Estado em seu Parlamento paralelo, o Exército Republicano Irlandês combate os representantes das autoridades britânicas por meio de uma guerrilha. Trata-se de uma guerra cotidiana, na qual não há linhas de batalha claras, nem fronts, uma guerra que envolve a população civil. Assaltos, furtos e atentados, assim como represálias de ambas as partes, estendem-se ao longo do tempo, numa escalada de violência. Em novembro de 1920, poucas semanas após a morte de MacSwiney, durante o chamado Domingo Sangrento de Dublin, um novo patamar nessa escalada é alcançado. Os combatentes pela liberdade, porém, não são capazes de atingir de maneira decisiva os britânicos e seus seguidores, e tampouco o Império consegue conter a violência dos revolucionários. Em julho de 1921 fica claro que a guerra ainda poderá estender-se por anos a fio, sem que um dos dois lados conquiste a vitória. É estabelecido um cessar-fogo, durante o qual é preparada a independência da Irlanda do Sul. Terence MacSwiney torna-se um herói nacional. Em 1964 um busto seu é inaugurado diante da Town Hall de Cork.

O armênio Soghomon Tehlirian, que perpetrou um atentado contra o ex-ministro do Interior da Turquia, é réu num processo diante de jurados, em Berlim. O processo desencadeia uma ampla discussão a respeito do tratamento concedido aos armênios pelo Império Otomano, aliado do Império Alemão durante a Primeira Guerra Mundial. Durante o inquérito, prevalece a simpatia para com as vítimas do massacre e para com Tehlirian. O processo termina com a absolvição, que se fundamenta, sobretudo, no parecer do neurologista e psiquiatra Richard Cassirer. Ele considera que as alegações do réu são procedentes e que o ato não foi premeditado, e sim cometido sob o efeito de emoções, como consequência tardia de um trauma.

Só mais tarde se torna claro que Soghomon Tehlirian era um dos integrantes da chamada Operação Nêmesis. Essa organização secreta tinha como objetivo matar os principais responsáveis pelo massacre dos armênios por meio de um grupo especial de agentes. Talaat Pascha não foi o primeiro homem a ser assassinado por Tehlirian. Já em Constantinopla ele matara em nome da vingança armênia. Ao contrário do que alegara diante do tribunal, ele não tinha sido testemunha do massacre do qual sua família foi vítima. Nos meses e anos seguintes, outros participantes da Operação Nêmesis perpetrarão outros atentados em Roma, Berlim, Tibilisi e Constantinopla.

Os assassinos de Matthias Erzberger, Schulz e Tillessen conseguem escapar para o exterior depois do crime, em agosto de 1921. Ali eles permanecem até 1933, quando o novo regime estabelecido na Alemanha lhes permite voltar e fazer carreira. Só depois de 1945 eles serão processados. Na República Federal Alemã, Erzberger passa a ser reconhecido cada vez mais como o arquiteto da democracia parlamentar e até mesmo honrado como "mártir da democracia alemã". Em 2017 um dos edifícios do Parlamento alemão recebe o nome de "Matthias-Erzberger-Haus", em sua honra.

Thomas E. Lawrence, após sua derrota na luta por uma Arábia independente, decide-se a não mais interferir nos destinos do mundo. A partir de 1923, dois anos depois de os britânicos levarem seu amigo Faiçal ao trono do Iraque, ele passa a servir como soldado raso na Força Aérea britânica, oculto por um nome falso. Em 13 de maio de 1935 morre num acidente de motocicleta.

Ferdinand Foch falece em 20 de março de 1929, depois de longa enfermidade. Em meio a uma cerimônia de Estado, seus restos mortais são sepultados na Catedral dos Inválidos, junto ao túmulo de Napoleão I. Esse tratamento honroso, porém, não é capaz de distrair a atenção pública do fato de que a estrela de Foch desapareceu rapidamente depois de seu triunfo em novembro de 1918. Após retirar-se do Exército, ele ainda desempenhou o papel de conselheiro de diferentes governos. Mas as opiniões desse linha-dura se distanciaram cada vez mais das políticas oficiais francesas, que, passo a passo, foram desenhando uma aproximação do antigo inimigo, a Alemanha. Na fase final da guerra, o marechal pôde desempenhar o papel de herói, porém ele perdera a batalha pela paz.

No mesmo ano, 1929, Henry Johnson falece, sozinho, num hospital de Washington. O inválido, que só a partir de 1927 passou a receber uma pensão regular por invalidez, não foi capaz de encontrar um lugar para si na vida civil. O álcool, a pobreza, a solidão e a tuberculose acabam com ele. Só em 2015 o presidente Barack Obama outorgou postumamente ao herói de guerra a Medalha de Honra.

Harry S. Truman continua pagando as dívidas que contraiu depois da falência de sua loja de modas até o início dos anos 1930. Porém, pouco depois da falência, começa sua carreira política, que ele constrói, novamente, com base em seus contatos do tempo do Exército. Primeiro ele serve como County Judge e, a seguir, vai aos poucos galgando degraus. Em 1945, torna-se o 33º presidente dos Estados Unidos, mantendo-se nesse posto até 1953. Dentre as decisões presidenciais do antigo oficial da artilharia encontra-se o ataque com bombas atômicas a Hiroshima e Nagasaki. Em 1918 ele prometera jamais voltar a disparar um tiro em toda a sua vida.

Em 21 de março de 1933, o chamado Dia de Potsdam, o antigo príncipe herdeiro Wilhelm está ao lado de Adolf Hitler na Igreja da Guarnição de Potsdam. No fim de 1923, Wilhelm da Prússia voltou como civil para a Alemanha. Poucas semanas depois da tomada do poder pelos nazistas o Führer parece disposto a realizar sua promessa de, no Terceiro Reich, reconduzir os Hohenzollern ao trono. O sonho, porém, dura pouco. Na verdade, Hitler não tem em alta conta os antigos detentores do poder na Alemanha, que foram fracos demais para resistir à revolução. Para Hitler, estava muito bem que o Kaiser deposto passasse o resto de seus dias na Holanda. Também seu primogênito Wilhelm, de quem se especula que poderia tornar-se rei, não conta com sua admiração: ele só se interessaria por mulheres e por cavalos. Assim, a encenação na Igreja da Guarnição de Potsdam, que parece impregnada de simbolismo, na verdade não tem nenhuma consequência para os Hohenzollern e o antigo príncipe herdeiro não desempenha nenhum papel nos círculos do poder do Terceiro Reich. Seu pai, o último Kaiser alemão, não volta mais à terra natal. Depois que, sob as leis da República Alemã, seu nome passou a ser apenas Friedrich Wilhelm von Hohenzollern, ele morre em 1941, em seu exílio holandês.

A prisão de Rudolf Höss durou apenas quatro dos dez anos aos quais ele foi condenado. Ao término desse período, ele é libertado no âmbito de uma anistia ampla. Novamente em liberdade, ele sobrevive por meio de trabalhos agrícolas e volta a engajar-se em movimentos radicais de extrema direita. Só com a ascensão de Hitler ao poder, em 1933, sua vida toma um novo rumo. Höss torna-se membro da SS e, logo a seguir, das Totenkopfverbänden [Unidades da Caveira]. Ele serve em diferentes campos de concentração antes de ser nomeado comandante do campo de Auschwitz, em 1940. Nesse posto, Höss é responsável pela realização da chamada "Solução Final da Questão Judaica". Sob seu comando são construídas as câmaras de gás, nas quais, por meio do gás Zyklon B, mais de 1 milhão de pessoas são assassinadas, a maioria delas judeus.

Em 1946, depois do término da guerra, Höss, que passara à clandestinidade usando um nome falso, é capturado e enviado à Polônia para ser julgado. No ano seguinte ele é réu de um processo em Varsóvia, ao término do qual é condenado à morte. Catorze dias depois do veredito, o antigo comandante do campo de concentração é enforcado diante de sua antiga residência, da qual se avista o campo de Auschwitz.

Quando os nazistas tomam o poder na Alemanha, George Grosz se encontra nos Estados Unidos, onde já esteve antes, como bolsista de uma união de artistas em Nova York. Em 12 de janeiro de 1933 ele decide abandonar definitivamente sua terra natal. Poucas semanas depois, Adolf Hitler é nomeado primeiro-ministro do Reich. Por ordens do novo regime, o ateliê de Grosz é atacado, com o propósito de prendê-lo. Mas àquela altura já não é mais possível apanhá-lo. Pouco tempo depois George Grosz é privado de sua cidadania, enquanto seus quadros que permanecem na Alemanha são considerados "arte degenerada". Nos Estados Unidos, o artista consegue dar sequência ao sucesso que tinha na Europa. Só em 1959, instado por sua mulher, Eva, ele decide retornar à Alemanha. Porém, poucas semanas depois de sua chegada, Grosz, que sofre de depressões e é alcoólatra, cai numa escadaria e morre.

Arnold Schönberg, que na década de 1920 fora professor de composição em Berlim, deixa a Alemanha em 1933. Em Paris ele retorna à fé judaica, antes de fugir da França para os Estados Unidos. Depois de temporadas em Nova York e em Boston, consegue um convite para ser professor numa universidade na Califórnia. Em 1941 torna-se cidadão norte-americano e mora a pouca distância do casal Mahler-Werfel, em Beverly Hills. Morre em janeiro de 1956, vítima de um ataque cardíaco.

Quando Moina Michael se aposenta, em 1938, com 69 anos, ela tem atrás de si uma obra impressionante. Não só foi capaz de ascender da posição de professora de escola de uma aldeia ao cargo de docente universitária, numa época em que mulheres ainda eram raramente vistas em instituições de ensino superior, como também sua ideia de vender flores de papoula artificiais em benefício dos veteranos da Primeira Guerra Mundial se tornou um modelo de sucesso em todo o mundo de língua inglesa. Nos Estados Unidos, na Grã-Bretanha e em outros 52 países, no dia 11 de novembro flores de papoula são vendidas e colocadas nas lapelas. Entre 1921 e 1940 são arrecadados por meio das flores vermelhas, no mundo inteiro, 7 milhões de dólares, divididos entre veteranos carentes. O que haverá de ter pensado a antes forte senhora, que com a velhice se tornou frágil e doente, quando, em seus últimos anos de vida, presenciou, novamente, as mortes e as mutilações de milhões de jovens nos campos de batalha da Segunda Guerra Mundial? Moina Michael não chega a vivenciar o fim do novo assassinato em massa. Ela morre em 10 de maio de 1944.

Em 1941, depois de concluir seu romance *Entre os atos*, Virginia Woolf é novamente tomada por uma severa depressão. Leonard a leva para consultar uma médica em Brighton. Mas ela já não tem forças para suportar mais um episódio de sombria loucura. Em 28 de março se suicida no rio Ouse. Embora fosse ótima nadadora, ela coloca no bolso de seu casaco uma pedra muito pesada. Em sua carta de despedida a Leonard, ela escreve: "Tudo, exceto a consciência de sua bondade, me abandonou. Não posso continuar a arruinar sua vida. Acho que duas pessoas não poderiam ter sido mais felizes do que nós fomos".

Käthe Kollwitz presencia, em 1933, a tomada do poder pelos nazistas, que consideram sua arte "degenerada". Em 1940 seu amado marido Karl morre. A pacifista convicta sofre diante de uma Segunda Guerra Mundial e não viverá para ver uma segunda paz. Quando sua residência é destruída por bombas, ela foge para Moritzburg, junto a Dresden, onde morre, em 22 de abril de 1945, poucos dias antes da capitulação alemã.

Depois de deixar Moscou, Nguyen Ai Quoc passa vários anos na China, onde ensina os fundamentos da política socialista a um grupo de jovens vietnamitas num instituto de educação progressista. Assim como suas atividades em Paris e em Moscou, trata-se de uma preparação para o objetivo de sua vida: a independência do Vietnã. A oportunidade, porém, surge apenas durante a Segunda Guerra Mundial, quando os revoltosos conseguem impor uma derrota militar à França de Vichy e ao Japão, seu aliado. Durante a Revolução de Agosto o Vietnã conquista sua independência, tornando-se uma república democrática. Nguyen, que tomou para si o nome de Ho Chi Minh, torna-se o primeiro-ministro e também o presidente dessa república em 2 de setembro de 1945. Durante a Guerra do Vientã ele liderará seu país no conflito com os Estados Unidos.

Mohandas Gandhi precisa esperar mais dois anos para ver a realização de seu objetivo de vida: a independência da Índia é decretada em 1947. Ainda assim, ela se dá simultaneamente a uma divisão do país, que Gandhi tentou evitar. Surgem uma Índia de maioria hinduísta e um Paquistão de maioria muçulmana. Poucos meses após a criação do Estado, pelo qual ele lutou durante sua vida inteira, o político de 78 anos é atingido, em 30 de janeiro de 1948, pela bala disparada por Nathuram Godse, num atentado. O nacionalista hindu considera Gandhi o responsável pela divisão da Índia e está convicto de que o Mahatma traiu os interesses dos hinduístas.

Walter Gropius, assim como Schönberg e Grosz, é forçado a fugir dos nazistas, que acusam a Bauhaus de ser uma "Igreja do Marxismo". Depois de passar pela Inglaterra, ele chega aos

Estados Unidos, onde se torna professor de arquitetura em Harvard. Só depois dos anos 1950 Walter Gropius inicia novos projetos na Alemanha. Um bloco residencial com nove andares e fachada côncava no Hansaviertel berlinense é sua contribuição para a Exposição Internacional de Arquitetura de 1957. Gropius morre em 1969, em Boston.

A ex-esposa de Gropius, Alma Mahler, já está morta há cinco anos a essa altura. A última fase da vida dessa mulher várias vezes viúva, durante a qual a antiga beldade sucumbiu ao alcoolismo e à velhice, transcorreu em Nova York. Ela e Franz Werfel haviam abandonado a Viena natal pouco antes da anexação da Áustria à Alemanha nazista, em 1938. O amor por Franz Werfel levou Alma a acompanhá-lo em seu caminho para o exílio. A partir de Viena, sua rota de fuga incluiu Barcelona, aonde chegou depois de cruzar os Pirineus a pé, depois Lisboa e por fim Los Angeles, onde já se estabelecera uma colônia de refugiados. Alma Mahler mantém-se fiel a Werfel até a morte dele. Em 1951 a viúva se muda para Nova York, onde passa seus últimos anos de vida.

Depois da Segunda Guerra Mundial, Richard Stumpf vive na cidade de Heiligenstadt, na Turíngia, na Zona de Ocupação Soviética. Terminada a guerra, ele conseguiu novamente encontrar trabalho, casou-se e tornou-se pai de quatro filhos. Continua a dedicar-se à escrita, na qual se provara talentoso por meio de seu diário. Agora publica textos a respeito da Marinha e de temática política. Depois de seu tempo de membro da Corporação de Voluntários, Stumpf volta a aproximar-se da esquerda moderada e toma partido contra a ascensão do nazismo. Portanto, depois de 1933 ele tem dificuldade em encontrar um emprego adequado. A versão impressa de seu diário da Primeira Guerra Mundial, que foi uma publicação destacada durante a República de Weimar, é incinerada pelos nazistas. Quando, em 1953, os operários vão às ruas para se manifestar contra o governo da República Democrática Alemã, Richard Stumpf se junta a eles. Assim, ele acaba na prisão sob suspeita de ser um inimigo do regime. Morre em 1958 como cidadão da República Democrática Alemã.

Alvin C. York morre em 1964 no Veteran's Hospital de Nashville. A escola por ele criada tornou-se uma instituição pública do estado do Tennessee. Até hoje a Tennessee State Highway 127, cuja construção foi sugerida pelo veterano, chama-se Alvin C. York Highway. Ele terminara por ceder ao pedido de transformar seu ato de heroísmo em filme. Em *Sargento York*, de 1941, o papel principal coube a Gary Cooper, em atuação que lhe rendeu o Oscar.

Louise Weiss, depois de passar a vida trabalhando como jornalista e combatendo pela causa de uma Europa unida e pelos direitos das mulheres, é eleita em 1979 para o Parlamento Europeu como representante dos gaullistas franceses. A essa altura, a europeia de primeira hora já tem 86 anos. Até a sua morte, em 26 de maio de 1983, ela permanece como presidente emérita do Parlamento Europeu, cujo edifício em Estrasburgo leva seu nome desde 1999.

Reflexões finais

> *Graças a Deus, é impossível fotografar memórias.* [...]
> *Não, para dizer a verdade: ainda que eu tivesse à minha frente todo o material — anotações sobre a Primeira Guerra Mundial, cartas, passaportes, fotografias de família, enfim, tudo o que se gruda em nós ao longo de uma vida movimentada, como conchas na quilha de um navio —, ainda assim eu não teria sido capaz de usar tudo isso como se espera aqui.* [...] *Sim, eu amo a penumbra. E, por favor, não confundam a penumbra com o embaçado ou com o deformado.*
>
> George Grosz, *Um pequeno sim e um grande não*, 1946

O sexto capítulo deste livro termina com a visão retrospectiva de Rudolf Höss sobre o assassinato político por ele cometido em 1923. Mas o alvorecer já se encontrava em seu fim? Aquele era o fim da era do cometa, que fez sua luminosa aparição em 1918? É possível entender esse período como uma época passível de delimitação? Será que 1923 efetivamente representa uma cesura? Em favor dessa ideia se manifestaram, recentemente, alguns historiadores, como Robert Gerwarth, cujo livro se encontra incluído na bibliografia no final deste volume, para os quais o período entre 1917 e 1923 é uma época em si mesma. Seu marco inicial seria a Revolução Russa e o seu término o ano de 1923, que trouxe a muitos países certa estabilidade, após as crises e os novos inícios do pós-guerra.

A imagem do equilibrista, que está no início deste livro, não parece, à primeira vista, exatamente adequada para alguém como Rudolf Höss. Porém, ainda que ele não seja um ágil artista que, enlevado pela inspiração, paira sobre o abismo, certamente há paralelos: Höss está embriagado por uma variante primitiva de uma ideologia totalitária e pela experiência da violência mortífera, pela qual ele passou, pela primeira vez, como soldado. Em seus feitos evidencia-se o desenvolvimento que leva de uma paz ilusória à ditadura e à guerra. A Segunda Guerra Mundial, comparada com a Primeira, não só custou três vezes mais vidas humanas como também foi o contexto para o assassinato sistemático e maciço de civis numa dimensão e numa forma inéditas.

Seria, porém, um erro contemplar o tempo do cometa somente a partir do ponto de fuga de 1939. Também as visões positivas que o ano de 1918 produziu continuaram a exercer seus efeitos sobre o futuro próximo e distante. Ainda que a República de Weimar, pela qual lutou o pragmático Matthias Erzberger, tenha sido desgastada e obliterada pelo movimento totalitário na Alemanha, seu legado foi significativo na República Federal Alemã do pós-guerra — mesmo que como um modelo do qual era preciso se afastar. Embora a Liga das Nações não tenha sido capaz de evitar um acirramento dos conflitos internacionais e a sua escalada até uma nova guerra mundial, ela imprime sua marca sobre a política mundial até hoje, pois a Organização das Nações Unidas (ONU) se tornou, em muitos sentidos, sua sucessora. A emancipação, que os negros norte-americanos esperaram, em vão, que fosse acontecer depois de sua participação na guerra mundial, efetivamente conseguiu dar passos decisivos durante a segunda metade do século XX. As esperanças de liberdade e independência de povos como os irlandeses, os indianos ou os vietnamitas, que em 1919 mal se esboçavam, acabaram por se concretizar. Também os estilos de vida do pós-guerra foram marcados por formas mais livres de amor e de sexualidade, como as vividas por Alma Mahler, e por um novo estatuto da mulher, equivalente ao do homem e com os mesmos direitos, como o conquistado por Louise Weiss.

Tudo isso poderia ser visto como uma mensagem relativamente otimista de 1918 para o conturbado presente no qual vivemos, cem anos depois. Desde 1989, alvoreceres esperançosos tanto quanto crises fundamentais têm se repetido, ao mesmo tempo que despontaram no horizonte, ora luminosos, ora destrutivos, alguns projetos de futuro. Porém, ainda que tais novos começos, em nossa era, possam acabar em derrocadas, e ainda que forças destrutivas mundiais muito perigosas — regimes autoritários, movimentos populistas, terrorismo, novas guerras, um capitalismo cada vez mais selvagem — triunfem, tal desfecho não é nem necessário nem inevitável. E essa é uma lição daquele momento especialmente luminoso de 1918. Pois, afinal, tanto na história como na vida, sempre há novos alvoreceres, todas as situações são transitórias e os cometas, como no quadro de Klee, correm, em movimentos circulares, atrás de suas próprias caudas.

Dentre os desafios de *A era do cometa* estava encontrar uma resposta para a seguinte pergunta: até que ponto um historiador pode se entregar à subjetividade — a dos testemunhos tanto de uma época quanto a sua própria, que involuntariamente se insinua em todas as observações do passado? Tomei a decisão consciente de dar um lugar central às manifestações pessoais dos protagonistas, e até mesmo de sobrepô-las aos acontecimentos relatados, bem no espírito da frase de George Grosz citada no início destas Reflexões finais: "Graças a Deus, é impossível fotografar memórias". Foi assim que procedi ao lidar com personagens como Marina Yurlova e George Grosz, para os quais é evidente que suas memórias foram literariamente elaboradas e, posteriormente, dramatizadas, assim como em textos como os que tratam de Ho Chi Minh, cuja autoria não está clara, ou, ainda, ao lidar com personagens como o príncipe herdeiro Wilhelm, o vingador Soghomon Tehlirian ou

Rudolf Höss, que, empenhados em justificar seus atos, fizeram representações unilaterais de fatos ou até mesmo os falsearam deliberadamente. Se a aparição de figuras ambivalentes, sob a luz relativamente branda de suas autodescrições, em contornos por demais positivos é um preço excessivo cobrado por esse método narrativo, é algo que cabe ao leitor avaliar, assim como deve avaliar se está disposto a conceder ao autor as pequenas liberdades que este, a seu tempo, concedeu à sua própria imaginação ao representar as cenas encontradas em suas fontes. Este livro não deve, de maneira alguma, ser confundido com uma representação objetiva de fatos históricos, merecendo, ao contrário, ser lido como uma colagem de testemunhos que apresentam as vivências que um grupo multifacetado de personagens teve dos anos próximos a 1918, assim como suas experiências, lembranças, representações, interpretações e descrições de caráter estritamente pessoal.

É por esse mesmo motivo que me parece importante listar as fontes literárias que fundamentam este livro, para que o leitor possa retornar a elas e também compará-las com estudos científicos que transmitem os conhecimentos historicamente comprovados. Por meio das fontes listadas, quero também registrar aqui minha dívida para com alguns estudos amplamente apoiados em evidências — como o livro de Reginald Isaacs sobre Walter Gropius, a biografia de Terence MacSwiney por Francis Costello e a coleção dos "Encontros" de Nuria Nono-Schönberg, sobre seu pai — que me revelaram essas figuras históricas e amplo material de pesquisa a seu respeito.

Agradecimentos

O impulso decisivo para a criação deste livro foi dado pelo produtor de cinema Gunnar Dedio. Não só ele me convidou para contribuir com um livro para o grande projeto a respeito da história do período entreguerras por ele iniciado como também foi o responsável, durante nossos anos de esforços conjuntos na criação de roteiros, pela minha descoberta de uma nova maneira de escrever, visualmente orientada. O intercâmbio com a equipe que, paralelamente à criação deste livro, trabalhava na telessérie *War of Dreams* [*Guerra dos sonhos*], em oito capítulos, cuja temática lhe é próxima, foi muito inspirador. Meus agradecimentos, por isso, ao diretor e autor Jan Peter, ao autor Frédéric Goupil e à produtora Regina Bouchehri.

Nos primeiros passos sobre o terreno desconhecido de uma nova maneira de escrever e de uma nova abordagem da história, Tobias Schönpflug me inspirou e me apoiou. Céline Dauvergne abriu meus olhos para as influências mútuas exercidas pela história e pela arte. Minha agente Barbara Werner acompanhou, com a sensibilidade que lhe é característica, a criação deste livro, do início até o fim.

Pela confiança em meu trabalho e pelos excelentes cuidados com este livro, desde os primeiros esboços até esta sua versão final, quero agradecer à editora S. Fischer — como representante de toda a equipe, nomeio aqui apenas a diretora editorial, Nina Sillem, e a revisora Tánja Hommen. Feliz é o autor que pode contar com um intercâmbio intelectual tão frutífero e com um trabalho editorial tão autêntico! O trabalho no círculo de cabeças incomuns do Wissenschaftskolleg de Berlim deu asas a este livro. Agradeço aos Fellows do período de 2015-2017, assim como a minhas colegas e meus colegas pela inspiração e pelo apoio, sobretudo durante a etapa final do processo de escrita. A biblioteca dessa instituição prestou-me serviços inestimáveis, colocando à minha disposição até mesmo publicações muito difíceis de serem encontradas em pouquíssimo tempo, apoiando assim minhas pesquisas.

Uma grande parte do manuscrito pôde ser concluída graças a uma bolsa do Centre Canadien D'Études Éuropéennes da Universidade de Montreal, e o livro deve muito ao intercâmbio inspirador com os seus pesquisadores. Meus cordiais agradecimentos ao diretor do Centro, Laurence McFalls, assim como aos estudiosos Till van Rahden e Barbara Thériault.

Colegas historiadores leram trechos do manuscrito e me ajudaram por meio de suas críticas construtivas e de suas sugestões. Agradeço a Stephan Malinowski, Barbara Kowalzig e Torsten Riotte. Seus comentários me foram de grande valia e melhoraram o livro — assim como a leitura crítica do manuscrito feita por Nicola Willenberg e Karin Hielscher. As falhas remanescentes são, única e exclusivamente, responsabilidade do autor. Uma menção especial deve ser feita a meu pai, Wolfgang Schönpflug, que apoiou este livro e o alvorecer do qual ele trata com sugestões indispensáveis.

Fontes e bibliografia

BEAUPRÉ, Nicolas. *Das Trauma des großen Krieges 1918 bis 1932/33*. (Deutsch--Französische Geschichte, v. VIII), Darmstadt, 2009.
BECKER, Jean-Jacques; BERSTEIN, Serge. *Victoire et frustrations 1914-1929* (Nouvelle Histoire de la France Contemporaine 12), Paris, 1990.
BEST, Nicolas. *The Greatest Day in History: How, on the Eleventh Hour of the Eleventh Day of the Eleventh Month, the First World War Finally Came to an End*, Londres, 2008.
BLOM, Philip. *Die zerrissenen Jahre. 1918-1939*, Munique, 2014.
BOITTIN, Jennifer Anne. *Colonial Metropolis: The Urban Grounds of Feminism and Anti-Imperialism in Interwar Paris*, Lincoln, 2010.
BURBANK, Jane. *Intelligentsia and Revolution. Russian Views of Bolshevism 1917-1922*, Nova York, 1989.
CHURCHILL, Winston. *The World Crisis, v. 4: The Aftermath 1988-1922*, Londres, 1929.
COOPER, John Milton. *Breaking the Heart of the World. Woodrow Wilson and the Fight for the League of Nations*, Cambridge/ Nova York, 2001.
ENGLUND, Peter. *Schönheit und Schrecken. Eine Geschichte des Ersten Weltkriegs, erzählt in neunzehn Schicksalen*, Reinbek, 2011.
FITZPATRICK, Sheila; SLEZKINE, Yuri (Orgs.). *In the Shadow of Revolution: Life Stories of Russian Women from 1917 to the Second World War*, Princeton, 2000.
GERWARTH, Robert. *Die Besiegten: Das blutige Erbe des Ersten Weltkriegs*, Munique, 2017.
HAGEDORN, Ann. *Savage Peace: Hope and Fear in America 1919*, Nova York, 2007.
HUGHES, Gordon; BLOM, Philipp (Orgs.). *Nothing but the Clouds Unchanged: Artists in World War I*, Los Angeles, 2014.
JANNIK, Allan; TOULMIN, Stephen. *Wittgenstein's Vienna*, Chicago, 1996.
JANZ, Oliver. *Das symbolische Kapital der Trauer. Nation, Religion und Familie im italienischen Gefallenenkult des Ersten Weltkriegs*, Tübingen, 2009.
JONES, Mark. *Founding Weimar: Violence and the German Revolution of 1918--1919*, Cambridge, 2016.

JULIEN, Elise. *Paris, Berlin: La mémoire de la guerre 1914-1933*, Rennes, 2009.
KERSHAW, Ian. *To Hell and Back: Europe 1914-1949*, Londres, 2015.
KYVIG, David E. *Daily Life in the United States 1920-1939: Decades of Promise and Pain*, Westport, 2002.
LEONHARD, Jörn. *Die Büchse der Pandora. Die Geschichte des Ersten Weltkriegs*, Munique, 2014.
LOWRY, Bullitt. *Armistice 1918*, Ohio, 1996.
MACHTAN, Lothar. *Die Abdankung. Wie Deutschlands gekrönte Häupter aus der Geschichte fielen*, Berlim, 2008.
MACMILLAN, Margaret, *Paris 1919: Six Months that Changed the World*, Nova York, 2002.
MALINOWSKI, Stephan. *Vom König zum Führer. Deutscher Adel und Nationalsozialismus*, Frankfurt am Main, 2010.
MANELA, Erez. *The Wilsonian Moment: Self-Determination and the International Origins of Anticolonial Nationalism*, Nova York, 2007.
MÜLLER, Tim B. *Nach dem Ersten Weltkrieg. Lebensversuche moderner Demokratien*, Bonn, 2014.
PEDERSEN, Susan. *The Guardians: The League of Nations and the Crisis of Empire*, Oxford, 2015.
PEUKERT, Detlef. *Die Weimarer Republik. Krisenjahre der Klassischen Moderne*, Frankfurt am Main, 1987.
PIEPER, Ernst. *Nacht über Europa. Kulturgeschichte des Ersten Weltkriegs*, Berlim, 2013.
RADKAU, Joachim. *Das Zeitalter der Nervosität. Deutschland zwischen Bismarck und Hitler*, Munique, 1998.
RAPHAEL, Lutz. *Imperiale Gewalt und mobilisierte Nation. Europa 1914-1945*, Munique, 2011.
REICHARDT, Sven. *Faschistische Kampfbünde. Gewalt und Gemeinschaft im italienischen Squadrismus und in der deutschen SA*, Viena, 2009.
SCHLÖGEL, Karl. *Petersburg. Das Laboratorium der Moderne 1909-1921*, Frankfurt am Main, 2009.
TOOZE, Adam. *Sintflut. Die Neuordnung der Welt 1916-1931*, Berlim, 2015.
WEIPERT, Axel. *Die Zweite Revolution. Rätebewegung in Berlin 1919/1920*, Berlim, 2015.
WIRSCHING, Andreas. *Vom Weltkrieg zum Bürgerkrieg? Politischer Extremismus in Deutschland und Frankreich in Berlin und Paris im Vergleich*, Munique, 1999.

Matthias Erzberger

DOMEIER, Norman. "Der Sensationsprozess Erzberger–Helfferich: Die Verquickung politischer und wirtschaftlicher Interessen in der Weimarer

Republik". In: DOWE, Christopher (Org.). *Matthias Erzberger. Ein Demokrat in Zeiten des Hasses*, Karlsruhe, 2013, pp. 158-83.
DOWE, Christopher. *Matthias Erzberger. Ein Leben für die Demokratie*, Stuttgart, 2011.
ERZBERGER, Matthias. *Erlebnisse im Weltkrieg*, Berlin, 1920.
Erzberger-Prozess, Der, Stenographischer Bericht über die Verhandlungen im Beleidigungsprozess des Reichsfinanzministers Erzberger gegen den Staatsminister a. D. Dr. Karl Helfferich, Berlin, 1920.
HAEHLING VON LANZENAUER, Reiner. *Der Mord an Matthias Erzberger*, Karlsruhe, 2008.
HELFFERICH, Karl. *Fort mit Erzberger!*, Berlin, 1919.
JASPER, Gotthard. "Aus den Akten der Prozesse gegen die Erzberger-Mörder". In: *Vierteljahrshefte für Zeitgeschichte*, 10 (1962), pp. 430-53.
MARHEFKA, Edmund (Org.). *Der Waffenstillstand 1918-1919. Das Dokumentenmaterial der Waffenstillstandsverhandlungen von Compiègne, Spa, Trier und Brüssel*, Berlin, 1928.
SABROW, Martin. "Organisation Consul (O. C.) 1920-22". In: *Historisches Lexikon Bayerns*. Disponível em: <https://www.historisches-lexikon-bayerns.de/Lexikon/Organisation_ Consul_%28O.C.%29,_1920-1922>. Acesso em: 18 maio 2017.

Ferdinand Foch

FOCH, Ferdinand. *Mémoires pour servir à la mémoire de la guerre*, 2 v., Paris, 1931.
GREENHALGH, Elizabeth. *Foch in Command: The Forging of a First World War General*, Cambridge, 2011.
MORDACQ, Henri. *L'Armistice du 11 novembre 1918. Récit d'un témoin*, Paris, 1937.
_____. *Le Ministère Clemenceau: Journal d'un témoin*, v. 2, Paris, 1931.
NOTIN, Jean-Christophe. *Foch. Le mythe et ses réalités*, Paris, 2008.
WEYGAND, Maxime. *Le 11 novembre*, Paris, 1958.

Mohandas Karamchand Gandhi

FISCHER, Louis. *The Life of Mahatma Gandhi*, Stuttgart, 1953.
GANDHI, Mohandas Karamchand. *Eine Autobiografie oder Die Geschichte meiner Experimente mit der Wahrheit*, Gladenbach, 1977.
PARVATE, T. V. *Bal Gangadhar Tilak*, Ahmedabad, 1958.
ROTHERMUND, Dietmar. *Gandhi. Der gewaltlose Revolutionär*, Munique, 2003.
VIDWANS, M. D. *Letters of Lokamanya Tilak*, Poona, 1966.

Walter Gropius e Alma Mahler

GROPIUS, Walter. *Idee und Aufbau des Staatlichen Bauhauses Weimar*, Munique, 1923.
HILMES, Oliver. *Witwe im Wahn. Das Leben der Alma Mahler-Werfel*, Munique, 2004.
ISAACS, Reginald R. *Walter Gropius. Der Mensch und sein Werk*, Berlim, 1983.
MAHLER, Alma. *Mein Leben*, Frankfurt am Main, 1963.

George Grosz

BLUMENFELD, Erwin. *Einbildungsroma*, Frankfurt am Main, 1998.
FLAVELL, Mary Kay. *George Grosz: A Biography*, New Haven/ Londres, 1988.
GROSZ, Georges. *Ein kleines Ja und ein großes Nein*, Hamburgo, 1955. [Ed. bras.: *Um pequeno Sim e um grande Não*. Rio de Janeiro: Record, 2001.]
HECHT, Ben. *Revolution im Wasserglas. Geschichten aus Deutschland 1919*, Berlim, 2006.
HESS, Hans. *George Grosz*, Dresden, 1982.
JENTSCH, Ralph. *Georges Grosz*, Köln, 2013.
LEWIS, Beth Irwin. *George Grosz: Art and Politics in the Weimar Republic*, Princeton, 1971.

Os Harlem Hellfighters:
Arthur Little, Henry Johnson, James Reese Europe

BADGER, Reid. *A Life in Ragtime: A Biography of James Reese Europe*, Nova York/ Oxford, 1995.
BARBEAU, Arthur E.; HENRI, Florette. *The Unknown Soldiers: Black American Troops in World War I*, Filadélfia, 1974.
GERO, Anthony F. *Black Soldiers of New York State: A Proud Legacy*, Albany/ Nova York, 2009.
GRANT, Colin. *Negro with a Hat: The Rise and Fall of Marcus Garvey*, Oxford, 2010.
LITTLE, Arthur. *From Harlem to the Rhine: The Story of New Yorks Colored Volunteers*, Nova York, 1936.
SISSLE, Noble. *The Memoirs of Lieutenant Jim Europe*, manuscrito datilografado, *c*. 1942. Disponível em: <http://memory.loc.gov/cgi-bin/ampage?collId=ody_musmisc&fileName=ody/ody0717/ody0717page.db&recNum=0&itemLink=r?ammem/aaodyssey:@field(NUMBER+@ ba nd(musmisc+ody0717))&linkText=0>. Acesso em: 18 maio 2017.
SLOTKIN, Richard. *Lost Battalions: The Great War and the Crisis of American Nationality*, Nova York, 2005.
WILLIAMS, Chad L. *Torchbearers of Democracy: African American Soldiers in the World War I Era*, Chapel Hill, 2010.

Rudolf Höss

HÖSS, Rudolf. *Kommandant in Auschwitz. Autobiographische Aufzeichnungen*. Ed. Martin Broszat, Munique, 2013.
KOOP, Volker. *Rudolf Höss. Der Kommandant von Auschwitz. Eine Biographie*, Köln/ Weimar/ Viena, 2014.

Paul Klee

KLEE, Paul. *Das bildnerische Denken. Schriften zur Form und Gestaltungslehre*. Ed. Jürg Spiller, Stuttgart, 1964.
_____. *Tagebücher 1898-1918*. Ed. Felix Klee, Köln, 1957.
SCHLUMPF, Hans-Ulrich. *Das Gestirn über der Stadt. Ein Motiv im Werk von Paul Klee*, dissertação, Zurique, 1969.
TREPESCH, Christoph; SANGESTAN, Shabab (Orgs.). *Paul Klee. Mythos Fliegen*. Katalog zur gleichnamigen Ausstellung (23.11.2013-23.2.2014) im H2 Zen trum für Gegenwartskunst, Berlim, 2013.

Käthe Kollwitz

KOLLWITZ, Käthe. *Die Tagebücher*, Ed. Jutta Bohnke-Kollwitz, Berlim, 2007.
WINTERBERG, Jury; WINTERBERG, Sonya. *Kollwitz — die Biographie*, Gütersloh, 2015.

Príncipe herdeiro Wilhelm da Prússia

CECILIE, Kronprinzessin. *Erinnerungen an den Deutschen Kronprinzen*, Biberach, 1952.
JONAS, Klaus W. *Der Kronprinz Wilhelm*, Frankfurt am Main, 1962.
ROSNER, Karl (Org.). *Erinnerungen des Kronprinzen Wilhelm. Aus den Aufzeichnungen, Dokumenten, Tagebüchern und Gesprächen*, Stuttgart/ Berlim, 1922.
WILHELM, Kronprinz. *Meine Erinnerungen aus Deutschlands Heldenkampf*, Berlim, 1923.

Thomas E. Lawrence

ANDERSON, Scott. *Lawrence in Arabia: War, Deceit, Imperial Folly and the Making of the Modern Middle East*, Nova York, 2013.
BROWN, Malcolm (Org.). *Lawrence of Arabia: The Selected Letters*, Londres, 2005.
LAWRENCE, Thomas E. *The Complete 1922 Seven Pillars of Wisdom. The "Oxford Text"*, Fordingbridge, 2004.
THOMAS, Lowell. *With Lawrence in Arabia*, Nova York/ Londres, 1924.

WILSON, Jeremy. *Lawrence of Arabia: The Authorized Biography of T. E. Lawrence*, Nova York, 1990.

Terence MacSwiney

AUGUSTEIJN, Joost. *From Public Defiance to Guerilla Warfare: The Experience of Ordinary Volunteers in the Irish War of Independence 1916-1921*, Dublin, 1996.
BREEN, Dan. *My Fight for Irish Freedom*, Dublin, 1921.
COSTELLO, Francis J. *Enduring the Most: The Life and Death of Terence MacSwiney*, Dingle, 1995.
MACSWINEY BRUGHA, Máire. *History's Daughter: A Memoir from the Only Child of Terence MacSwiney*, Dublin, 2006.
MACSWINEY, Terence. *Principles of Freedom*, Dublin, 1921.

Moina Michael

MICHAEL, Moina. *The Miracle Flower: The Story of the Flanders Fields Memorial Poppy*, Filadélfia, 1941.

Nguyen Tat Tanh/ Nguyen Ai Quoc/ Ho Chi Minh

DUIKER, William J. *Hô Chí Minh: A Life*, Nova York, 2000.
GROSSHEIM, Martin. *Hô Chí Minh: Der geheimnisvolle Revolutionär*, Munique, 2011.
LACOUTURE, Jean. *Hô Chí Minh*, Paris, 1967.
QUINN-JUDGE, Sophie. *Hô Chí Minh: The Missing Years 1919-1941*, Orlando, 2003.
TRAN DÂN TÎEN. *Glimpses of the Life of Hô Chí Minh: President of the Democratic Republic of Vietnam*, Hanoi, 1958.
TRANG-GASPARD, Thu. *Hô Chí Minh à Paris (1917-1923)*, Paris, 1992.

Arnold Schönberg

GERVINK, Manuel. *Arnold Schönberg in seiner Zeit*, Laaber, 2000.
NONO-SCHÖNBERG, Nuria (Org.). *Arnold Schönberg 1874-1951. Lebensgeschichte in Begegnungen*, Klagenfurt, 1998.
RINGER, Alexander L. *Arnold Schönberg: The Composer as Jew*, Oxford, 1990.
SCHÖNBERG, Arnold. *Die Jakobsleiter: Oratorium*, Viena, 1917.
STAATLICHE TRETJATOW GALERIE; GOETHE INSTITUT INTER NATIONES (Orgs.). *Arnold Schönberg und Wassily Kandinsky. Malerei und Musik im Dialog. Zum 50. Todestag von Arnold Schönberg*, Moscou, 2001.

TENNER, Haide (Org.). "Ich möchte solange leben, als ich Ihnen dankbar sein kann." *Alma Mahler — Arnold Schönberg. Der Briefwechsel*, Salzburgo, 2012.
THEURICH, Jutta (Org.). *Der Briefwechsel zwischen Arnold Schönberg und Ferruccio Busconi 1903-1919*, dissertação, HU Berlim, 1979.
WAITZBAUER, Harald. "Arnold Schönberg ist in Mattsee unerwünscht". In: KRIECHBAUMER, Robert (Org.). *Der Geschmack der Vergänglichkeit. Jüdische Sommerfrische in Salzburg*, Viena, 2002, pp. 153-73.

Richard Stumpf

HORN, Daniel (Org.). *The Private War of Seaman Stumpf: The Unique Diaries of a Young German in the Great War*, Londres, 1967.
_____. "The Diarist Revisited: The Papers of Seaman Stumpf". In: *The Journal of the Rutgers University Libraries*, 40:1 (1978), pp. 32-48.
STUMPF, Richard. *Warum die Flotte zerbrach. Kriegstagebuch eines christlichen Arbeiters*, Berlim, 1927.

Soghomon Tehlirian

Der Prozeß Talaat Pascha, Stenographischer Prozeßbericht mit einem Vorwort von Armin T. Wegner, Berlim, 1921.
HOSFELD, Ralf. *Operation Nemesis. Die Türkei, Deutschland und der Völkermord an den Armeniern*, Köln, 2005.

Harry S. Truman

FERREL, Robert H. (Org.). *Dear Bess: The Letters from Harry to Bess Truman 1910-1959*, Nova York, 1983.
MCCULLOUGH, David. *Truman*, Nova York, 1992.
MILLER, Merle. *Plain Speaking: An Oral Biography of Harry S. Truman*, Nova York, 1974.
TRUMAN, Margaret. *Harry S. Truman*, Londres, 1973.

Louise Weiss

BERTIN, Célia. *Louise Weiss*, Paris, 1999.
WEISS, Louise. *La République tchéco-slovaque*, Paris, 1919.
_____. *Mémoires d'une Européenne*, v. 1: *Une petite fille du siècle*, v. 2: *Combats d'une européenne*, Paris, 1968/ 1976.
_____. *Milan Stepanik*, Paris, 1920.

Virginia Woolf

DESALVO, Louise; LEASKA, Mitchell A. (Orgs.). *"Geliebtes Wesen". Briefe von Vita Sackville-West an Virginia Woolf*, übers. *von Sibyll und Dirk Vanderbeke*, Frankfurt am Main, 1985.
LEE, Hermione. *Virginia Woolf. Ein Leben*, Frankfurt am Main, 2006.
NICOLSON, Nigel (Org.). *The Question of Things Happening. The Letters of Virginia Woolf*, v. 2: *1912-1922*, Londres, 1976.
PHILLIPS, Kathy J. *Virginia Woolf against Empire*, Tennessee, 1994.
SPATER, George; PARSONS, Ian. *Porträt einer ungewöhnlichen Ehe. Virginia und Leonard Woolf*, Frankfurt am Main, 2002.
WOOLF, Leonard. *Mein Leben mit Virginia. Erinnerungen*, übers. *von Friederike Groth*, Frankfurt am Main, 2003.
WOOLF, Virginia. *Jacob's Room*, Richmond, 1922. [Ed. bras.: *O quarto de Jacob*. São Paulo: Novo Século, 2011.]
_____. *Night and Day*, Richmond, 1919. [Ed. bras.: *Noite e dia*. São Paulo: Novo Século, 2012.]
_____. *The Voyage Out*, Londres, 1915.

Alvin C. York

LEE, David D. *Sergeant York: An American Hero*, Lexington/ Kentucky, 1985.
SKEYHILL, Tom (Org.). *Sergeant York: His Own Life Story and War Diary*, Nova York, 1928.

Marina Yurlova

YURLOVA, Marina. *Cossack Girl*, Hamburgo, 1935.
_____. *Russia, Farewell*, Londres, 1936.

Outras fontes utilizadas

MONDRIAN, Piet. "Manifest I". In: *De Stijl*, 2:1 (nov. 1918), pp. 4-5.
SPENGLER, Oswald. *Der Untergang des Abendlandes. Umrisse einer Morphologie der Weltgeschichte* (1918), Munique, 1969. [Ed. bras.: *A decadência do Ocidente: Esboço de uma morfologia da história universal*. Rio de Janeiro: Zahar, 1973.]
SALOMON, Ernst von. *Die Geächteten*, Berlim, 1930.
TROELTSCH, Ernst. *Kritische Gesamtausgabe*, v. 14: *Spectator-Briefe und Berliner Briefe (1918-1922)*. Ed. Gangolf Hübinger, Berlim, 2015.

Créditos das imagens

capa Otto Dix, *Zur Erinnerung an die große Zeit*, 1923
© bpk/ Staatliche Kunstsammlungen Dresden
© Dix, Otto/ AUTVIS, Brasil, 2018

p. 6 Paul Klee © ARTOTHEK
p. 18 © Imperial War Museum, London, UK/ Bridgeman Images
p. 46 © Private Collection/ Bridgeman Images
p. 82 © Digital image, The Museum of Modern Art, New York/ Scala, Florence/ VG Bild Kunst, Bonn 2017
p. 140 © Philadelphia Museum of Art, Pennsylvania, PA, USA/ The Louise and Walter Arensberg Collection, 1950/ Bridgeman Images © Association Marcel Duchamp/ AUTVIS, Brasil, 2018
p. 182 © bpk/ Nationalgalerie, SMB/ Andres Kilger
p. 228 © akg-images/ Bildarchiv Monheim
© Gropius, Walter/ AUTVIS, Brasil, 2018
p. 274 Imaging Department © President and Fellows of Harvard College © Estate of George Grosz, Princeton, NJ/ AUTVIS, Brasil, 2018

Kometehnjahre. 1918: Die Welt im Aufbruch © S. Fischer Verlag GmbH, Frankfurt am Main, 2017

Todos os direitos desta edição reservados à Todavia.

Grafia atualizada segundo o Acordo Ortográfico da Língua Portuguesa de 1990, que entrou em vigor em 2009.

capa
Daniel Trench
preparação
Ana Cecília Agua de Melo
revisão
Jane Pessoa
Valquíria Della Pozza

Dados Internacionais de Catalogação na Publicação (CIP)
— —
Schönpflug, Daniel (1969-)
A era do cometa: O fim da Primeira Guerra e o limiar de um novo mundo: Daniel Schönpflug
Título original: *Kometenjahre: 1918: Die Welt im Aufbruch*
Tradução: Luis S. Krausz
São Paulo: Todavia, 1ª ed., 2018
304 páginas

ISBN 978-85-88808-46-1

1. Literatura alemã 2. Ensaio 3. Primeira Guerra Mundial
I. Krausz, Luis S. II. Título

CDD 834
— —
Índice para catálogo sistemático:
1. Literatura alemã: Ensaio 834

todavia
Rua Luís Anhaia, 44
05433.020 São Paulo SP
T. 55 11. 3094 0500
www.todavialivros.com.br

fonte
Register*
papel
Munken print cream
80 g/m²
impressão
Geográfica